Les épreuves corrigées des grandes écoles scientifiques

problèmes corriges de PHYSIQUE ET CHIMIE

(options M, P)

posés aux concours des

Mines d'Alès Mines de Douai

ENAC Pilotes

TOME

2

solutions proposées par

Claude MAÎTRE

Agrégée de l'Université
Professeur en classe de Mathématiques Supérieures
au Lycée Janson-de-Sailly (Paris)

ellipses

Problèmes corrigés de Physique et Chimie
(options M, P)

posés aux concours des Mines d'Alès, Mines de Douai, ENAC Pilotes

Claude Maître

39 problèmes posés entre 1985 et 1987.

Mines d'Alès 87
I Étude thermodynamique d'une feuille de caoutchouc.
II Mouvement d'une particule chargée dans des champs électrique et magnétique.
III Électrostatique ; régime sinusoïdal.
IV Structure électronique ; diverses réactions en solution aqueuse.
V Chimie organique.

Mines d'Alès 86
I Machine thermique ; étude thermodynamique d'un pendule de torsion.
II Satellite terrestre et comète.
III Quadripôle électrostatique ; régime sinusoïdal avec diode.
IV Précipitation.
V Chimie organique.

Mines d'Alès 85
I Électrostatique ; gravitation.
II Machine thermique.
III Oscillations de relaxation thermiques et électriques.
IV Chimie organique.
V Réactions acidobasiques et précipitation.

Mines de Douai 87
I Composés oxygénés du soufre.
II Étude d'un compresseur à n étages.
III Fonction de transfert d'un quadripôle; amplificateur opérationnel.

Mines de Douai 86
I Azote et ammoniac.
II Étude d'un gaz de Van der Waals.
III Action sur un dipôle électrostatique ; adaptation d'impédance.

Mines de Douai 85
I Identification et ionisation d'un métal; détermination de la demande en oxygène de l'eau.
II Transformation d'un gaz parfait.
III Mouvement d'un chariot ; pont de Wheatstone ; effet Joule.
IV Déviation d'un faisceau d'électrons par un champ magnétique.

ENAC Pilotes 87
I Choc de deux particules.
II Champ d'un plan chargé et d'un dipôle.
III Divers réseaux en régime transitoire.

ENAC Pilotes 86
I Mouvement relativiste d'un électron dans un champ électrique.
II Interaction entre des disques chargés et une charge ponctuelle.
III Montage à amplificateur opérationnel en régime sinusoïdal.
IV Machine thermique.

ENAC Pilotes 85
I Atome de Bohr.
II Divers réseaux en régime continu.
III Transformations d'un gaz parfait.

192 pages 16,5 x 24,5 – ISBN 2-7298-8825-X – 1988

EDITION MARKETING
EDITEUR DES PREPARATIONS
GRANDES ECOLES MEDECINE
32, rue Bargue 75015 PARIS

ISBN 2-7298-9102-1

AVERTISSEMENT

Cet ouvrage regroupe les corrigés des épreuves de physique de trois écoles ouvertes aux élèves en fin de Math Sup. Ceux-ci sont donc les premiers concernés par des textes qui doivent leur permettre de s'entraîner aux concours et de juger leur propre aptitude à franchir cette première barre.

Chacun des trois concours possède un caractère particulier : aux Mines d'Alès, le candidat doit choisir deux problèmes de physique parmi trois, et un problème de chimie parmi deux, dont l'un porte traditionnellement sur la chimie générale et l'autre sur la chimie organique ; aux Mines de Douai, les deux problèmes de physique et le problème de chimie (jusqu'à présent toujours de chimie générale) sont imposés ; quant au concours de l'ENAC, il ne comporte aucune épreuve de chimie et il faut choisir deux problèmes de physique parmi trois. Il est bon de tenir compte de ces caractéristiques avant de s'inscrire à l'un ou l'autre de ces concours.

Les élèves de Math Spé trouveront quant à eux dans cet ouvrage matière à révision, car il ne faut pas oublier que le programme des concours de Spéciale porte sur les deux années de préparation. Ils résoudront sans nul doute ces problèmes avec aisance, ce qui leur soutiendra le moral à la veille des épreuves.

Nous souhaitons bon courage à tous. Le succès est au bout du chemin.

TABLE DES MATIÈRES

Problèmes corrigés de Physique
(options M, P)
posés aux concours des ENSI

André Klarsfeld, Julien Lalande, Florence Weil

13 problèmes posés entre 1980 et 1982.

ENSI Chimie Centre 82 (1ère partie)
Transformations de gaz parfaits séparés par une cloison mobile.

ENSI 82 (option P - 1ère épreuve)
Étude comparée d'un circuit RLC et d'une « cavité » résonante enfermant un système d'ondes planes.

ENSI 82 (option M - 2ème épreuve)
Détentes d'un gaz imparfait, déviations à la loi des gaz parfaits.

ENSI 82 (option TA - 2ème épreuve)
Propulsion d'un véhicule automobile; aspects thermodynamique et mécanique.

ENSI Chimie Centre 81 (1ère épreuve)
Thermodynamique de l'enfoncement d'un piston par différentes méthodes...

ENSI Chimie Centre 81 (option P - 2ème épreuve)
Étude (trop!) complète d'un système de mesure de déformations linéaires.

ENSI Chimie Nord 81
Mouvement d'un cadre conducteur dans un champ $\vec{B}$ non uniforme.

ENSI Chimie Sud 81
Exercice: Diffraction de rayons X par un cristal.
Problème: Développement du viriel, effet Joule-Thomson, raffinement des équations d'état.

ENSI 81 (option P - 1ère épreuve)
Étude comparée d'un sytème thermodynamique (gonflage d'un ballon) et d'un système électrique (fréquencemètre « pompe à diodes »).

ENSI 81 (option P - 2ème épreuve)
Étude des différentes phases du mouvement d'une barre posée sur 2 roues en rotation (glissement, roulement sans glissement, etc.).

ENSI 81 (option M - 1ère épreuve)
Problème 1: Galvanomètres à cadre mobile couplés.
Problème 2: Forces centrales en mécanique classique, puis relativiste; application à la précession de l'orbite de Mercure.

ENSI 81 (option TA - 2ème épreuve)
Propulsion d'une fusée, écoulements gazeux dans une tuyère.

ENSI Chimie Sud 80
Interférences lumineuses en lumière mono et polychromatique, achromatisme.

144 pages 16,5 x 24,5 – ISBN 2-7298-0161-2 – 1983

Problèmes corrigés de Physique
(options M, P, TA)
posés au concours des ENSI

Roland Lehoucq, Philippe Bouissou, Lionel Aré

20 problèmes posés entre 1983 et 1987.

ENSI 87 (Option M - 1ère épreuve)
Première partie : Fonction de transfert d'un filtre RC.
Deuxième partie : Polarisation de la lumière.

ENSI 87 (Option M - 2ème épreuve)
Première partie : Thermodynamique d'un cycle.
Deuxième partie : Mouvement d'une sphère vers un bassin de stockage.

ENSI 87 (Option P - 1ère épreuve)
Étude de plusieurs circuits électriques.

ENSI 87 (Option P - 2ème épreuve)
Étude mécanique et hydrodynamique d'une turbine Pelton.

ENSI 87 (Option TA - 1ère épreuve)
Première partie : Mécanique des fluides (statique et dynamique).
Deuxième partie : Propagation des ondes dans le vide. Interférence optique.

ENSI Chimie Centre 87 (2ème partie)
Réflexion. Réfraction. Onde évanescente.

ENSI 86 (Option M - 2ème épreuve)
Première partie : Thermodynamique d'un cycle moteur.
Deuxième partie : Mouvement d'un électron dans un champ électromagnétique.

ENSI 86 (Option P - 1ère épreuve)
Première partie : Convertisseur analogique–numérique.
Deuxième partie : Machine électrostatique.

ENSI 86 (Option P - 2ème épreuve)
Mécanique : Mouvements d'une tige et d'un disque.

ENSI 86 (Option TA - 1ère épreuve)
Première partie : Thermodynamique d'une tuyère.
Deuxième partie : Lancement et mouvement d'un satellite.

ENSI 86 (Option TA - 2ème épreuve)
Propagation dans une ligne de transmission.

ENSI Chimie Sud 86
Première partie : Rotation d'un engin spatial.
Deuxième partie : Interferomètre de Michelson. Application aux mesures thermodynamiques.

ENSI 85 (Option M - 1ère épreuve)
Première partie : Étude des ponts de Hay et de Maxwell.
Deuxième partie : Étude de deux interferomètres (lame à faces parallèles et Fabry-Pérot).

ENSI 85 (Option M - 2ème épreuve)
Étude de dispositifs pour lancer de petits projectiles.

ENSI 85 (Option P - 1ère épreuve)
Étude d'un spectromètre longitudinal β.

ENSI Chimie Centre 85 (2ème partie)
Réseau d'amplitude et réseau de phase.

ENSI 84 (Option M - 1ère épreuve)
Étude du synchrocyclotron et du synchrotron.

ENSI 84 (Option P - 2ème épreuve)
Étude d'un régulateur mécanique.

ENSI Chimie Centre 84 (Options P, TB)
Première partie : Thermodynamique.

ENSI Chimie Sud 83
Exercice : Électrocinétique.
Problème : Réseau par transmission et par réflexion.

224 pages 16,5 x 24,5 – ISBN 2-7298-8749-0 – 1987

ALES 90 — Oscillations de relaxation d'un éclateur électrique – Etude thermodynamique d'un condensateur à diélectrique liquide – Point matériel dans le champ de pesanteur terrestre – Formation de NH_3, pH de la solution, complexation par NH_3 – Chimie organique, Cinétique des réactions SN1 et SN2.

SUJET N° 1

ELECTRICITE

Les 3 parties sont indépendantes

On se propose d'étudier le fonctionnement d'un éclateur, ensemble de deux électrodes conductrices identiques, de section circulaire, écartées dans l'air d'une distance d et soumises à une différence de potentiel V_0 (figure 1).

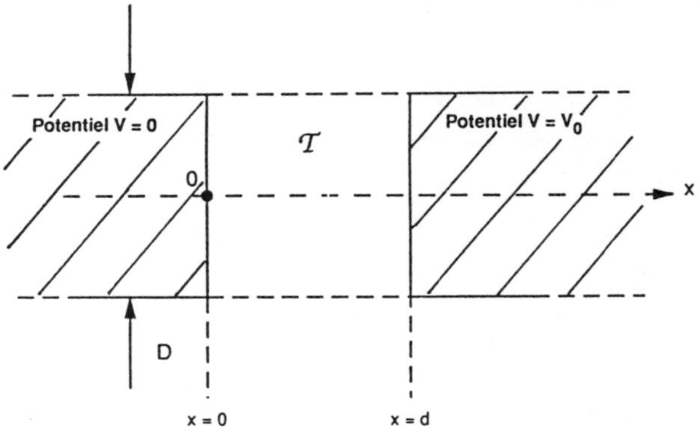

Figure 1

On appelle $\mathcal{T}$ le domaine cylindrique de diamètre D compris entre les plans définis par x = 0 et x = d.

1 - Distribution de potentiel entre les électrodes :

L'étude suivante est limitée à l'hypothèse particulière selon laquelle toutes les charges électriques présentes sur les électrodes sont uniformément réparties sur les seules faces circulaires en regard.

On assimile l'air au vide de permittivité diélectrique ε_0.

1.1. Dans le cas où les électrodes sont très proches, d est très petit devant D. On assimile les faces en regard à des plans indéfinis. Exprimer le potentiel électrostatique $V_1(x)$ en un point d'abscisse x de $\mathcal{T}$ $(0 \leq x \leq d)$ en fonction de d, V_0, x.

1.2. Les électrodes étant toujours très proches, on suppose à présent que des charges positives de densité volumique uniforme ρ (en C/m^3) sont présentes dans $\mathcal{T}$.

1.2.1. Donner l'équation différentielle régissant le potentiel électrostatique dans $\mathcal{T}$.

1.2.2. En déduire la nouvelle expression $V_2(x)$ du potentiel en un point d'abscisse x $(0 \leq x \leq d)$ en fonction de ε_0, d, V_0, x, ρ.

1.2.3. On pose : $\dfrac{\rho d^2}{2\,\varepsilon_0 V_0} = 2$. En quel endroit de $\mathcal{T}$ le potentiel est-il maximal ?

1.2.4. Soient les variables réduites : $x^* = \frac{x}{d}$, $V^* = \frac{V_2(x)}{V_0}$.

Représenter graphiquement V^* en fonction de x^* $(0 \leq x^* \leq 1)$.

1.3. Dans l'hypothèse où d est du même ordre de grandeur que D, le champ électrique dans $\mathcal{T}$ n'est pas uniforme. Les charges portées par les faces terminales des électrodes étant uniformément réparties et ρ étant nul, déterminer l'expression exacte V_3 (x) du potentiel en un point de l'axe Ox.

2 - Apparition d'une décharge électrique :

On modélise l'air du domaine $\mathcal{T}$ par un milieu conducteur électriquement neutre, constitué à l'instant t de n(t) particules positives par unité de volume et de particules chargées négativement. On ne s'intéresse dans toute la suite qu'à l'évolution des charges positives, étant donné que le nombre des charges négatives présentes dans $\mathcal{T}$ permet la conservation de la neutralité globale à chaque instant.

Un champ électrique uniforme $\vec{E}$ régnant dans $\mathcal{T}$, les particules positives se déplacent à une vitesse : $\vec{v} = \mu . \vec{E}$, μ constante positive.

Toute charge positive atteignant la cathode est neutralisée, les charges positives restantes étant toujours réparties uniformément dans $\mathcal{T}$. La densité de charges n(t) a pour valeur n_0 à t = 0.

2.1. A un instant t donné, soit N(t) le nombre total de charges positives présentes dans $\mathcal{T}$:

2.1.1. Exprimer en fonction de n(t), μ, E, D la variation dN de N(t) pendant la durée infinitésimale dt.

2.1.2. En déduire l'équation différentielle régissant n(t), puis l'expression de n(t) en fonction de n_0, μ, E, d.

2.1.3. En combien de temps la densité n(t) décroît-elle de moitié ?

2.2. L'apparition d'une décharge électrique peut s'expliquer, en première approximation, par les hypothèses supplémentaires suivantes :

- chaque charge positive atteignant la cathode en éjecte k électrons

- chaque électron éjecté provoque instantanément, de par sa rapidité, la création de β charges positives uniformément réparties dans $\mathcal{T}$.

β est une constante, k est proportionnel à la vitesse d'impact des charges positives sur la cathode : k = α.v, α constante.

2.2.1. Déterminer la loi n(t) en fonction de α, β, E, d, μ, n_0.

2.2.2. L'apparition d'une décharge électrique entre les électrodes correspond à la condition : $\lim\limits_{t \to +\infty} n(t) = +\infty$

Déterminer en fonction de α, μ et β la valeur minimale de E permettant l'apparition d'une décharge.

3 - Oscillations de relaxation :

L'éclateur est connecté selon le schéma de la figure 2 à un condensateur alimenté par un générateur de résistance R et de force électromotrice E.

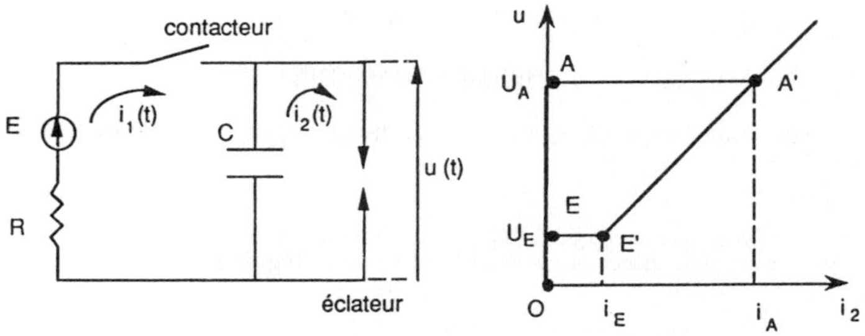

Figure 2

Caractérisation électrocinétique de l'éclateur :

- Lorsque u augmente à partir de O, i_2 reste nul tant que u n'atteint pas la valeur d'amorçage U_A (branche OA)

- Si u atteint la valeur U_A, le courant prend la valeur i_A (branche AA')

- Etant devenu conducteur, l'éclateur se comporte comme une résistance r tant que u reste supérieur à la valeur d'extinction U_E

- S'il advient que u décroisse jusqu'à la valeur U_E, le courant s'annule (branche EE')

- L'éclateur ne peut redevenir conducteur que si u atteint la valeur U_A.

3.1. Le condensateur étant déchargé, on ferme le contacteur à : t =0.

Soit t_E (resp. t_A) l'instant correspondant au passage de la d.d.p. u à la valeur U_E (resp. U_A) lors de la charge du condensateur.

3.1.1. Déterminer la loi de variation u(t) pour $t \leq t_A$.

3.1.2. Exprimer l'intervalle $T_1 = t_A - t_E$ en fonction de E, U_A, U_E, R, C.

3.2. On s'intéresse à présent à la phase transitoire survenant dans le circuit lorsque l'éclateur devient conducteur.

Soit le nouvel instant initial tel que : $u(o) = U_A$.

3.2.1. Ecrire l'équation différentielle en u(t) valable tant que u(t) est supérieure à U_E.

3.2.2. Exprimer la loi u(t).

3.2.3. A quelle condition sur E, r, R, U_E la tension U_E peut-elle être atteinte ?

3.3. Lorsque cette condition est remplie, déterminer l'instant T_2 correspondant à l'extinction.

Quelle sera l'évolution ultérieure de u(t) ? Donner l'allure de la courbe u(t) sur un intervalle de temps significatif.

3.4. Les données sont : $E = 500$ V $U_A = 450$ V $U_E = 150$ V
$R = 100\ \Omega$ $r = 10\ \Omega$ $C = 10^{-6}$ F

Calculer la fréquence du signal u(t).

3.5. Chiffrer en cycles par seconde l'erreur que l'on commettrait sur le calcul de cette fréquence en négligeant le temps de décharge du condensateur devant son temps de charge.

SUJET N° 2

THERMODYNAMIQUE

Les 3 parties sont, dans une très large mesure, indépendantes

Partie I

On considère 1 kg d'un liquide compressible et dilatable dont le volume varie avec la température t et la pression p suivant l'équation d'état :

$$v = v_c\,(1 + \alpha.t - K.p)$$

où α et K sont des constantes

t la température exprimée en degrés celsius

p la pression en pascals

$v_o = 1{,}14.10^{-3}\ m^3$

1 - Que représentent les constantes α et K ?

2 - Ecrire les différentielles dv du volume, dU de l'énergie interne, dS de l'entropie en fonction des variables indépendantes pression p, température thermodynamique T.

On pourra écrire la quantité de chaleur élémentaire échangée lors d'un processus élémentaire quelconque sous la forme :

$$\delta Q = C_p.dT + h.dp$$

3 - a) Calculer le coefficient calorimétrique h en fonction de T, α, v_o.

b) On suppose la chaleur massique à pression constante C_p indépendante de la température T. En déduire que C_p est une constante pure.

4 - Etablir l'expression de l'énergie interne U, de l'enthalpie H et de l'entropie S pour ce fluide en fonction des variables T et p.

5 - Montrer que le rapport $\gamma = \frac{c_p}{c_v}$, où c_v est la chaleur massique à volume constant, peut s'écrire sous la forme : $\gamma = \frac{Cp}{Cp - aT}$, a étant une constante que l'on explicitera.

6 - Le liquide étant pris à 0°C sous une pression pratiquement nulle, on le comprime réversiblement à cette température. On constate que son volume a diminué de 5,3 cm^3 pour une variation de pression de $50.10^5\ N.m^{-2}$, la quantité de chaleur dégagée étant de 1560 J.

En déduire la valeur de K et celle de α.

Calculer alors, pour cette transformation, la variation d'énergie interne et le travail reçu par le liquide.

7 - La compression précédente entre les deux mêmes niveaux de pression est reconduite mais, cette fois, de façon adiabatique. De plus, la variation de pression est appliquée brutalement dès le début de l'opération. Calculer la variation de température du liquide ainsi que sa variation de volume.

On prendra $C_p = 1740\ J.kg^{-1}.\ K^{-1}$

Partie II

Le but de cette partie est l'étude thermodynamique d'un condensateur plan enfermé dans un réservoir de volume v fermé par un piston mobile sans frottement (voir figure 1).

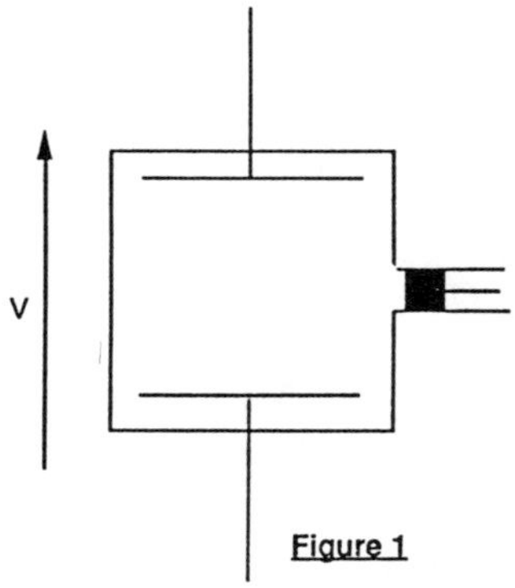

Figure 1

Le réservoir est rempli avec le liquide étudié dans la partie I.

Lorsque la différence de potentiel aux bornes du condensateur est V, le condensateur porte une charge $q = C.V$ où $C = A.C_o$, C_o étant une constante positive.

A est une grandeur positive dépendant uniquement de la pression p et de la température T du liquide.

On donne : $\frac{A - 1}{A + 2} \cdot \frac{1}{\rho} = b$ avec ρ masse volumique du liquide

b constante.

L'état du système { condensateur + liquide } est alors défini par les trois variables indépendantes température T, pression p, différence de potentiel V.

On charge le condensateur de manière réversible en maintenant température et pression constantes. La différence de potentiel passe de 0 à $V_M = 10^4$ V.

1 - Comment doit s'effectuer une telle charge ? Quels types de pertes doit-on éviter ?

2 - Donner l'expression de l'énergie totale (mécanique et électrique) reçue par le système lors de cette transformation.

3 - On se propose de calculer la variation d'énergie interne du système lors de cette charge, en supposant les variations de volume du liquide très faibles.

a) Sachant que $\left(\frac{\partial v}{\partial V}\right)_{T,p} = -\left(\frac{\partial q}{\partial p}\right)_{T,V}$, déterminer le signe de Δv, variation de volume du liquide lors de la charge.

b) Calculer Δv.

c) On donne $\left(\frac{\partial S}{\partial V}\right)_{T,p} = \left(\frac{\partial q}{\partial T}\right)_{p,V}$.

Calculer alors la quantité de chaleur reçue par le liquide.

d) En déduire la variation d'énergie interne du système.

<u>Données numériques</u> : $T = 293$ K $\quad A = 2,26$ à 20°C

$p = 10^5$ N.m^{-2} $\quad C_o = 442.10^{-12}$ F

Partie III

Dans toute cette partie, on considère uniquement des condensateurs plans formés de deux plaques parallèles entre lesquelles règne le vide. Les capacités de ces condensateurs sont alors des constantes pures.

Deux condensateurs de capacité C_1 et C_2 portent des charges q_{10} et q_{20}. A un instant donné, ils sont reliés par un fil conducteur (voir figure 2). On suppose l'ensemble des deux condensateurs isolé électriquement et énergétiquement.

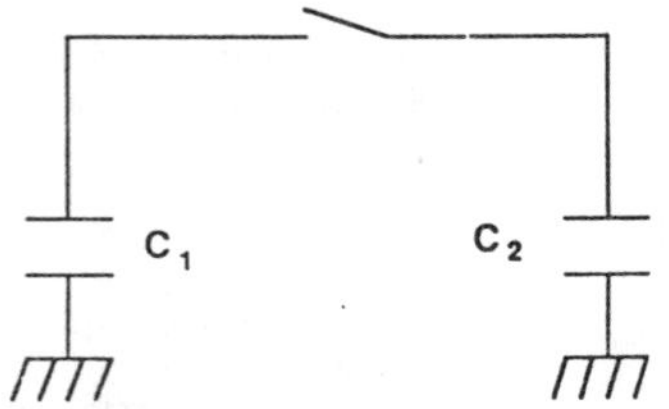

Figure 2

1 - L'énergie interne de chaque condensateur étant seulement fonction des deux variables indépendantes entropie S et charge q, établir les relations suivantes :

$$\left(\frac{\partial S}{\partial U}\right)_q = \frac{1}{T} \quad \text{et} \quad \left(\frac{\partial S}{\partial q}\right)_U = -\frac{V}{T}$$

avec V : potentiel de l'armature supérieure
T : température du condensateur

2 - En déduire les conditions vérifiées par les paramètres potentiel V et température T à l'équilibre.

Calculer alors q_{1f} et q_{2f}, les charges des condensateurs à l'équilibre, en fonction de q_{10}, q_{20}, C_1 et C_2.

3 - On suppose $q_{10} > q_{20}$ et $C_1 < C_2$. La transformation est telle qu'à chaque instant, les températures T_1 et T_2 des deux condensateurs sont égales.

Justifier par une loi d'évolution thermodynamique, de façon qualitative, l'état final du système.

SUJET N° 3

MECANIQUE

I- Dans toute cette partie on ne tient pas compte de la rotation de la terre.

1-a) - On assimile la terre à une sphère homogène de masse M et de rayon R. On rappelle que la force de gravitation $\vec{F}$ à laquelle est soumise la particule ponctuelle de masse m_B située en B de la part de la masse ponctuelle m_A située en A est $\vec{F} = -G\frac{m_A m_B}{d^2}\vec{u}$,

où $d = AB$, $\vec{u} = \frac{\vec{AB}}{d}$ et G désigne la constante de gravitation universelle.

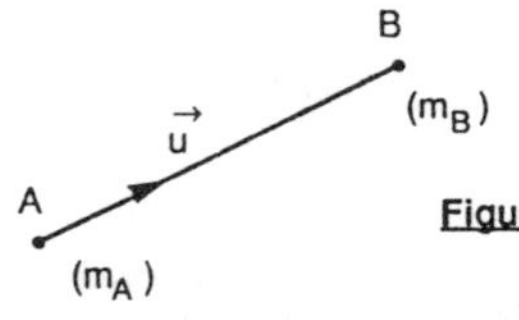

Figure 1

Calculer g_o, accélération de la pesanteur à la surface de la terre. (On pourra utiliser le théorème de Gauss appliqué au champ de gravitation).

1-b) On note z (z > 0) l'altitude d'un point à partir de la distance radiale r = R au centre de la terre. Trouver g (z), accélération de la pesanteur à l'altitude z, en fonction de g_o, R et z. Donner l'expression du développement au premier ordre en $\frac{z}{R}$ de g (z), sachant que z est très petit devant R (z << R).

Calculer g (z) pour $z = 10^4$ m. On donne $g_o = 9{,}80\ m.\,s^{-2}$
$R = 6{,}38.10^6$ m

2-a) - Calculer le travail W_{op} que doit fournir un opérateur pour amener un corps de masse unité de la surface de la terre à l'altitude z en utilisant l'expression de g (z) non simplifée.

2-b) - Que devient W_{op} si z tend vers l'infini ?

2-c) - Déduire du I-2-b) la vitesse d'un projectile lancé verticalement pour qu'il puisse s'éloigner à l'infini. Calculer numériquement cette vitesse.

II - Dans cette partie, on va déterminer la variation de l'accélération de la pesanteur avec la latitude du point considéré à la surface de la terre en tenant compte de sa rotation.

1 - Soit ($\mathcal{R}$) un référentiel considéré absolu, muni d'un repère orthonormé direct (C X Y Z). Soit (r) un référentiel relatif muni d'un repère orthonormé direct (O x y z) en rotation par rapport au référentiel ($\mathcal{R}$). On désigne par $\vec{\omega}$ le vecteur de rotation supposé constant du référentiel mobile (r) par rapport au référentiel absolu ($\mathcal{R}$). Soit M (x, y, z) un point mobile dans le référentiel (r), on désigne par $\vec{v}_{M/(r)}$ sa vitesse relative et par $\vec{\gamma}_{M/(r)}$ son accélération relative dans le référentiel (r). On démontre que :

$$\frac{d^2\vec{CM}}{dt^2} = \vec{\gamma}_{M/(r)} + 2\,\vec{\omega} \wedge \vec{v}_{M/(r)} + \vec{\omega} \wedge (\vec{\omega} \wedge \vec{OM}) + \frac{d^2\vec{CO}}{dt^2}$$

avec (relation 1)

$$\frac{d^2\vec{CO}}{dt^2} = \vec{\omega} \wedge (\vec{\omega} \wedge \vec{CO})$$ ($\wedge$ désigne le produit vectoriel),

où C est l'origine de ($\mathcal{R}$), O est l'origine de (r), $\frac{d^2\vec{CM}}{dt^2}$ représente l'accélération absolue du point M par rapport au référentiel absolu ($\mathcal{R}$) que l'on peut aussi écrire $\vec{\gamma}_{M/(\mathcal{R})}$.

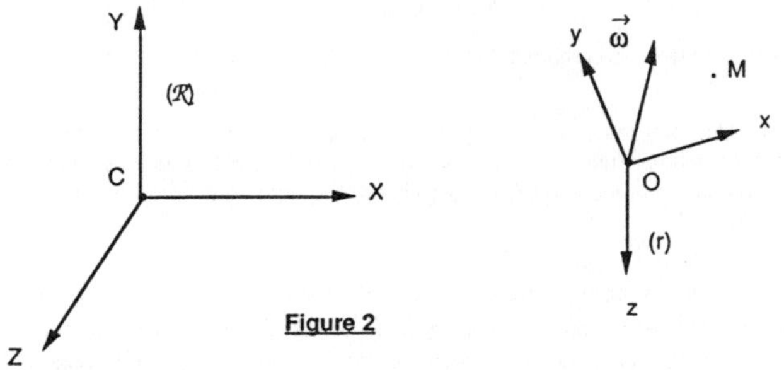

Figure 2

Montrer que, si dans ($\mathcal{R}$), pour la particule située en M, on a $m\,\vec{\gamma}_{M/(\mathcal{R})} = m\,\vec{g}_0$, on a, pour un point M fixe par rapport à (r), la relation :

$$m\,\vec{\gamma}_{M/(r)} = m\,\vec{g}_0 - m\,\vec{\omega} \wedge (\vec{\omega} \wedge \vec{CO})$$ (relation 2) si $\vec{OM} << \vec{CO}$.

La quantité $\vec{g} = \vec{g}_0 - \vec{\omega} \wedge (\vec{\omega} \wedge \vec{CO})$ (relation 3)
représente alors l'accélération de la pesanteur mesurée dans le référentiel (r) en O ou dans son voisinage.

2 - Le référentiel absolu ($\mathcal{R}$) a son axe CZ porté par l'axe des pôles de la terre et est orienté positivement vers le nord géographique N. La terre supposée sphérique de rayon R tourne à vitesse angulaire $\vec{\omega}$ constante autour de l'axe des pôles. Le référentiel relatif (r), attaché à la terre, d'origine O, situé à la latitude λ

nord, est constitué des axes suivants : l'axe Oz passant par le centre C de la terre est ascendant, Ox est tangent au méridien en O et dirigé vers le sud, Oy est tangent au parallèle en O et dirigé vers l'est (figure 3).

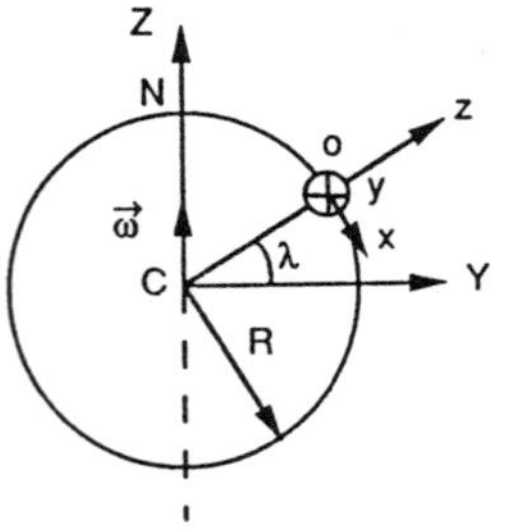

Figure 3

CO = R

2-a) En utilisant la relation $\vec{g} = \vec{g}_0 - \vec{\omega} \wedge (\vec{\omega} \wedge \vec{R})$, où $\vec{CO} = \vec{R}$, trouvée au II-1, donner les composantes de $\vec{g}$ suivant Ox, Oy et Oz en fonction de g_0, module de $\vec{g}_0$, ω, module de $\vec{\omega}$, λ et R.

2-b) Soit α l'angle entre $\vec{OC}$ et $\vec{g}$: $\alpha = (\vec{OC}, \vec{g})$. Donner l'expression de α en fonction de ω, R, g_0 et λ , sachant que α est très faible.

Calculer α à la latitude $\lambda = 45°$ nord. On donne : $g_0 = 9{,}80\ m.s^{-2}$
$R = 6{,}38.10^6 m$
$\omega = 7{,}29.10^{-5}$ S.I.

3 - Donner l'expression de $\Delta g = g_{pôle} - g_{équateur}$, différence des modules de l'accélération de la pesanteur au pôle et à l'équateur. Calculer Δg. En réalité on mesure $\Delta g = 52.10^{-3}\ m.s^{-2}$; avancer une raison simple en une ligne maximum pour expliquer l'écart trouvé.

<u>III</u> - Dans cette partie on prendra pour équation fondamentale de la dynamique dans le référentiel (r) de la figure 3 :

$m\,\vec{\gamma}_{M/(r)} = m\,\vec{g} - 2\,m\,\vec{\omega} \wedge \vec{v}_{M/(r)}$ <u>(relation 4)</u>,

et on admettra que les composantes de $\vec{g}$ sont (O, O, - g) dans le repère (O x y z).

1 - Un point matériel M de masse m est abandonné dans (r) sans vitesse initiale à la latitude λ nord du point x = y = O, z = H. Déduire la loi z (t) ainsi que la durée $\mathcal{T}$ de la chute jusqu'en O de la <u>relation 4</u> simplifiée en négligeant la force de Coriolis.

2 - On ne néglige plus la force de Coriolis. Ecrire les équations du mouvement correspondant à la <u>relation 4</u>. On désignera respectivement par $(\ddot{x}, \ddot{y}, \ddot{z})$ et $(\dot{x}, \dot{y}, \dot{z})$ les composantes de l'accélération et de la vitesse du point M dans (r).

3 - Le point matériel M est lâché dans les mêmes conditions qu'au III-1- ; résoudre l'équation en $\ddot{y}$ du III-2- en prenant pour $\dot{x}$ et $\dot{z}$ les valeurs du III-1-. Donner y (t). En prenant pour durée de la chute la valeur $\mathcal{T}$ du III-1-, donner l'expression de y ($\mathcal{T}$) en fonction de ω, g, H et λ .

Calculer y ($\mathcal{T}$), on donne : $g = 9{,}80\ m.\ s^{-2}$
$\lambda = 45°$ nord
H = 100 m
$\omega = 7{,}29.10^{-5}$ S.I.

4 - On lance un corps de masse m depuis O verticalement vers le haut avec une vitesse initiale v_0.

4-a) Réécrire le système en $\ddot{x}$, $\ddot{y}$ et $\ddot{z}$ correspondant à la <u>relation 4</u>. Intégrer ce système pour en déduire y (t) et z (t) en utilisant dans ce système les valeurs de $\dot{x}$, $\dot{y}$ et $\dot{z}$ correspondant au cas où on lance ce corps vers le haut depuis O avec une vitesse initiale v_0, mais en négligeant la force de Coriolis.

4-b) Déterminer la hauteur h atteinte par le corps à partir de $\dot{z}$ (t) en fonction de v_0 et g.

4-c) Déduire du III-4-b) l'expression de y lorsque le corps retombe sur le plan (O x y) en fonction de ω, v_0, g et λ.

<u>IV</u> - Dans cette partie, on désire étudier le mouvement d'un pendule simple dans le référentiel (r) lié à la terre. A la <u>relation 4</u>, on ajoutera donc simplement la tension $\vec{T}$ du fil, et on prendra encore pour composantes de $\vec{g}$ (O, O, - g) dans le repère (0 x y z).

1 - Un pendule simple de longueur L est attaché au point P (O, O, L) dans (r). Au point M est attachée une masse ponctuelle m. A un instant donné le pendule oscille dans un plan quelconque (figure 4).

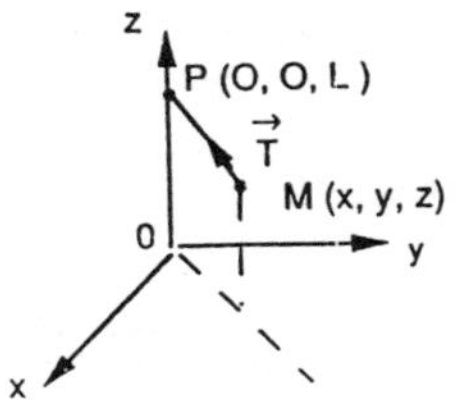

<u>Figure 4</u>

1-a) On pose $\vec{u} = \frac{\overrightarrow{MP}}{MP}$; MP = L , module de $\overrightarrow{MP}$. Donner les trois composantes du vecteur unitaire $\vec{u}$ dans (r).

1-b) On pose $\vec{T} = T\,\vec{u}$. En déduire les trois composantes de $\vec{T}$ dans (r), en fonction de T, module de $\vec{T}$, x, y et L. On admettra que z << L.

2-a) - En notant $\ddot{x}$, $\ddot{y}$, $\ddot{z}$ les composantes de l'accélération de M dans (r), écrire les trois équations du mouvement en fonction de x, y, T, m, g et L en négligeant la force de Coriolis.

2-b) En admettant que $\ddot{z}$ = 0, en déduire les deux équations simples vérifiées par $\ddot{x}$ et $\ddot{y}$. On posera $\omega_0^2 = \frac{g}{L}$ dans ces deux équations.

3-a) En ajoutant les effets de la force de Coriolis aux équations obtenues au IV-2-b), écrire les équations en $\ddot{x}$ et $\ddot{y}$ en prenant pour composantes de $\vec{v}_{M\,/\,(r)}$, $\dot{x}, \dot{y}$ et $\dot{z} = 0$ dans (r).

3-b) Poser $\eta = x + i\,y$ ($i^2 = -1$) et écrire l'équation différentielle vérifiée par η (on posera $\dot{\eta} = \dot{x} + i\,\dot{y}$ et $\ddot{\eta} = \ddot{x} + i\,\ddot{y}$).

4 - On désire obtenir les équations du mouvement du point M dans le repère (O x' y' z'), d'axe Oz' confondu avec Oz et tournant autour de Oz' à la vitesse angulaire constante Ω = ω sin λ. On fait donc le changement de variables $\eta = \eta' e^{-i\Omega t}$ où $\eta' = x' + i\,y'$.

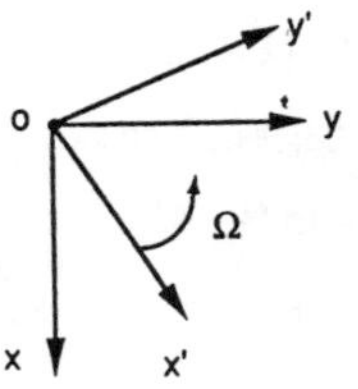

<u>Figure 5</u>

4-a) Ecrire l'équation différentielle vérifiée par η' (on notera $\dot{\eta}' = \dot{x}' + i\,\dot{y}'$ et $\ddot{\eta}' = \ddot{x}' + i\,\ddot{y}'$ les dérivées première et seconde de η' par rapport au temps).

4-b) Négliger le terme en Ω^2 par rapport à ω_0^2 dans l'équation du IV-4-a). Ecrire alors la solution générale η' (t).

4-c) Les conditions initiales sont, à t = 0 $\begin{cases} x = x_0,\ y = 0 \\ \dot{x} = 0\ ,\ \dot{y} = 0 \end{cases}$

En déduire η'_0 et $\dot{\eta}'_0$, valeurs initiales de η' et $\dot{\eta}'$.

4-d) Déduire de η' (t) les expression de x' (t) sous la forme a cos ω_0 t et de y' (t) sous la forme b sin ω_0 t ; donner les expressions de a et de b.

4-e) En déduire que dans (O x' y' z') la trajectoire de M est une ellipse. Calculer numériquement le rapport $\frac{b}{a}$ à la latitude λ = 45° nord.

On donne :

$g = 9{,}8\ m.s^{-2}$

$\omega = 7{,}29.10^{-5}$ S.I.

$L = 67$ m

Le résultat trouvé implique que le mouvement du pendule a pratiquement lieu dans le plan (O x' z'). Calculer b si x_0 = 3 m.

4-f) Déduire du IV-4-b) que dans (r) le plan d'oscillation du pendule tourne à la vitesse angulaire Ω. Calculer la période de rotation du pendule dans (r) à la latitude λ = 45° nord.

SUJET N° 1

Le sujet comprend quatre exercices indépendants.

- Les expériences se font à 25°C sauf pour l'exercice II.
- Les gaz se comportent comme des gaz parfaits.
- Variation de volume d'une solution aqueuse négligeable lors d'un ajout de gaz ou d'une faible quantité de produit solide.

<u>Données numériques</u>

ΔH_1 (NH_3 gaz) = - 45,6 kJ. mol^{-1}

ΔH_2 (H_2O vapeur) = - 241,6 kJ. mol^{-1}

Constante des gaz parfaits R = 8,32 J.K^{-1} mol^{-1}

1 atm = 1,013 . 10^5 Pa

V molaire = 22,4 . 10^{-3} m^3 mol^{-1} (T_o = 273 K p_o = 1 atm)

pK_A NH_4^+/NH_3 = 9,25

Constante de formation Kf $[Cd(NH_3)_4]^{2+} = 10^7$

Produit de solubilité K_S $Cd(OH)_2 = 10^{-14}$

Produit ionique eau $K_e = 10^{-14}$

I - Les enthalpies de formation à 25°C sous une atmosphère de l'ammoniac et de l'eau sont notées ΔH_1 pour NH_3 gazeux et ΔH_2 pour H_2O vapeur.

Calculer dans les mêmes conditions, l'enthalpie molaire de la réaction d'oxydation de l'ammoniac par le dioxygène en diazote et en vapeur d'eau.

II - Dans un récipient indilatable on mélange à 200°C trois moles de dihydrogène avec une mole de diazote.

Lorsque l'équilibre

$$N_2\,(gaz) + 3H_2\,(gaz) \rightleftharpoons 2\,NH_3\,(gaz)$$

est atteint, on constate que le mélange contient à 200°C, sous une pression de une atmosphère, 15,3 % d'ammoniac en volume.

1 - Dans quel volume se trouve contenu le système ?

2 - Calculer la constante Kp de l'équilibre précédent.

III - Dans 1 l d'eau on dissout 2,24 l de gaz ammoniac (volume mesuré dans les conditions normales de température et de pression).

1 - Quel est le pH de la solution obtenue ?

2 - Dans 1 l de la solution précédente, on introduit 10^{-3} mole de chlorure de fer (II). Quelle est la concentration en fer (II) restant en solution ?

La solubilité de l'hydroxyde de fer (II) $Fe(OH)_2$ dans l'eau pure est $s = 8,14.\ 10^{-6}$ mol. l^{-1}

IV - L'ion cadmium Cd^{2+} donne avec l'ammoniac le complexe tetraaminocadmium (II) selon la réaction :

$$Cd^{2+} + 4\,NH_3 \rightleftharpoons [Cd(NH_3)_4]^{2+}$$

La constante de formation globale du complexe est Kf.

Combien de moles d'ammoniac faut-il rajouter à 1 l de solution qui contient 10^{-2} mole d'hydroxyde de cadmium $Cd(OH)_2$, dont K_s est le produit de solubilité, pour le dissoudre entièrement ?

SUJET N° 2

Le problème comprend deux exercices indépendants

I - La combustion complète de 5 mg d'un hydrocarbure gazeux A fournit exclusivement 15,7 mg de CO_2 et 6,4 mg de H_2O.

Un volume de un litre du composé A a une masse de 1,44 g à 200°C sous une pression de 1 atmosphère.

1 - Quelle est la formule moléculaire de A ?

Parmi les différents isomères du composé A, certains réagissent avec le chlore à l'obscurité et à froid.

2 - Donner les formules semi-développées et les noms de ces isomères.

Données :

C	=	12
H	=	1
O	=	16
R	=	8,32 Joule. mol^{-1}. K^{-1}
1 atm	=	1,013 10^5 Pa

II - On se propose d'étudier la cinétique de la réaction d'hydrolyse d'un chlorure d'alkyle RCl en solution hydroalcoolique à 50 %, à 20°C, en milieu basique.

Cette réaction se fait concurrentiellement par les deux mécanismes SN1 et SN2.

La solution hydroalcoolique contient initialement 0,1 mol.l^{-1} de chlorure d'alkyle RCl et 0,1 mol.l^{-1} de soude NaOH.

1 - Ecrire les mécanismes SN1 et SN2.

2 - En déduire l'expression de la loi de vitesse de la réaction d'hydrolyse de RCl.

3 - Des trois chlorures d'alkyles ci-dessous, lequel vous paraît devoir correspondre, en termes de réactivité, à celui étudié ci-dessus ?

a) $(CH_3)_3C-Cl$

b) $CH_3-CH(Cl)-CH_2-CH_3$

c) $CH_3-CH_2-CH_2.CH_2-Cl$

Justifier clairement votre réponse.

Le tableau ci-dessous indique, pour divers temps de réaction, le pH du milieu réactionnel.

Temps (heures)	1,60	3,57	5,75	8,11	10,71	13,86	16,95	20,23	27,72
pH	12,9	12,8	12,7	12,6	12,5	12,4	12,3	12,2	12,0

4 - Représenter, en fonction du temps, le nombre de mol.l^{-1} de RCl ayant disparu.

5 - Déterminer graphiquement les valeurs des constantes K_1 et K_2 caractéristiques des mécanismes SN1 et SN2.

ELECTRICITE

1. Distribution du potentiel entre les électrodes:

1) Le champ $\vec{E}$, uniforme, dérive du potentiel V : $\vec{E} = -\vec{\nabla} V \Rightarrow E = -\frac{dV}{dx}$

En intégrant cette relation entre les bornes $x=0$ et $x=d$, où le potentiel vaut respectivement 0 et V_0, on obtient $V_1(x)$:

$$\boxed{V_1(x) = V_0 \frac{x}{d}}$$

2)

1) Le potentiel en tout point est solution de l'équation de Poisson :

$\Delta V = -\frac{\rho}{\varepsilon_0}$ $\Rightarrow$ $\boxed{\frac{d^2V}{dx^2} = -\frac{\rho}{\varepsilon_0}}$

2) Le potentiel $V_2(x)$ doit satisfaire cette équation, ainsi que les conditions aux limites $V_2(0)=0$ et $V_2(d)=V_0$:

$$\frac{dV_2}{dx} = -\frac{\rho x}{\varepsilon_0} + A \Rightarrow V_2(x) = -\frac{1}{2}\frac{\rho x^2}{\varepsilon_0} + Ax + B$$

$$V_2(0)=0 \Rightarrow B=0 \quad \text{et} \quad V_2(d)=V_0 \Rightarrow A = \frac{V_0}{d} + \frac{\rho d}{2\varepsilon_0}$$

$$\Rightarrow \boxed{V_2(x) = -\frac{1}{2}\frac{\rho x^2}{\varepsilon_0} + \left(\frac{V_0}{d} + \frac{\rho d}{2\varepsilon_0}\right)x}$$

3) Si la densité volumique de charge prend cette valeur particulière, le potentiel s'écrit:

$$V_2(x) = V_0\left(-\frac{2x^2}{d^2} + 3\frac{x}{d}\right) \Rightarrow V_2'(x) = V_0\left(-\frac{4x}{d^2} + \frac{3}{d}\right)$$

$$\boxed{V_2 \text{ est maximal en } x = \frac{3d}{4} \text{ où il vaut } \frac{9V_0}{8}}$$

4) Le potentiel réduit s'écrit:

$V^*(x^*) = -2x^{*2} + 3x^*$

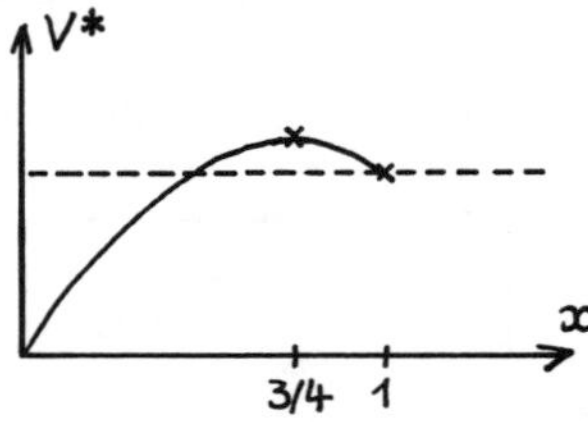

3) Soient σ la densité surfacique de charges sur l'électrode à V_0, et $-\sigma$ la densité sur l'autre électrode. On se trouve en présence de 2 disques chargés uniformément. Le potentiel qu'ils créent est:

$$V_3(x) = \frac{\sigma}{2\varepsilon_0}\left[-\sqrt{x^2 + D^2/4} + x + \sqrt{(d-x)^2 + D^2/4} - (d-x)\right] + \varphi$$

σ et φ sont déterminées par les conditions aux limites :

$$\begin{cases} V_3(0) = 0 = \frac{\sigma}{2\varepsilon_0}\left[-\frac{D}{2} + \sqrt{d^2 + D^2/4} - d\right] + \varphi \\ V_3(d) = V_0 = \frac{\sigma}{2\varepsilon_0}\left[\frac{D}{2} - \sqrt{d^2 + D^2/4} + d\right] + \varphi \end{cases}$$

$$\Rightarrow \varphi = \frac{V_0}{2} \quad \text{et} \quad \sigma = \frac{\varepsilon_0 V_0}{D/2 + d - \sqrt{d^2 + D^2/4}}$$

$$\Rightarrow \boxed{V_3(x) = V_0 \frac{2x + \sqrt{(d-x)^2 + D^2/4} - \sqrt{x^2 + D^2/4} + D/2 - \sqrt{d^2 + D^2/4}}{D + 2d - 2\sqrt{d^2 + D^2/4}}}$$

2. Apparition d'une décharge électrique :

1)

1) Les $-dN$ particules qui sortent par S pendant dt se trouvaient à la date t dans le cylindre de section S et de longueur $v\,dt$, soit $\mu E\,dt$. La densité volumique de particules étant alors $n(t)$:

$$-dN = n(t) S v \qquad \Rightarrow \qquad \boxed{-dN = n(t) \pi \frac{D^2}{4} \mu E}$$

2) La densité $n(t)$ est liée à N par :

$$n = \frac{N}{V} = \frac{N}{Sd} \Rightarrow \frac{dn}{dt} = \frac{1}{Sd}\frac{dN}{dt} = -\frac{\mu E}{d} n(t)$$

$$\Rightarrow \qquad \boxed{n(t) = n_0 e^{-\frac{\mu E t}{d}}}$$

3) n a diminué de moitié au bout de $t_{1/2}$:

$$\boxed{t_{1/2} = \frac{d}{\mu E} \ln 2}$$

2)

1) L'impact d'une charge positive provoque l'apparition de $\alpha\beta v$ charges positives. Le coefficient d'amplification est donc $K = \alpha\beta v - 1$. Il en résulte pendant dt une variation de N :

$$dN = K n(t) S v\,dt = (\alpha\beta\mu E - 1) n S \mu E\,dt \Rightarrow \frac{dn}{dt} = \frac{(\alpha\beta\mu E - 1)}{d} \mu E\, n(t)$$

$$\boxed{n(t) = n_0 e^{(\alpha\beta\mu E - 1)\mu E t/d}}$$

2) Pour que la décharge se produise, il faut que $n(t)$ soit une fonction croissante du temps, soit :

$$(\alpha\beta\mu E - 1)\frac{\mu E}{d} > 0 \qquad \Rightarrow \qquad \boxed{E > E_{min} = \frac{1}{\alpha\beta\mu}}$$

3. Oscillations de relaxation :

1)

1) La tension initiale aux bornes de l'éclateur étant nulle, l'éclateur va se comporter en coupe-circuit tant que $u(t)$ n'atteindra pas la valeur allumage U_A. Le condensateur se charge donc, pendant cette première phase, sous la tension constante E à travers R :

$$\boxed{u(t) = E(1 - e^{-t/RC}) \qquad t \leq t_A}$$

2) La tension prend les valeurs U_E et U_A aux dates :

$$\left.\begin{aligned} t_E &= RC \ln \frac{E}{E - U_E} \\ t_A &= RC \ln \frac{E}{E - U_E} \end{aligned}\right\} \qquad \Rightarrow \qquad \boxed{T_1 = RC \ln \frac{E - U_E}{E - U_A}}$$

2)

1) Lorsque l'éclateur est conducteur, u devient solution d'une nouvelle équation différentielle :

$$i_R = i_C + i_E \Rightarrow \frac{E-u}{R} = \frac{u}{r} + C\dot{u} \Rightarrow \boxed{\dot{u} + \frac{u}{R_e} = \frac{E}{RC}} \quad \text{en posant } R_e = \frac{Rr}{R+r}$$

2) La solution de cette équation doit satisfaire à la condition $u(0) = U_A$

$$u = Ae^{-t/R_eC} + E\frac{R_e}{R} = Ae^{-t/R_eC} + E\frac{r}{R+r}$$

$$u(0) = U_A \quad \Rightarrow \quad \boxed{u(t) = \left(U_A - \frac{Er}{R+r}\right)e^{-t/R_eC} + E\frac{r}{R+r}}$$

3) La valeur initiale de u(t) étant $U_A > U_E$, la valeur U_e ne peut être atteinte que si u(t) est une fonction décroissante de t et si sa limite lorsque $t \to \infty$ est inférieure à U_E. Il en résulte deux conditions :

$$E < \frac{R+r}{r}U_A \quad \text{et} \quad E < \frac{R+r}{r}U_E$$

Il suffit que la deuxième soit vérifiée pour que la première le soit. Notons aussi que la condition d'allumage est $U_A < E$.

3) La date d'extinction T_2 est aussi la durée de la seconde phase :

$$T_2 = \frac{Rr}{R+r}C\ln\frac{U_A - Er/R+r}{U_E - Er/R+r}$$

Après T_2, l'éclateur n'est plus conducteur ; la loi u(t) redevient analogue à celle de la première phase, mais à t=0, $u = U_E$

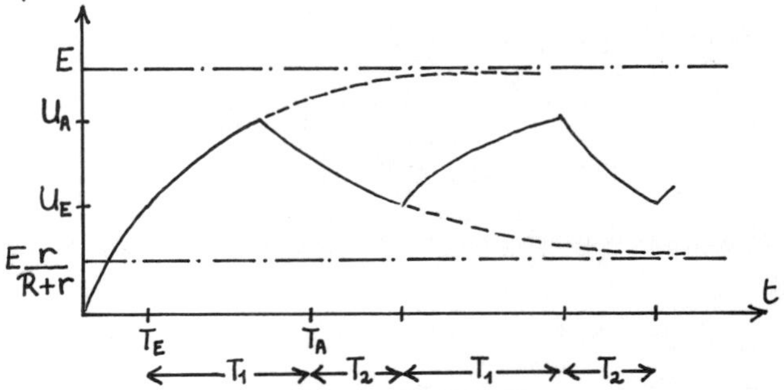

4) La période des oscillations est : $T = T_1 + T_2 = 2{,}07 \cdot 10^{-4}$ s

Leur fréquence est donc : $\boxed{\nu = 4833 \text{ Hz}}$

5) Si l'on néglige le temps de décharge devant le temps de charge, on obtient une valeur approchée de la fréquence : $\nu' = \frac{1}{T_1} = 5139$ Hz

L'erreur commise est donc de <u>306 Hz</u> ou 306 cycles par seconde.

THERMODYNAMIQUE

Partie I

1) $\alpha = \frac{1}{V_0}\left(\frac{\partial V}{\partial T}\right)_P$ est le coefficient de dilatation thermique

$K = -\frac{1}{V_0}\left(\frac{\partial V}{\partial P}\right)_T$ est le coefficient de compressibilité isotherme

2) D'après l'équation d'état : $dV = V_0(\alpha\, dT - K\, dP)$

$\Rightarrow dU = \delta Q - P dV = C_p dT + h dP - PV_0(\alpha dT - K dP) = (C_p - \alpha V_0 P) dT + (h + KV_0 P) dP$

et $dS = \frac{\delta Q}{T} = \frac{C_p}{T} dT + \frac{h}{T} dP$

$$\boxed{dU = (C_p - \alpha V_0 P) dT + (h + KV_0 P) dP \qquad dS = \frac{C_p}{T} dT + \frac{h}{T} dP}$$

3)

a) D'après les relations de Clapeyron : $h = -T\left(\frac{\partial V}{\partial T}\right)_P$

$$\Rightarrow \boxed{h = -\alpha V_0 T}$$

b) Les mêmes relations donnent $\left(\frac{\partial C_p}{\partial P}\right)_T$: $\left(\frac{\partial C_p}{\partial P}\right)_T = -T\left(\frac{\partial^2 V}{\partial T^2}\right)_P = 0$

Donc C_p ne dépend pas de P. D'après le texte, il ne dépend pas non plus de T. Il s'agit donc d'une constante.

4) Intégrons les différentielles de l'énergie interne et de l'entropie :

$dU = (C_p - \alpha V_0 P) dT + V_0(-\alpha T + KP) dP \Rightarrow U = U_0 + (C_p - \alpha V_0 P)T + V_0 K \frac{P^2}{2}$

$\Rightarrow H = U + PV = U_0 + C_p T - KV_0 \frac{P^2}{2}$;

$dS = \frac{C_p}{T} dT - \alpha V_0 dP$

$$\Rightarrow \boxed{S = S_0 + C_p \ln T - \alpha V_0 P}$$

5) D'après la relation de Mayer généralisée :

$C_p - C_v = T\left(\frac{\partial V}{\partial T}\right)_P\left(\frac{\partial P}{\partial T}\right)_V = \frac{\alpha^2 V_0 T}{K} = C_p\left(1 - \frac{1}{\gamma}\right) \Rightarrow \gamma \; \frac{1}{1 - \alpha^2 V_0 T / KC_p}$

soit $\boxed{a = \frac{\alpha^2 V_0}{K}}$

6) Au cours de la compression isotherme réversible, la variation de volume ΔV et la chaleur reçue sont :

$\Delta V = -KV_0 P_F \Rightarrow K = 9{,}3 \cdot 10^{-10}\ Pa^{-1}$

$Q = -\int \alpha V_0\, dP = -\alpha T_0 V_0 P_F \Rightarrow \alpha = 1{,}0 \cdot 10^{-3}\ K^{-1}$

D'après la question 4, la variation de U est :

$\Delta U = V_0 K \frac{P_F^2}{2} = \alpha V_0 T_0 P_F = -1546{,}76\ J$

Le premier principe permet d'en déduire W : $W = \Delta U - Q = 13{,}25\ J$

Le liquide étant peu compressible, il n'est pas surprenant que le travail soit beaucoup plus petit que la chaleur reçue.

7) Au cours de cette compression adiabatique brutale, la variation d'énergie interne du liquide est égale au travail de la force de pression extérieure constante :

$W = -P_F \Delta V = -P_F V_0[\alpha(T_F - T_0) - KP_F]$; $\Delta U = C_p(T_F - T_0) - \alpha V_0 P_F T_F + V_0 K \frac{P_F^2}{2}$

$\Rightarrow T_F = T_0 + \frac{V_0 P_F(\alpha T_0 + KP_F/2)}{C_p} \Rightarrow \boxed{\Delta T = 0{,}90\ K}$

Partie II

1) Le potentiel V doit croître progressivement de O à V_M. Il faut éviter les pertes par effet Joule dans les fils d'alimentation.

2) L'énergie totale reçue est :

$$W = -\int P\,dv + \int V\,dq \quad \Rightarrow \quad \boxed{W = -P\Delta v + C\frac{V_M^2}{2}}$$

3)

a) Au cours de la charge réversible isotherme et isobare :

$$dv = -\left(\frac{\partial q}{\partial P}\right)_{T,V} dV \;;\; \left(\frac{\partial q}{\partial P}\right)_{T,V} = V\left(\frac{\partial C}{\partial P}\right)_{T,V} = VC_0\left(\frac{\partial A}{\partial P}\right)_T$$

$$A = \frac{2b\rho + 1}{1 - b\rho} \Rightarrow \left(\frac{\partial A}{\partial P}\right)_T = \frac{dA}{d\rho}\left(\frac{\partial \rho}{\partial P}\right)_T = \frac{3b}{(1-b\rho)^2}\left(\frac{\partial \rho}{\partial P}\right)_T$$

$$\rho = \frac{m}{v} = \frac{m}{v_0(1+\alpha T - KP)} \Rightarrow \left(\frac{\partial \rho}{\partial P}\right)_T = \frac{mK}{v_0(1+\alpha T - KP)^2} = \frac{K\rho}{1+\alpha T - KP}$$

$$\Rightarrow \left(\frac{\partial q}{\partial P}\right)_{T,V} = VC_0\frac{3b}{(1-b\rho)^2}\,\frac{K\rho}{1+\alpha T - KP} = 3KVC_0\frac{(A-1)/(A+2)}{\left(1 - \frac{A-1}{A+2}\right)^2(1+\alpha T - KP)} = \frac{KVC_0}{3}\,\frac{(A-1)(A+2)}{1+\alpha T - KP}$$

$$\Rightarrow dv = -\frac{KC_0}{3}\,\frac{(A-1)(A+2)}{1+\alpha T - KP}\,V\,dV$$

$$\Rightarrow \Delta v = -\frac{KC_0}{6}\,\frac{(A-1)(A+2)}{1+\alpha T - KP}\,V_M^2 \quad \Rightarrow \quad \boxed{\Delta v = -2{,}84 \cdot 10^{-11}\,m^3}$$

C'est le phénomène d'électrostriction. On voit que la variation de volume est extrémement faible devant v, par conséquent le travail des forces de pression est négligeable devant l'énergie électrique emmagasinée.

c) La charge étant isotherme réversible :

$$Q = T\Delta S \qquad dS = \left(\frac{\partial S}{\partial V}\right)_{T,P} dV = \left(\frac{\partial q}{\partial T}\right)_{P,V} dV$$

Le calcul est le même que précédemment ; en remplaçant la dérivation de ρ par rapport à P par sa dérivation par rapport à T :

$$\Delta S = -\frac{\alpha C_0}{6}\,\frac{(A-1)(A+2)}{1+\alpha T - KP}\,V_M^2 \Rightarrow \boxed{Q = T\Delta S = -8{,}9 \cdot 10^{-3}\,J}$$

d) D'après le premier principe :

$$\Delta U = Q + W \sim Q + W_{el} = -8{,}9 \cdot 10^{-3} + 49{,}9 \cdot 10^{-3}$$

$$\Rightarrow \boxed{\Delta U = 4{,}1 \cdot 10^{-2}\,J}$$

Partie III

1) Pour chaque condensateur, dans une transformation élémentaire :

$dU = TdS + Vdq$ (en négligeant le travail des forces de pression)

$$\Rightarrow dS = \frac{dU}{T} - \frac{V}{T}dq \Rightarrow \boxed{\left(\frac{\partial S}{\partial U}\right)_q = \frac{1}{T} \text{ et } \left(\frac{\partial S}{\partial q}\right)_U = -\frac{V}{T}}$$

2) L'ensemble des deux condensateurs est isolé électriquement et énergétiquement. Si l'on désigne par U_1 et U_2 les énergies internes des deux condensateurs, et par q_1 et q_2 les charges de leurs armatures supérieures, les variations de ces grandeurs sont liées par :

$$dU_1 + dU_2 = 0 \quad \text{et} \quad dq_1 + dq_2 = 0$$

Le système est en équilibre lorsque l'entropie est maximale :

$$dS = 0 = dS_1 + dS_2 = \left(\frac{\partial S_1}{\partial U_1}\right)_{q_1} dU_1 + \left(\frac{\partial S_1}{\partial q_1}\right)_{U_1} dq_1 + \left(\frac{\partial S_2}{\partial U_2}\right)_{q_2} dU_2 + \left(\frac{\partial S_2}{\partial q_2}\right)_{U_2} dq_2$$

$$= \frac{1}{T_1} dU_1 - \frac{V_1}{T_1} dq_1 + \frac{1}{T_2} dU_2 - \frac{V_2}{T_2} dq_2 = \left(\frac{1}{T_1} - \frac{1}{T_2}\right) dU_1 - \left(\frac{V_1}{T_1} - \frac{V_2}{T_2}\right) dq_1 \quad \forall\, dU_1 \text{ et } dq_1$$

Les conditions d'équilibre du système sont donc :

$T_1 = T_2$ et $V_1 = V_2$

La deuxième condition nous donne les charges finales :

$$\left.\begin{array}{l} V_F = \dfrac{q_{1F}}{C_1} = \dfrac{q_{2F}}{C_2} \\ q_{1F} + q_{2F} = q_{10} + q_{20} \end{array}\right\} \Rightarrow \boxed{\begin{array}{l} q_{1F} = \dfrac{C_1}{C_1 + C_2}(q_{10} + q_{20}) \\ q_{2F} = \dfrac{C_2}{C_1 + C_2}(q_{10} + q_{20}) \end{array}}$$

3) Pendant l'évolution vers l'état d'équilibre, la température reste constante et l'entropie augmente. Soient V_1 et V_2 les potentiels des deux condensateurs hors d'équilibre, et dq_1 et dq_2 leurs variations de charge :

$$dS = \frac{1}{T}(dU_1 + dU_2) - \frac{1}{T}(V_1 dq_1 + V_2 dq_2) = -\frac{1}{T}(V_1 - V_2) dq_1 > 0$$

Initialement, V_1 était supérieur à V_2. Il le reste pendant l'évolution, donc dq_1 est négatif. La charge q_1 diminue et q_2 augmente.

MECANIQUE

I.

1)

a) La terre étant considérée comme une sphère homogène, en tout point de l'espace situé hors de la Terre ou à sa surface le champ de gravitation est le même que si toute sa masse était rassemblée en son centre. Par conséquent :

$$\boxed{g_0 = \frac{GM}{R^2}}$$

b) $g(z) = \dfrac{GM}{(R+z)^2} = g_0 \dfrac{R^2}{(R+z)^2}$

Un développement limité au premier ordre donne :

$$g(z) \sim g_0\left(1 - \frac{2z}{R}\right) \Rightarrow \boxed{g_1 = 9{,}77\ m.s^{-1}}$$

2)

a) La force exercée à chaque instant par l'opérateur est l'opposé de la force de gravitation. Son travail est :

$$\delta W_{op} = -\vec{F}.\vec{dr} = \frac{mg_0}{(1+z/R)^2} dz \Rightarrow W_{op} = -mg_0\left[\frac{R}{1+z/R}\right]_0^z = mg_0 R\left(1 - \frac{1}{1+z/R}\right)$$

$$\boxed{W_{op} = \frac{mg_0 z}{1+z/R}}$$

b) Si z tend vers l'infini, ce travail tend vers $\underline{mg_0 R}$.

c) On applique le théorème de l'énergie cinétique au projectile entre son lancement et un point à l'infini, où son énergie cinétique est supérieure ou égale à zéro :

$$E_c(\infty) - E_c(0) = -W_{op}$$

$$E_c(\infty) \geqslant 0 \Rightarrow E_{c0} \geqslant W_{op} = mg_0 R = E_{c\,lib}$$

$$\Rightarrow \boxed{v_{lib} = \sqrt{2g_0 R} = 11{,}18\ km\cdot s^{-1}}$$

II.

1) Pour un point fixe dans r, la vitesse relative $\vec{v}_{M/(r)}$ est nulle, donc l'accélération de Coriolis est nulle :

$$\vec{\gamma}_{M/\mathcal{R}} = \frac{d^2\vec{CM}}{dt^2} = \vec{\gamma}_{M/r} + \vec{\omega}\wedge[\vec{\omega}\wedge\vec{OM} + \vec{\omega}\wedge\vec{CO}]$$

$$= \vec{\gamma}_{M/r} + \vec{\omega}\wedge(\vec{\omega}\wedge\vec{CM}) \sim \vec{\gamma}_{M/r} + \vec{\omega}\wedge(\vec{\omega}\wedge\vec{CO})$$

$$\boxed{m\vec{\gamma}_{M/r} = m[\vec{g}_0 - \vec{\omega}\wedge(\vec{\omega}\wedge\vec{CO})]}$$

2)

a) Les composantes de $\vec{g}$ dans r sont :

$$\boxed{g_x = -R\omega^2 \sin\lambda\cos\lambda \qquad g_y = 0 \qquad g_z = g_0 - R\omega^2\cos^2\lambda}$$

b) Le produit vectoriel de $\vec{OC}$ par $\vec{g}$ donne :

$$\|\vec{OC}\wedge\vec{g}\| = Rg\sin\alpha \sim Rg_0\alpha = R^2\omega^2\sin\lambda\cos\lambda$$

$$\Rightarrow \alpha = \frac{R\omega^2}{2g_0}\sin 2\lambda \qquad \boxed{\alpha(45°) = 1{,}73\cdot 10^{-3}\ rad}$$

3) Si la Terre est sphérique, l'accélération d'entraînement étant nulle aux pôles :

$g(\text{pôles}) = g_0$

Sur l'équateur : $g_{éq} = g_0 - R\omega^2$

L'écart Δg vaut donc : $\boxed{\Delta g = R\omega^2 = 3{,}4\cdot 10^{-2}\ m\cdot s^{-2}}$

La valeur expérimentale de l'écart est supérieure à celle-ci. On peut l'expliquer par un aplatissement de la Terre au voisinage des pôles, dû à la rotation de la Terre. Ce phénomène augmente la valeur de g_0 aux pôles.

III.

1) Le mouvement du point M est une chute libre :

$$z = H - \frac{1}{2}gt^2 \qquad \Rightarrow \qquad \boxed{\tau = \sqrt{2H/g}}$$

2) On tient maintenant compte de la force de Coriolis :

$$\begin{pmatrix}\ddot{x}\\ \ddot{y}\\ \ddot{z}\end{pmatrix} = \begin{pmatrix}0\\ 0\\ -g\end{pmatrix} - 2\omega\begin{pmatrix}-\cos\lambda\\ 0\\ \sin\lambda\end{pmatrix}\wedge\begin{pmatrix}\dot{x}\\ \dot{y}\\ \dot{z}\end{pmatrix}$$

$$\boxed{\begin{cases}\ddot{x} = 2\omega\sin\lambda\,\dot{y}\\ \ddot{y} = -2\omega(\sin\lambda\,\dot{x} + \cos\lambda\,\dot{z})\\ \ddot{z} = -g + 2\omega\cos\lambda\,\dot{y}\end{cases}}$$

3) Le mouvement selon z est peu modifié car $2\omega\cos\lambda\,\dot{y}$ est négligeable devant g. $\dot{y}$ est petit devant $\dot{z}$, donc $\ddot{x}$ est voisin de zéro. Enfin $\sin\lambda\,\dot{x}$ est négligeable devant $\cos\lambda\,\dot{z}$:

$$\ddot{z} \sim -g \Rightarrow \dot{z} = -gt \Rightarrow \ddot{y} \simeq 2\omega g\cos\lambda\, t \Rightarrow \dot{y} = \omega g\cos\lambda\, t^2$$

$$\Rightarrow y = \frac{1}{3}\omega g\cos\lambda\, t^3$$

A l'arrivée au sol, on observe une déviation vers l'Est :

$$y = \frac{1}{3}\omega g \cos\lambda\, \tau^3 = \frac{1}{3}\omega g \cos\lambda \left(\frac{2H}{g}\right)^{3/2}$$

$$\Rightarrow \boxed{y = 1{,}55\ \text{cm}}$$

4)

a) Le système d'équations est le même qu'en 3, mais les conditions aux limites ont changé :

$$\ddot{z} = -g \Rightarrow \dot{z} = v_0 - gt \Rightarrow z = v_0 t - \frac{1}{2}gt^2$$

$$\ddot{y} = -2\omega\cos\lambda(v_0 - gt) \Rightarrow \dot{y} = \omega\cos\lambda\,(gt^2 - 2v_0 t) \Rightarrow y = \omega\cos\lambda\left(\frac{1}{3}gt^3 - v_0 t^2\right)$$

$$\boxed{\begin{array}{l} z = v_0 t - \frac{1}{2}gt^2 \\ y = \omega\cos\lambda\left(\frac{1}{3}gt^3 - v_0 t^3\right) \end{array}}$$

b) La hauteur atteinte est h :

$$v(h) = 0 \qquad \Rightarrow \boxed{h = v_0^2/2g}$$

c) Le nouveau temps de chute, entre le lancement et le retour au sol est :

$$\tau' = \frac{2v_0}{g}$$

Le point d'impact a donc l'abscisse : $y = \omega\cos\lambda\left(\frac{8}{3}g^{-2}v_0^3 - 4g^{-2}v_0^3\right)$

$$\Rightarrow \boxed{y = -\frac{4}{3}\omega\cos\lambda\,\frac{v_0^3}{g^2}}$$

On observe cette fois une déviation vers l'Ouest.

IV.

1)

a)

$$\boxed{\vec{u} = -\frac{x}{L}\vec{i} - \frac{y}{L}\vec{j} + \frac{(L-z)}{L}\vec{k}}$$

b) $\vec{T} = -\frac{xT}{L}\vec{i} - \frac{yT}{L}\vec{j} + \frac{L-z}{L}T\vec{k}$

$$\Rightarrow \boxed{\vec{T} \simeq -\frac{xT}{L}\vec{i} - \frac{yT}{L}\vec{j} + T\vec{k}}$$

2)

a) Les composantes de l'accélération sont :

$$\boxed{\ddot{x} = -\frac{T}{mL}x \qquad \ddot{y} = -\frac{T}{mL}y \qquad \ddot{z} = \frac{T}{m} - g}$$

b) On peut confondre T avec mg, ce qui donne :

$$\boxed{\ddot{x} = -\frac{g}{L}x = -\omega_0^2 \quad \ddot{y} = -\omega_0^2 y}$$

3)

a) Nous avons écrit dans la question III.2. les composantes de la force de Coriolis. Elles viennent s'ajouter aux précédentes :

$$\boxed{\ddot{x} = -\omega_0^2 x + 2\omega\sin\lambda\,\dot{y} \quad \ddot{y} = -\omega_0^2 y - 2\omega\cos\lambda\,\dot{x}}$$

b) L'équation différentielle de η s'écrit :

$\ddot{\eta} = \ddot{x} + i\ddot{y} \quad \Rightarrow \quad \boxed{\ddot{\eta} = -\omega_0^2\eta - 2i\omega\sin\lambda\,\dot{\eta}}$

4)

a) $\eta' = \eta e^{i\Omega t} \Rightarrow \dot{\eta}' = (\dot{\eta} + i\Omega\eta)e^{i\Omega t} \Rightarrow \ddot{\eta}' = (\ddot{\eta} + 2i\Omega\dot{\eta} - \Omega^2\eta)e^{i\Omega t}$

soit $\ddot{\eta}' = [(-\omega_0^2\eta - 2i\Omega\dot{\eta}) + 2i\Omega\dot{\eta} - \Omega^2\eta]e^{i\Omega t} = -(\omega_0^2 + \Omega^2)\eta'$

$$\Rightarrow \boxed{\ddot{\eta}' \simeq -\omega_0^2\eta'}$$

b) Les solutions de l'équation précédente sont de la forme :

$$\boxed{\eta' = \underline{A}\cos\omega_0 t + \underline{B}\sin\omega_0 t}$$

où $\underline{A}$ et $\underline{B}$, complexes, doivent être déterminés par les conditions aux limites.

c) Les conditions initiales se traduisent par :

$\eta(0) = x_0 \Rightarrow \eta'(0) = x_0 = \underline{A}$

$\dot{\eta}(0) = 0 \Rightarrow \dot{\eta}'(0) = \dot{\eta}(0) + i\Omega\eta(0) = i\Omega x_0 = \underline{B}\omega_0$

$$\boxed{\underline{A} = x_0 \text{ et } \underline{B} = \frac{i\Omega x_0}{\omega_0}}$$

d) L'expression de $\eta'(t)$ est donc :

$\eta'(t) = x_0\cos\omega_0 t + i\frac{\Omega x_0}{\omega_0}\sin\omega_0 t = x' + iy'$

$$\Rightarrow \boxed{\begin{array}{l} x'(t) = x_0\cos\omega_0 t \\ y'(t) = \frac{\Omega x_0}{\omega_0}\sin\omega_0 t \end{array}} \qquad \begin{cases} a = x_0 \\ b = \frac{\Omega x_0}{\omega_0} \end{cases}$$

e) x' et y' sont déphasés de $\pi/2$, et b est très inférieur à a. La trajectoire de M dans $(Ox'y'z')$ est donc une ellipse très aplatie :

$\frac{b}{a} = \frac{\Omega}{\omega_0}$

$x_0 = 3\,m \Rightarrow b = 4{,}05 \cdot 10^{-4}\,m \quad \Rightarrow \boxed{\begin{array}{l} \frac{b}{a} = 1{,}35 \cdot 10^{-4} \\ b \simeq 0{,}4\,mm \end{array}}$

f) Le repère $(Ox'y'z')$ tourne autour de Oz' à la vitesse Ω. Donc l'ellipse tourne elle-même autour de Oz' à la vitesse Ω. La période de rotation du pendule de Foucault est :

$$\boxed{T = \frac{2\pi}{\omega\sin\lambda} = 121\,890\,s = 33\,h\,51\,min\,30\,s}$$

CHIMIE 1

I. La variation d'enthalpie lors de la formation directe de N_2 et H_2O est la somme des variations d'enthalpie lors de la formation indirecte conduisant du même état initial au même état final :

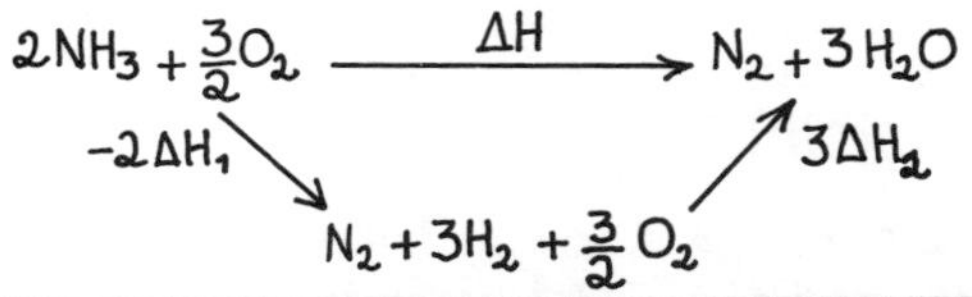

$$\boxed{\Delta H = -2\Delta H_1 + 3\Delta H_2 = -633{,}6\text{ kJ/mole } N_2}$$

II.

1) Soit x le nombre de moles d'azote disparues à l'équilibre :

$$N_2 + 3H_2 \rightleftharpoons 2NH_3$$

	N_2	$3H_2$	$2NH_3$	
$t=0$	1	3	0	
t_{eq}	$1-x$	$3-3x$	$2x$	$\Sigma n = 4-2x$

La fraction molaire d'ammoniac à l'équilibre étant connue, on en déduit x :

$$\frac{2x}{4-2x} = \frac{15,3}{100} \Rightarrow x = 0,265 \Rightarrow \Sigma n = 3,47$$

Le volume du mélange est donc : $V = \frac{(\Sigma n)RT}{P} = 0,136\ m^3$

$$\Rightarrow \boxed{V = 136\ \ell}$$

2) La constante d'équilibre s'exprime en fonction des pressions partielles, puis des nombre de moles :

$$K_p = \frac{[P(NH_3)]^2}{P(N_2)[P(H_2)]^3} = \frac{4x^2(4-2x)^2}{(1-x)(3-3x)^3} \Rightarrow \boxed{K_p = 0,43}$$

III.

1) La concentration d'ammoniaque est $c = 1\ mol \cdot l^{-1}$. L'ammoniaque est une base faible, ici assez concentrée donc peu dissociée :

$$pOH = \frac{1}{2}(pK_B + pc) \Rightarrow pH = \frac{1}{2}(pK_e + pK_A - pc)$$

$$\Rightarrow \boxed{pH = 11,63}$$

On a négligé dans cette expression $[NH_4^+]$ devant $[NH_3]$ et $[H_3O^+]$ devant $[OH^-]$.

2) On peut calculer le produit de solubilité de l'hydroxyde de fer(II) :

$Fe(OH)_2 \rightleftharpoons Fe^{2+} + 2OH^-$: $[Fe^{2+}] = s$; $[OH^-] = 2s \Rightarrow K_s = [Fe^{2+}][OH^-]^2 = 4s^3$

Dans la solution molaire d'ammoniaque, la concentration en ions OH^- était $10^{-2,37}$. L'équilibre de l'ammoniaque n'est pratiquement pas déplacé. La concentration d'ions Fe^{2+} à l'équilibre est donc :

$$[Fe^{2+}] = \frac{K_s}{[OH^-]^2} = \frac{4s^3}{[OH^-]^2} \Rightarrow \boxed{[Fe^{2+}] = 1,18 \cdot 10^{-10}}$$

IV. Les relations de conservation, d'équilibre et d'électroneutralité s'écrivent :

$$[Cd^{2+}] + [Cd(NH_3)_4^{2+}] = 10^{-2} \qquad (1)$$

$$[NH_3] + [NH_4^+] + 4[Cd(NH_3)_4^{2+}] = c \qquad (2)$$

$$K_f = \frac{[Cd(NH_3)_4^{2+}]}{[Cd^{2+}][NH_3]^4} \qquad (3)$$

$$K_s = [Cd^{2+}][OH^-]^2 \qquad (4)$$

$$K_a = \frac{[NH_3]h}{[NH_4^+]} \qquad (5)$$

$$2[Cd^{2+}] + 2[Cd(NH_3)_4^{2+}] + h = [OH^-] \qquad (6)$$

– K_f étant grand devant 1, on peut admettre que le complexe est très stable et, dans l'équation (1), négliger $[Cd^{2+}]$ devant $[Cd(NH_3)_4^{2+}]$.

– L'ammoniaque est une base faible, elle est partiellement consommée dans le complexe, donc la concentration en NH_4^+ est négligeable devant les deux autres dans l'équation (2).

– Le milieu est basique, on néglige dans (6) h devant $2\cdot10^{-2}$.

$$\Rightarrow [OH^-] = 2\cdot10^{-2} \Rightarrow K_f K_s = \frac{[Cd(NH_3)_4^{2+}][OH^-]^2}{[NH_3]^4} = \frac{10^{-2}\times4\cdot10^{-4}}{[NH_3]^4} \Rightarrow [NH_3] = 2{,}51$$

$$\Rightarrow c = 2{,}51 + 4\cdot10^{-2} \qquad \Rightarrow \boxed{c = 2{,}55}$$

Il faut donc introduire 2,55 moles d'ammoniaque pour redissoudre par complexation le précipité d'hydroxyde de cadmium.

CHIMIE 2

I.

1) Ecrivons la réaction de combustion de l'hydrocarbure :

$$C_xH_y + (x + \frac{y}{4})O_2 \longrightarrow x\,CO_2 + \frac{y}{2}H_2O$$

t=0 5 mg

t_f 15,7 mg 6,4 mg

D'autre part, on peut calculer la masse molaire de l'hydrocarbure :

$$PV = \frac{m}{M}RT \Rightarrow M = \frac{mRT}{PV} = 55{,}94 \sim 56\ g$$

5 mg représentent donc $n_o = \frac{5\cdot10^{-3}}{56}$ moles, qui donnent xn_o moles de CO_2 et $yn_o/2$ moles d'eau :

$$x = \frac{15{,}7\cdot10^{-3}}{44}\times\frac{56}{5\cdot10^{-3}} = 4 \qquad y = 56 - 4\times12 = 8$$

La formule brute est donc : $\boxed{C_4H_8}$

2) Les isomères susceptibles de réagir à froid et à l'obscurité avec le chlore sont des alcènes. Il en existe quatre :

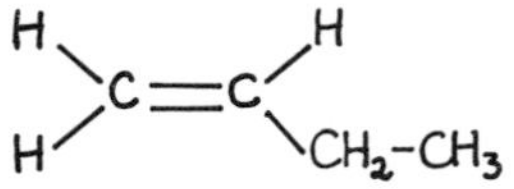

butène 1

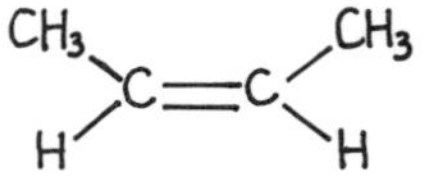

butène 2 Z

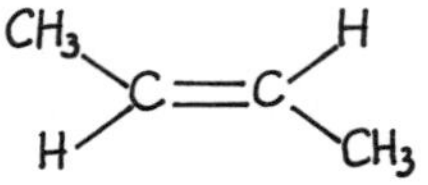

butène 2 E

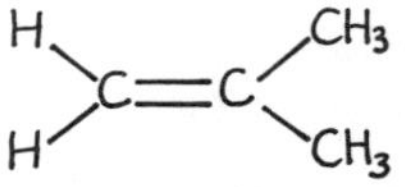

méthyl 2 propène 1

II.

1) Le mécanisme SN_1 est un mécanisme à deux étapes :

$$RCl \underset{k_1}{\overset{k_{-1}}{\rightleftarrows}} R^+ + Cl^- \quad \text{lente}$$

$$R^+ + OH^- \xrightarrow[k_2]{} ROH \quad \text{rapide}$$

Le mécanisme SN_2 est un mécanisme à une étape :

$$RCl + OH^- \longrightarrow ROH + Cl^-$$

2) La loi de vitesse du mécanisme S_N1 est :

$$v_1 = k_2[R^+][OH^-] \quad \text{or} \quad \frac{d[R^+]}{dt} = 0 = k_1[RCl] - k_{-1}[R^+][Cl^-] - k_2[R^+][OH^-]$$

$$\Rightarrow [R^+] = \frac{k_1[RCl]}{k_{-1}[Cl^-] + k_2[OH^-]} \sim \frac{k_1[RCl]}{k_2[OH^-]} \Rightarrow v_1 \sim k_1[RCl] = K_1[RCl]$$

Celle du mécanisme S_N2 est : $v_2 = K_2[RCl][OH^-]$

La vitesse totale de réaction est donc :

$$\boxed{v = K_1[RCl] + K_2[RCl][OH^-]}$$

3) Le composé a est tertiaire, il réagit donc uniquement selon le mécanisme S_N1.
Le composé c est primaire, il réagit donc selon le mécanisme S_N2.
Seul le composé b, dont le carbone α est secondaire, réagit simultanément selon les deux mécanismes.

4)

T	1,6	3,57	5,75	8,11	10,71	13,86	16,95	20,23	27,72
Δ[RCl]	$2\cdot10^{-2}$	$3,7\cdot10^{-2}$	$5\cdot10^{-2}$	$6\cdot10^{-2}$	$6,8\cdot10^{-2}$	$7,5\cdot10^{-2}$	$8\cdot10^{-2}$	$8,4\cdot10^{-2}$	$9\cdot10^{-2}$

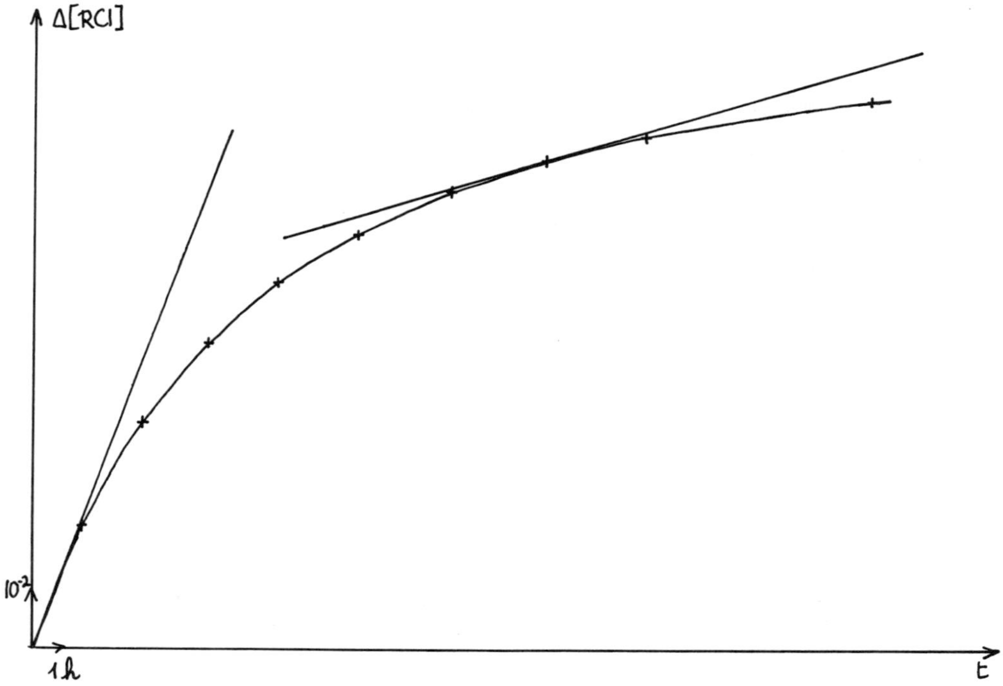

5) Graphiquement, on détermine les pentes à t=0 et t=17 h :

$$t=0 \quad \frac{d[RCl]}{dt}_{t=0} = -K_1[OH^-]_0 - K_2[RCl]_0[OH^-]_0 \Rightarrow \frac{6,2\cdot10^{-2}}{4} = ,1\,K_1 + 10^{-2}K_2 = 1,55\ 10^{-2}$$

$$t=17\,h \quad pH = 12,3 \Rightarrow [OH^-] = [RCl] = 10^{-1,7} = 2\cdot10^{-2}$$

$$-\frac{d[RCl]}{dt} = \frac{2,8\cdot10^{-2}}{20} = 2\cdot10^{-2}K_1 + 4\cdot10^{-4}K_2 = 1,4\cdot10^{-3}$$

$$\Rightarrow \boxed{\begin{array}{l} K_1 = 4,9\cdot10^{-2}\ h^{-1} \\ K_2 = 1,06\ mol^{-1}\cdot l\cdot h^{-1} \end{array}}$$

ALES 89 — Electrostatique, Réponse d'un filtre à un échelon de tension et à une tension sinusoïdale – Relations de Clapeyron, Détente de Joule-Thomson d'un gaz parfait et d'un gaz de Van der Waals – Force de gravitation, Multipôle gravitionnel – Soufre et sulfures, Equilibre en phase gazeuse, Influence du pH sur la solubilité – Dérivés chlorés d'hydrocarbures : isoméries, hydrolyse.

SUJET N° 1

Le problème comprend quatre parties indépendantes.

1. **1** - Décrire la configuration électronique de l'atome de soufre S (numéro atomique : 16).

   2 - Décrire la configuration électronique de l'ion sulfure S^{2-}.

2. Soit l'équilibre :

$$H_2S_{(gaz)} \underset{2}{\overset{1}{\rightleftharpoons}} H_{2\,(gaz)} + 1/2\ S_{2\,(gaz)}$$

   1 - Donner l'expression de la constante d'équilibre Kp en utilisant les pressions partielles.

   2 - A température constante, quel serait l'effet d'une augmentation de pression sur cet équilibre ? Justifier votre réponse.

Dans la suite du problème, nous admettrons que :

* Les expériences se font à 25°C ; le produit ionique de l'eau est $Ke = 10^{-14}$, à cette température.

* Il n'y a pas de variation du volume d'une solution aqueuse au cours de la dissolution du gaz.

* La précipitation d'un élément est pratiquement complète lorsque 99 % de cet élément sont sous forme de précipité.

* Un ajout d'acide ou de base ne modifie pas le volume de la solution.

3. La solubilité dans l'eau distillée du sulfure d'hydrogène H_2S est de 0,1 mol.l^{-1}. Les constantes d'acidité des couples H_2S/HS^- et HS^-/S^{2-} sont respectivement égales à :

$$K_1 = 10^{-7} \quad \text{et} \quad K_2 = 10^{-13}$$

Calculer le pH d'une solution aqueuse saturée en H_2S.

4. On considère deux solutions aqueuses contenant respectivement un sulfure MS (solution A) et un sulfure N_2S (solution B) :

$$\underset{\downarrow}{MS} \rightleftharpoons M^{2+} + S^{2-} \quad \text{(solution A)}$$

$$\underset{\downarrow}{N_2S} \rightleftharpoons 2N^{+} + S^{2-} \quad \text{(solution B)}$$

1 - On fait varier, par ajout d'acide ou de base, le pH de chacune des solutions dans la zone (0-5). Trouver les relations :

$$\log [M^{2+}] = f\,(pH)$$

$$\log [N^{+}] = g\,(pH).$$

Les produits de solubilité des sulfures sont :

K_{s1} pour MS et K_{s2} pour N_2S.

Les constantes d'acidité des couples H_2S/HS^- et HS^-/S^{2-} sont respectivement $K1 = 10^{-7}$ et $K2 = 10^{-13}$.

2 - Tracer sur un même graphique les allures des courbes :

$\log [Mn^{2+}] = f(pH)$ relative à MnS (sulfure de manganèse)

$\log [Tl^{+}] = g(pH)$ relative à Tl_2S (sulfure de thallium)

pour la zone de pH (0-5).

Les produits de solubilité de ces deux sulfures sont :

K_{s1} (MnS) $= 10^{-14}$; K_{s2} (Tl_2S) $= 10^{-22}$

Déterminer le pH de début et de fin de précipitation du sulfure de thallium dans une solution aqueuse à 0,05 mol. l^{-1} de Tl_2S.

Déterminer le pH de début de précipitation du sulfure de manganèse dans une solution aqueuse à 0,05 mol. l^{-1} de MnS.

3 - Une solution aqueuse contient du sulfure de thallium et du sulfure de manganèse, chacun à la concentration de 0,05 $mol.l^{-1}$.

Déterminer le pH de début et de fin de précipitation du sulfure de thallium et le pH de début de précipitation du sulfure de manganèse (On se place toujours dans la zone de pH 0-5).

SUJET N° 2

1. Ecrire les formules semi-développées et nommer les différents isomères structuraux correspondants aux formules moléculaires ci-dessous :

   1 - C_3H_5Cl

   2 - C_3H_7Cl

   3 - C_4H_9Cl

2. Ecrire les formules semi-développées des composés suivants.

   Représenter, s'il y a lieu, les énantiomères en projection de Newmann en précisant leurs configurations absolues.

   1 - chloro - 3 pentane
   2 - dichloro - 1,2 diméthyl - 2,3 butane
   3 - phényl - 3 bromo - 3 propène - 1

3. Représenter les isomères du dichloro - 1,4 cyclohexane.
   Distinguer les configurations des conformations et discuter de leur stabilité.

4. On se propose d'étudier l'hydrolyse du chloro - 2 méthyl - 2 propane $(CH_3)_3C\text{-}Cl$ en présence de soude NaOH, en milieu eau - éthanol.

   Pour cela, on part d'un mélange contenant 0,1 $mol.l^{-1}$ de $(CH_3)_3C\text{-}Cl$ et 0,1 $mol.l^{-1}$ de NaOH.

On obtient les résultats suivants :

t (en heures)	1	2	3	4	5	6	7
$[(CH_3)_3\ C\text{-}Cl]$ (en mol. l^{-1})	0,0865	0,0748	0,0647	0,0560	0,0484	0,0419	0,0362

1 - Déterminer l'ordre de la réaction.

2 - Calculer la constante de vitesse et le temps de demi-réaction.

La même expérience, menée à partir d'une solution à 0,1 mol. l^{-1} de $(CH_3)_3$ C-Cl et 0,2 mol. l^{-1} de NaOH conduit à des résultats identiques.

3 - Quelle information cette deuxième expérience apporte-t-elle quant au mécanisme réactionnel ?

4 - Ecrire le mécanisme détaillé en précisant la rapidité de chaque étape.

5 - Expliquer le choix du mélange eau - éthanol comme solvant.

SUJET N° 1

ELECTRICITE

Les parties I et II sont indépendantes.

I - ELECTROSTATIQUE

L'atome de cuivre complet possède 29 électrons. On modélise un tel atome, isolé car placé loin de toute influence dans le vide dont le potentiel électrostatique à l'infini est nul, par un noyau sphérique, de rayon r_0, où la charge des protons est uniformément répartie et une zone où circulent les électrons délimitée par deux surfaces sphériques de rayons r_1 et r_2 centrées sur le noyau ($r_0 < r_1 < r_2$).

On schématise le mouvement complexe des électrons par une répartition uniforme de leur charge totale dans tout le volume de la zone $r_1 \leq r \leq r_2$.

On appliquera les lois classiques de l'électrostatique à cette répartition de charges sans tenir compte de ses mouvements internes.

Soit -e la charge de l'électron (e > 0) et ε_0 la permittivité diélectrique du vide.

1 - Exprimer en fonction de e, ε_0 et r_0 le potentiel électrostatique $V^*(r_0)$ à la surface du noyau en l'absence des électrons de l'atome.

2 - On tiendra dorénavant compte de la structure complète décrite dans l'introduction.

2.1. - Donner une justification de l'allure des lignes de champ électrostatique $\vec{E}$ dans tout l'espace environnant (<u>3 lignes maximum</u>).

Que vaut le module E dans la région $r \geq r_2$?

2.2. - Exprimer à l'aide des seules données e, r, r_1, r_2 le module du champ E(r) :

a) dans la région $r_0 \leq r \leq r_1$

b) dans la région $r_1 \leq r \leq r_2$.

3 - En déduire l'expression du potentiel électrostatique V(r) successivement pour :

α) $r \geq r_2$

β) $r_1 \leq r \leq r_2$

γ) $r_0 \leq r \leq r_1$.

4 - <u>Application</u> : calculer à 10^{-6} près le rapport du potentiel $V(r_0)$ à la valeur $V^*(r_0)$ déterminée à la première question.

On prendra : $r_0 = 10^{-15}$ m $\quad r_1 = 10^{-13}$ m $\quad r_2 = 10^{-10}$ m

II - ELECTROCINETIQUE

On se propose d'étudier divers aspects du comportement du circuit défini en figure 1, dont la sortie PQ est connectée à une impédance infinie.

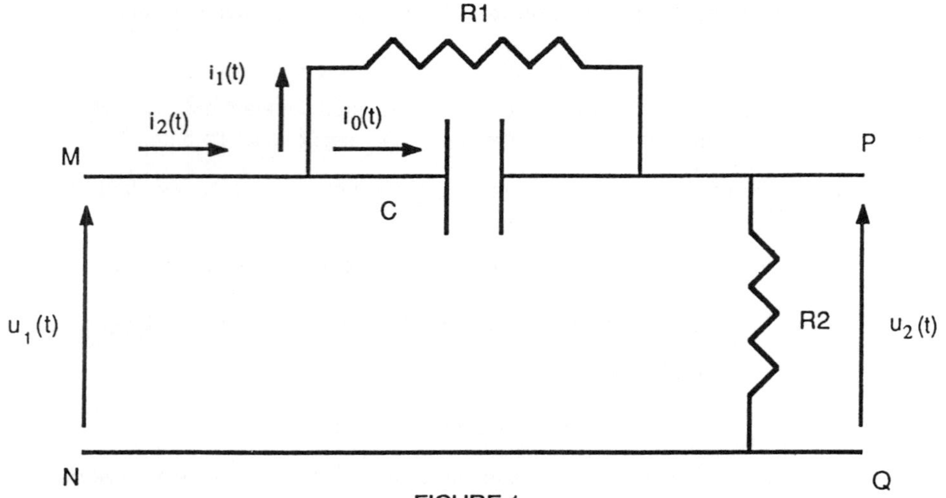

FIGURE 1

1 - <u>Régime transitoire</u> : réponse à un échelon de tension

On applique entre les bornes M et N une tension définie par :

$t < 0$, : $u_1(t) = 0$

$t \geq 0$: $u_1(t) = U$ où U est une constante.

1.1 - Donner une relation entre $i_0(t)$ et $i_1(t)$.

1.2. - On pose $\alpha = \dfrac{R_1 + R_2}{R_1 R_2 C}$. Le condensateur était initialement déchargé.

Déterminer la loi donnant $i_1(t)$ en fonction de U, R_1, R_2, α et tracer la courbe $i_1(t)$.

1.3. - En déduire l'expression complète de $u_2(t)$ en fonction des mêmes paramètres.

2 - <u>Régime permanent sinusoïdal</u> :

On associe les grandeurs complexes $\underline{U}_1$ et $\underline{U}_2$ aux signaux alternatifs sinusoïdaux respectifs $u_1(t)$ et $u_2(t)$ de pulsation ω.

Soit j le nombre imaginaire pur tel que : $j^2 = -1$.

2.1. - Déterminer les coefficients a_1, a_2, a_3 qui permettent d'écrire l'impédance complexe équivalente au circuit vu des bornes MN sous la forme :

$$\underline{Z}_0 = \frac{a_1 + j\, a_2\, \omega}{1 + j\, a_3\, \omega}$$

2.2. - Déterminer en fonction de R_1, R_2 le coefficient A tel que :

$$\mathcal{H} = \frac{\underline{U}_2}{\underline{U}_1} = \frac{1 + j\,v}{A + j\,v} \quad \text{où } v = R_1 C\omega \ .$$

2.3. - La f . e . m. $\underline{U}_1$ étant donnée, exprimer la force électromotrice $\underline{E}_1$ et l'impédance interne $\underline{Z}_1$du générateur de Thévenin équivalent au circuit vu des bornes P et Q.

2.4. - Les caractéristiques du circuit sont les suivantes :

$R_1 = 10^3\,\Omega \quad R_2 = \frac{1}{3}R_1 \qquad C = 0{,}47.\ 10^{-6}\ F$

Soit g_{dB} le gain en décibels défini par : $g_{dB} = 20\ \log_{10} |\ \mathcal{H}\ |$

a) Tracer la courbe donnant g_{dB} en fonction de $\log_{10} v$

(Il ne sera pas nécessaire d'employer du papier millimétré).

Compléter le tracé par la représentation des asymptotes à la courbe pour v tendant vers 0 et v tendant vers l'infini.

b) Calculer la fréquence de coupure à - 3 dB.

3 - On impose à l'entrée du circuit une tension :

$$u_1\,(t) = 2\cos\,(3000\ t) + \cos\,(6000\ t + \frac{\pi}{2})\ \text{volts}$$

Déterminer l'expression numérique du courant i_2 (t) résultant.

SUJET N° 2

THERMODYNAMIQUE

I

1. - Donner l'expression de la différentielle dS de l'entropie d'une mole de gaz parfait en fonction des différentielles dT et dP des variables T température et P pression pour une transformation élémentaire réversible. Les autres paramètres dans l'expression de dS étant la capacité thermique molaire à pression constante c_p et la constante molaire des gaz parfaits R.

2. - La capacité thermique molaire à pression constante suit la loi linéaire $c_p = A + BT$.

Donner l'expression de la variation d'entropie ΔS d'une mole de gaz parfait si la température passe de T_1 à T_2 et la pression de P_1 à P_2.

3. - Calculer ΔS. On donne : A = 26,36 S.I.

B = $4{,}35.\ 10^{-4}$ S.I.

T_1 = 300 K, T_2 = 600 K

$$P_2 = 3\,P_1$$

$$R = 8{,}32 \text{ S.I.}$$

II

1. - On désigne par G l'enthalpie libre (G = H - TS, H désigne l'enthalpie) et on note $\delta\tau$ le travail autre que celui des forces de pression reçu par le système au cours d'une transformation infinitésimale.

Donner l'expression générale de dG, différentielle de l'enthalpie libre. En déduire la relation entre dG et $\delta\tau$ pour une transformation élémentaire réversible isobare et isotherme.

2. - Donner les relations liant ΔG variation d'enthalpie libre et τ travail autre que celui des forces de pression pour une transformation finie isobare et isotherme réversible puis irréversible.

III

Dans toute la suite du problème n'interviennent que les travaux des forces de pression et toutes les grandeurs thermodynamiques extensives se réfèrent à une mole.

1. - On désigne par H l'enthalpie, par G l'enthalpie libre et par F l'énergie libre (F = U - TS, U représente l'énergie interne).

Exprimer les différentielles dH en fonction des différentielles dP et dS des variables P pression et S entropie, dF en fonction des différentielles dT et dV des variables T température et V volume dG en fonction des différentielles dT et dP. Ces relations restent-elles valables pour une transformation irréversible, ayant même état initial et même état final que la transformation réversible ?

2. - Déduire des propriétés des différentielles dH, dF et dG, trois relations exprimant les dérivées partielles de l'entropie S par rapport aux variables V et P.

3. - Donner l'expression de la différentielle de l'enthalpie dH en fonction des différentielles dT et dP.

4. - Déduire du 3 . - l'expression du coefficient de Joule-Thomson :

$$\mu = \left(\frac{\partial T}{\partial P}\right)_H$$

5. - Rappeler la définition du coefficient α d'augmentation relative de volume à pression constante. Donner alors l'expression de μ en fonction de T, V, α et c_p capacité thermique molaire à pression constante. Quelle est la valeur de μ pour un gaz parfait ?

6. a) Un gaz suit l'équation de Van der Waals, pour une mole on peut écrire :

$$(V - b) = \frac{RT}{\left(P + \frac{a}{V^2} \right)} \quad \text{a et b désignant des constantes.}$$

Tirer de cette relation l'expression de V sous la forme $V = \frac{RT}{P} + B_1 (P, V, T)$, où $B_1 (P, V, T)$ dépend de la pression, du volume et de la température, en considérant que $\frac{a}{V^2}$ est très petit par rapport à P ($\frac{a}{V^2} << P$) et en ne conservant que le terme en $\frac{1}{V^2}$ dans le développement effectué.

b) - Ecrire le résultat sous la forme $V = \frac{RT}{P} + B_2 (T)$ où $B_2 (T)$ ne dépend que de la température, pour cela on admettra que dans le terme correctif en $\frac{1}{V^2}$ on peut faire l'approximation $PV = RT$.

Donner l'expression de $B_2 (T)$.

c) - Déduire du 6.b) l'expression du coefficient de Joule-Thomson μ pour un gaz suivant l'équation de Van der Waals en fonction de T, R, a, b et c_p.

d) - Calculer pour le gaz carbonique la variation de température par unité de variation de pression au cours d'une détente de Joule-Thomson, en prenant pour température 273 K.

On donne :	a	=	0,3959 S.I.
	b	=	$42,69 . 10^{-6}$ S.I.
	R	=	8,32 S.I.
	c_p	=	28,67 S.I.

IV

1. - La quantité de chaleur pour une transformation élémentaire réversible peut s'écrire pour une mole sous la forme $\delta Q = c_V \, dT + l \, dV$, c_V désigne la capacité thermique molaire à volume constant.

Trouver l'expression générale de l. Que vaut l pour un gaz parfait ?

2. a) - On peut aussi écrire pour une mole $\delta Q = c_p \, dT + h dP$. Trouver l'expression générale de h.

b) - En exprimant dP différentielle de la pression en fonction des différentielles dT et dV en déduire alors, en identifiant la nouvelle expression de

δQ du IV.2.a) avec celle du IV.1., la valeur de $c_p - c_V$, relation dans laquelle on laissera l et h sous leurs formes générales.

3. a) - Rappeler la définition du coefficient de compressibilité isotherme χ_T.

b) - Exprimer $c_p - c_V$ en fonction de T, V, α et χ_T.

SUJET N° 3

MECANIQUE

I

1.a) - Une force $\vec{F}$ déplace son point d'application du point P au point P' infiniment voisin de P. Donner l'expression du travail élémentaire δW de $\vec{F}$ au cours de ce déplacement.

b) - Soit $\vec{v}$ la vitesse du point matériel auquel est appliquée la force $\vec{F}$, dt le temps mis par le point matériel pour aller de P en P', donner une autre expression de δW.

2. - Exprimer le travail W_{AB} pour un déplacement fini du point A au point B.

Lorsque ce travail ne dépend que des points de départ et d'arrivée et non du trajet suivi, relier W_{AB} à l'énergie potentielle $\mathcal{V}$ aux points A : $\mathcal{V}(A)$ et B : $\mathcal{V}(B)$. On dit alors que la force est conservative ou dérive d'un potentiel.

3. - Donner l'expression différentielle reliant une force conservative $\vec{F}$ et l'énergie potentielle $\mathcal{V}$.

4. - Déterminer l'énergie potentielle $\mathcal{V}$ dont dérive la force $\vec{F}$ (F_x, F_y, F_z) avec

$$F_x = ax + by^2$$

$$F_y = az + 2\,b\,xy$$

$$F_z = ay + bz^2$$

a, b étant des constantes et x, y, z les coordonnées cartésiennes des composantes F_x, F_y et F_z de la force $\vec{F}$.

5. a) - Un point matériel P de masse m placé dans le champ de pesanteur est astreint à coulisser sans frottement sur un cercle de rayon R situé dans un plan vertical.

En utilisant l'angle θ défini par la figure 1, donner l'expression de l'énergie potentielle $\mathcal{V}$ du point matériel en fonction de θ, m , R et g accélération de la pesanteur.

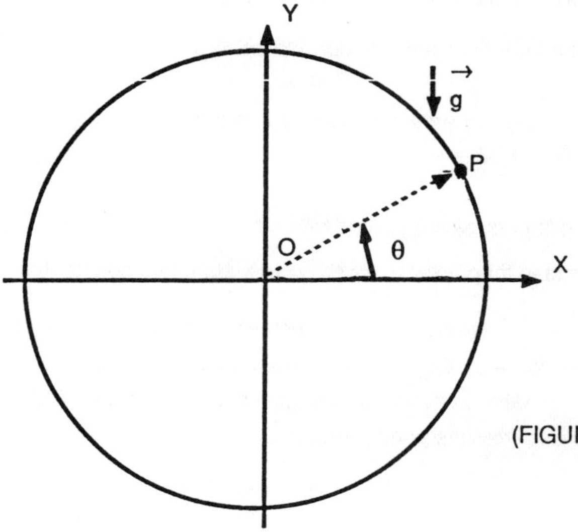

(FIGURE 1)

b) Définir par l'étude de $\mathcal{V}$ les positions d'équilibres stable et instable.

II

1. - Donner l'expression de la force de gravitation $\vec{F}$ à laquelle est soumise la particule ponctuelle de masse m située en B de la part de la masse ponctuelle M située en A, on pose

$$r = AB \text{ et } \vec{u} = \frac{\vec{AB}}{r}$$

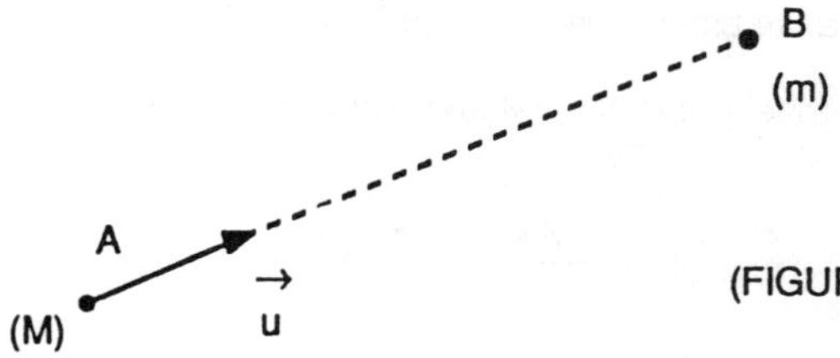

(FIGURE 2)

(On rappelle qu'il suffit de remplacer $\frac{1}{4\pi\,\varepsilon_0}$ dans l'expression de la force de Coulomb par - G, où G désigne la constante de gravitation universelle).

2. - Définir le champ de gravitation g en B : g (B), ainsi que le potentiel gravitationnel V en ce point ; on prendra ce potentiel nul à l'infini.

3. a) - On considère une sphère de masse volumique ρ_0 constante, de rayon R. Calculer le champ de gravitation $\vec{g}$ ainsi que le potentiel gravitationnel V en fonction de la variable r désignant la distance du point où l'on calcule $\vec{g}$ ou V au centre de la sphère. On distinguera le cas d'un point intérieur et extérieur à la sphère.

Représenter graphiquement la variation de g, module de $\vec{g}$ et V en fonction de la variable r.

b) - Résoudre la question précédente lorsque la masse volumique de la sphère suit la loi $\rho = \rho_0\,(1 - kr^2)$, ρ_0 et k étant des constantes.

4. - Soit un ensemble de masses ponctuelles m_i situées aux points M_i, $i \in [1, N]$ (Figure 3). On considère que pour tout i ; $r_i << r$ où $r_i = OM_i$ et $r = OP$. On désire calculer le potentiel gravitationnel en P dû à l'ensemble des masses ponctuelles m_i.

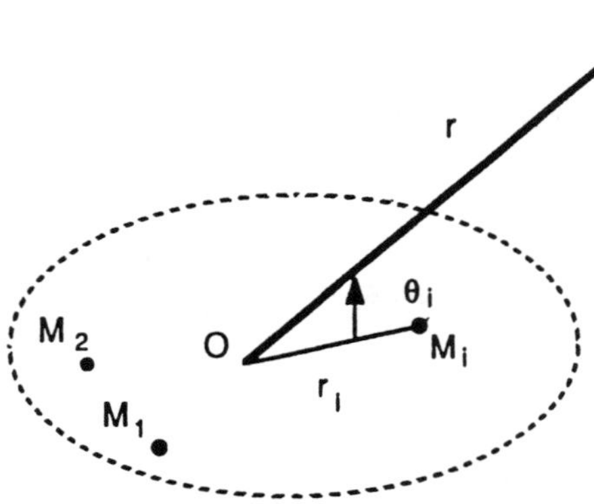

(FIGURE 3)

a) Une seule masse ponctuelle m_i au point M_i est présente.

Exprimer le potentiel gravitationnel au point P en fonction de la distance r = OP sous la forme :

$$V_i = -\,G\left(\frac{m_i}{r} + \frac{m_i A_1}{r^2} + \frac{m_i A_2}{r^3} + \cdots\right)$$

Donner l'expression de A_1 et A_2 en fonction de r_i et θ_i, ($\theta_i = (\vec{OM_i}, \vec{OP})$).

b) Les N masses ponctuelles sont présentes. Mettre V sous la forme :

$$V = - G \left(\frac{M}{r} + \frac{\mathcal{P}}{r^2} + \frac{Q}{r^3} + \cdots\right)$$

Donner les expressions de M, $\mathcal{P}$ et Q. On nomme $\mathcal{P}$ le moment dipolaire et Q le moment quadrupolaire de la distribution de masses ponctuelles.

c) Montrer que $\mathcal{P}$ s'annule si l'on choisit l'origine O au centre de masse de la distribution de masses ponctuelles.

5. - Considérons la terre comme une distribution continue de masse, de révolution autour de l'axe des pôles SN porté par l'axe Oy de vecteur unitaire $\vec{j}$. Par raison de symétrie on se placera dans un plan méridien, un point quelconque de ce plan sera alors repéré par ses coordonnées polaires planes : $r = OP$ et $\theta = (\vec{Ox}, \vec{OP})$, l'axe Ox étant situé dans un plan perpendiculaire à l'axe des pôles et dans le plan de la figure 4. L'origine O se trouve au centre de masse de la terre.

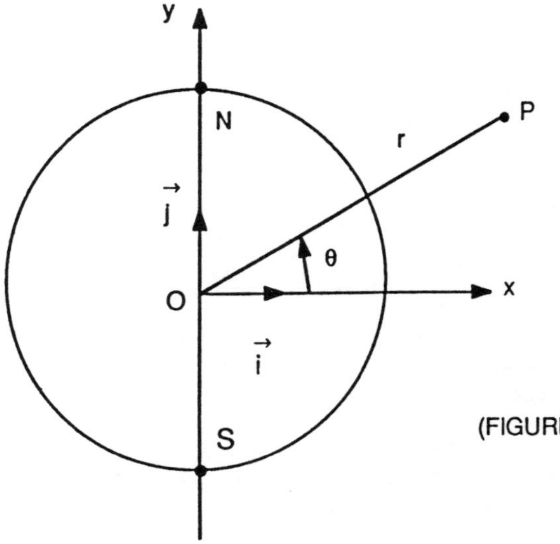

(FIGURE 4)

On montre et on admettra alors que le potentiel gravitationnel au point P (extérieur à la terre) peut s'écrire : $V = - G\,\frac{M_T}{r} - \frac{GK}{2\,r^3}\,(3\sin^2\theta - 1)$ où M_T

désigne la masse de la terre et K une constante.

a) Donner l'expression du champ de gravitation $\vec{g}_P$ en P par ses deux composantes g_r et g_θ en coordonnées polaires planes.

b) Une masse ponctuelle m se trouve maintenant au point P. Donner l'expression du moment par rapport à O, $\vec{\mathcal{M}}_O$, de la force $m\vec{g}_P$. Mettre ce moment sous la forme : $\vec{\mathcal{M}}_O = \frac{A}{r^5}(\vec{j}\ .\ \vec{r})(\vec{j} \wedge \vec{r})$ où A est une constante que l'on déterminera, $\vec{j} \wedge \vec{r}$ est le produit vectoriel de $\vec{j}$ par $\vec{r} = \vec{OP}$ et $\vec{j}\ .\ \vec{r}$ est le produit scalaire de ces mêmes vecteurs. On pourra introduire le repère (Ox y z) direct, de vecteurs unitaires $\vec{i}$ suivant Ox, $\vec{j}$ suivant Oy et $\vec{k}$ suivant Oz.

Chimie

Sujet n° 1 :

1) Les configurations électroniques de S et S^{2-} sont respectivement :

1) S : 16 électrons $1s^2\ 2s^2\ 2p^6\ 3s^2\ 3p^4$ [↑↓][↑][↑]

2) S^{2-} : 18 électrons $1s^2\ 2s^2\ 2p^6\ 3s^2\ 3p^6$ [↑↓][↑↓][↑↓]

2)

1) $$K_p = \frac{P_{H_2}\sqrt{P_{S_2}}}{P_{H_2S}}$$

2) D'après la loi de Le Châtelier, une augmentation de pression provoque à température constante une évolution dans le sens de la diminution du nombre de moles gazeuses, soit, ici, dans le sens 2.

3) Si la solution est saturée en H_2S, la concentration en H_2S vaut 0,1 M. Comme la constante K_2 est beaucoup plus faible que K_1, nous négligeons la deuxième acidité. L'équation d'électroneutralité s'écrit alors :

$[HS^-] + [OH^-] = [H_3O^+]$

Nous supposons que la solution est assez acide pour négliger $[OH^-]$ devant $[H_3O^+]$ et $[HS^-]$. Donc :

$[HS^-] \sim [H_3O^+]$

$$K_1 = \frac{[HS^-][H_3O^+]}{[H_2S]} = \frac{[H_3O^+]^2}{[H_2S]} \Rightarrow pH = \frac{1}{2}\left(pK_1 - \mathrm{Log}[H_2S]\right)$$

$$\Rightarrow \boxed{pH = 4}$$

A ce pH, les deux approximations faites sont largement vérifiées.

4)

1) Soient C_1 et C_2 les concentrations respectives des solutions A et B.

a) Solution A :

Si le pH est très faible, presque tous les ions sulfures sont à l'état H_2S. Entre 0 et 5, la concentration en H_2S est très supérieure aux concentrations en HS^- et S^{2-}. A très faible pH, il n'y a pas de précipité de MS. Tous les ions M^{2+} sont en solution :

$$[M^{2+}] = C_1 \Rightarrow \boxed{\log[M^{2+}] = \log C_1}$$

Si le pH est un peu plus élevé, la précipitation commence. Lorsque la précipitation a lieu :

$$[M^{2+}] < C_1$$

$$[H_2S] = [M^{2+}] \Rightarrow [S^{2-}] = \frac{K_1K_2}{h^2}[H_2S] = \frac{K_1K_2}{h^2}[M^{2+}]$$

$$K_{S1} = [M^{2+}][S^{2-}] = [M^{2+}]^2\frac{K_1K_2}{h^2} \Rightarrow [M^{2+}] = h\sqrt{\frac{K_{S1}}{K_1K_2}}$$

$$\Rightarrow \boxed{\mathrm{Log}[M^{2+}] = -pH + \frac{1}{2}\left(pK_1 + pK_2 - pK_{S1}\right)}$$

Le début de la précipitation correspond à pH_1 tel que $\log[M^{2+}] = \log C_1$:

$$\boxed{pH_1 = -\mathrm{Log}C_1 + \frac{1}{2}\left(pK_1 + pK_2 - pK_{S1}\right)}$$

b) Solution B :

A pH très faible, il n'y a pas de précipitation :

$$[N^+] = 2C_2 \Rightarrow \boxed{\log[N^+] = \mathrm{Log}\,2 + \log C_2}$$

A pH plus élevé, la précipitation a lieu :

$$[N^+] < 2C_2 \quad \text{et} \quad [N^+] = 2[H_2S] = \frac{2h^2}{K_1K_2}[S^{2-}]$$

$$\Rightarrow K_{S2} = [N^+]^2[S^{2-}] = [N^+]^3\frac{K_1K_2}{2h^2}$$

$$\Rightarrow \boxed{\mathrm{Log}[N^+] = \frac{1}{3}\left[-2pH + \log 2 - pK_{S2} + pK_1 + pK_2\right]}$$

Le début de la précipitation correspond à pH_2 tel que $\mathrm{Log}[N^+] = 2C_2$

$$\Rightarrow \boxed{pH_2 = -\log 2 + \frac{1}{2}\left[-3\log C_2 - pK_{S2} + pK_1 + pK_2\right]}$$

2) Solution de MnS :

$$pH_1 = -\log 5.10^{-2} + \frac{1}{2}(7+13-14) = 4,3$$

$$pH < pH_1 \implies \log[Mn^{2+}] = \log 5.10^{-3} = -1,3$$

$$pH > pH_1 \implies \log[Mn^{2+}] = -1,3 + 4,3 - pH = 3 - pH$$

Solution de Tl_2S :

$$pH_2 = -\log 2 + \frac{1}{2}(-3\log 5.10^{-2} - 22 + 20) = 0,65$$

$$pH < pH_2 \implies \log[Tl^+] = \log 5.10^{-2} = -1,3$$

$$pH > pH_2 \implies \log[Tl^+] = -\frac{2}{3}pH - 0,57$$

La précipitation est finie lorsque 99% de Tl^+ a précipité :

$$[Tl^+] = 5.10^{-4} \implies pH_3 = \frac{3}{2}(-\log 5.10^{-4} - 0,57) = 4,1.$$

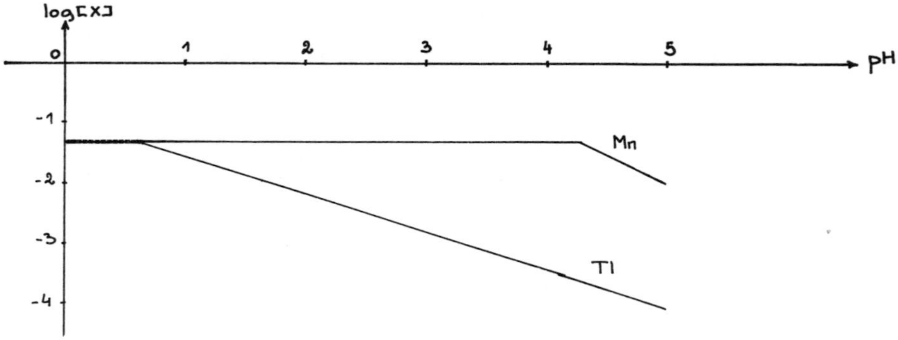

3) La conservation des ions sulfures s'écrit :

$$[H_2S] + [HS^-] + [S^{2-}] = \frac{1}{2}[Tl^+] + [Mn^{2+}] \sim [H_2S]$$

A pH très faible, le sulfure de Thallium précipite, mais pas le sulfure de manganèse. Lorsque apparaît ce premier précipité :

$$[Mn^{2+}] = 5.10^{-2} M$$

$$[Tl^+] = 10^{-1} M$$

$$[Tl^+][S^{2-}] = K_{s2} = [Tl^+]^2 \frac{K_1K_2}{h^2}\left(\frac{1}{2}[Tl^+] + [Mn^{2+}]\right)$$

$$\implies h^2 = \frac{K_1K_2}{K_{s2}}(10^{-1})^2(2 \times 5.10^{-2}) = 10^{-3}\frac{K_1K_2}{K_{s2}} = 10^{-1}$$

$$\implies \boxed{pH_1 = 0,5}$$

Le sulfure de thallium est complètement précipité avant que le sulfure de manganèse commence à précipiter. La fin de la précipitation a lieu à pH_2

$$[Tl^+] = 10^{-3} \implies \boxed{pH_2 = 2,65}$$

Quand MnS commence à précipiter, tout le sulfure de Thallium est déjà précipité ; au début de cette deuxième précipitation :

$[Mn^{2+}] = 5.10^{-2} = [H_2S]$

$[Mn^{2+}][S^{2-}] = K_{s1} = [Mn^{2+}]^2 \dfrac{K_1K_2}{h^2}$

Le pH est donc le même que lorsque MnS était seul en solution puisque tous les ions sulfures apportés par TlS sont dans le précipité de TlS.

$\Longrightarrow$ $\boxed{pH_3 = 4,3}$

Sujet n° 2

1)

1) C_3H_5Cl peut avoir quatre formules semi-développées distinctes :

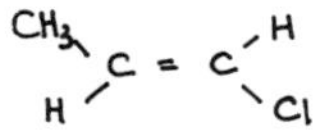 chloro 1 . propène E

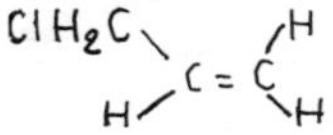 chloro 3 propène

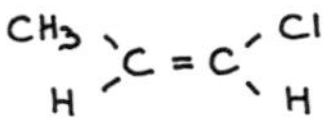 chloro 1 propène Z

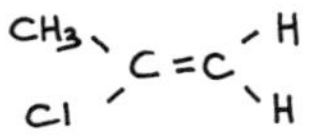 chloro 2 propène

2) C_3H_7Cl possède deux isomères de chaîne :

$CH_3 - CH_2 - CH_2Cl$ chloro 1 . propane

$CH_3 - CHCl - CH_3$ chloro 2 . propane

3) C_4H_9Cl possède quatre isomères de chaîne :

$CH_2Cl - CH_2 - CH_2 - CH_3$ chloro 1 . butane

$CH_3 - CHCl - CH_2 - CH_3$ chloro 2 . butane

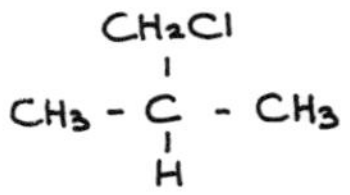 chloro 1 . méthyl 2 propane

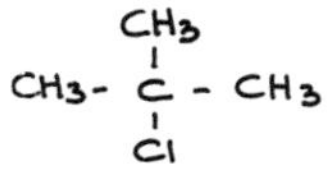 chloro 2 . méthyl 2 propane

2)

1) Le chloro 3 pentane a pour formule semi-développée :

$CH_3 - CH_2 - CHCl - CH_2 - CH_3$

Il ne possède pas d'isomère optique.

2) Le dichloro-1,2-diméthyl-2,3 butane s'écrit :

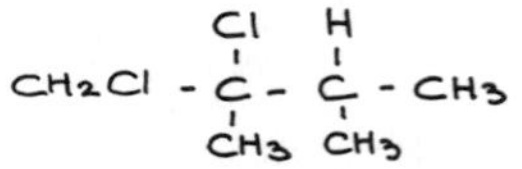

Il possède un carbone asymétrique, le carbone 2, donc présente deux énantiomères :

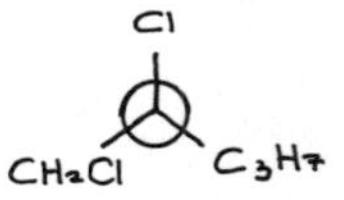

S

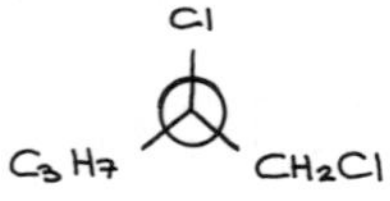

R

3) Le phényl-3 bromo-3 propène-1 possède lui aussi un carbone asymétrique, donc deux énantiomères :

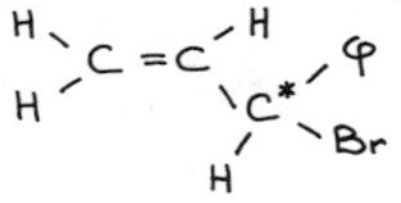

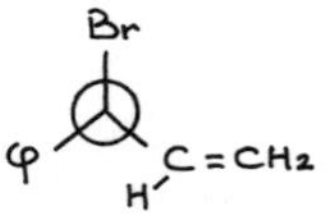

S

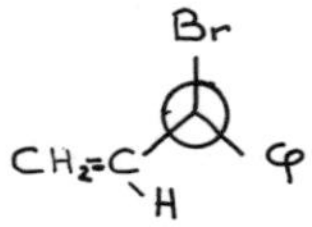

R

3) Le dichloro-1,4 cyclohexane possède trois conformères principaux. Le conformère bateau est le moins stable

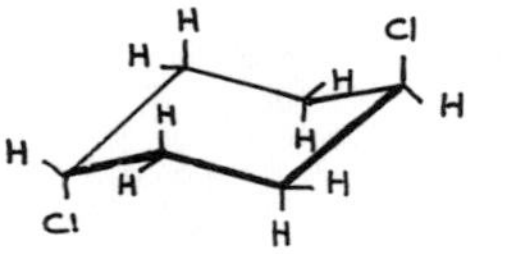

Les conformères chaises peuvent avoir le chlore en position axiale ou équatoriale ; la deuxième conformation est un peu plus stable que la première :

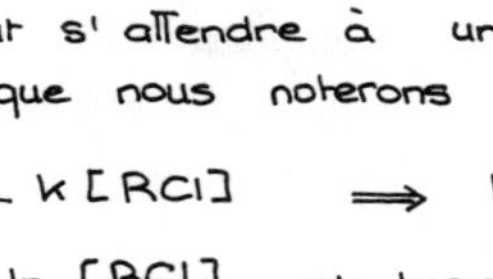

Cl axiaux

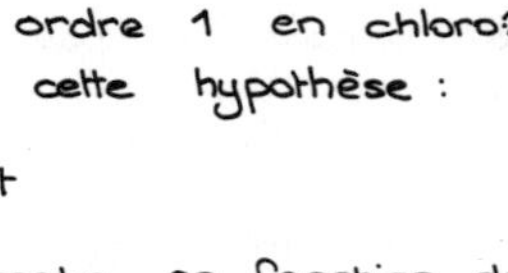

Cl équatoriaux

4)

1) On peut s'attendre à une réaction d'ordre 1 en chloro-2 méthyl-2 propane que nous noterons R-Cl. Dans cette hypothèse :

$$\frac{d[RCl]}{dt} = -k[RCl] \implies \ln\frac{[RCl]}{[RCl]_0} = -kt$$

Calculons $-\ln\frac{[RCl]}{[RCl]_0}$ et traçons-en le graphe en fonction de t :

t	1	2	3	4	5	6	7
$-\ln\frac{[RCl]}{[RCl]_0}$	0,145	0,290	0,435	0,580	0,725	0,870	1,025

Tous les points sont alignés. La cinétique est donc bien d'ordre 1.

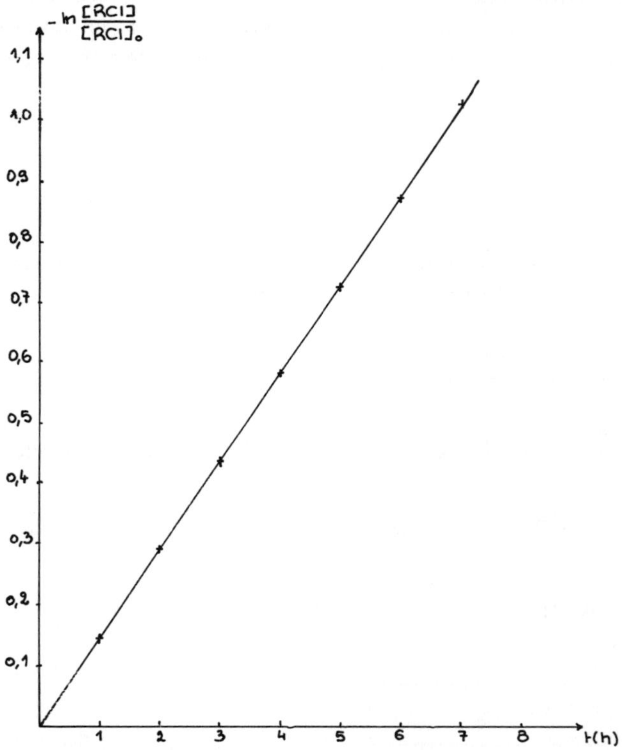

2) La constante de vitesse est la pente de la droite :

$$\boxed{k = 0,145\ h^{-1}}$$

et le temps de demi-réaction vaut :

$$t_{1/2} = \frac{\ln 2}{k} \implies \boxed{t_{1/2} = 4h\ 46mn}$$

3) La deuxième expérience montre que la concentration en soude n'influence pas la vitesse. La réaction est donc monomoléculaire.

4) La soude étant une base forte, la réaction est une élimination E_1. Elle se décompose en une première étape lente au cours de laquelle le chlore quitte la molécule. Il se forme alors un carbocation plan :

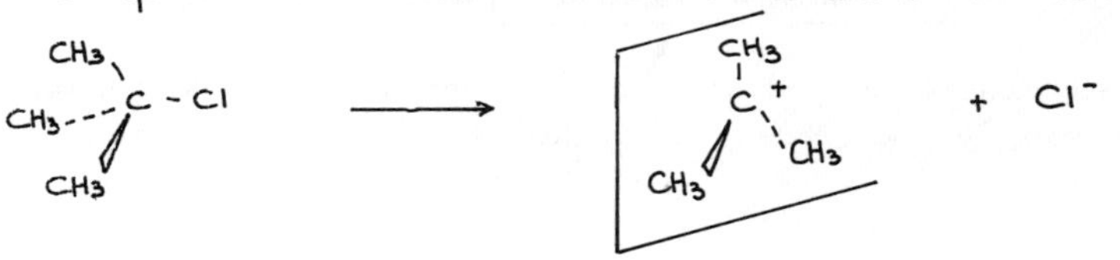

La deuxième étape est une attaque des OH^- sur l' un des carbones en position β (les trois carbones sont équivalents). Cette étape est rapide :

$$C(CH_3)_3^+ \; + \; OH^- \longrightarrow \begin{matrix} H \\ H \end{matrix}\!\!>C=C<\!\!\begin{matrix} CH_3 \\ CH_3 \end{matrix} \; + \; H_2O$$

5) L' eau possède une permittivité élevée, ce qui facilite la rupture entre le carbocation et Cl^-. Mais elle ne constitue pas un solvant pour le chlorure de tertio butyle. Il faut donc le mélanger à l' alcool, bon solvant.

Physique

Sujet n° 1 : électricité

I) Electrostatique

1) La distribution possèdant la symétrie sphérique, tout se passe à l' extérieur comme si la charge totale était rassemblée au centre de l' atome.

$$\Longrightarrow \quad \boxed{V^*(r_o) = \frac{29e}{4\pi\varepsilon_o}\,\frac{1}{r_o}}$$

2)

1) La distribution garde la symétrie sphérique, donc les lignes de champ sont radiales.

Hors de la distribution totale ($r \geqslant r_2$), le point voit une charge totale nulle, donc le champ est nul.

2) Appliquons le théorème de Gauss sur des sphères de rayon r :

a) $r_o \leqslant r \leqslant r_1$:

$$\Psi = \frac{29e}{\varepsilon_o} = 4\pi r^2 E(r) \Longrightarrow \boxed{E(r) = \frac{29e}{4\pi\varepsilon_o}\,\frac{1}{r^2}}$$

b) $r_1 \leqslant r \leqslant r_2$:

$$\Psi = \frac{29e}{\varepsilon_o}\left(1 - \frac{v(r)}{v_e}\right) = 4\pi r^2 E(r)$$

En appelant $v(r)$ le volume compris entre les sphères de rayon r_1 et r et v_e le volume compris entre les sphères de rayon r_1 et r_2 :

$$v(r) = \frac{4}{3}\pi(r^3 - r_1^3) \qquad\qquad v_e = \frac{4}{3}\pi(r_2^3 - r_1^3)$$

$$E(r) = \frac{29e}{4\pi\varepsilon_o}\,\frac{1}{r^2}\left(1 - \frac{r^3 - r_1^3}{r_2^3 - r_1^3}\right)$$

$$\Longrightarrow \quad \boxed{E(r) = \frac{29e}{4\pi\varepsilon_o}\,\frac{1}{r^2}\,\frac{r_2^3 - r^3}{r_2^3 - r_1^3}}$$

3) Le potentiel est continu et il est nul à l'infini où ne se trouvent pas de charges. Il est lié au champ $\vec{E}$ par $\vec{E} = -\vec{\nabla}V$.

$$\Longrightarrow \quad E = -\frac{dV}{dr}$$

α) $r \geqslant r_2$: $E = 0 \Longrightarrow$ $\boxed{V = 0}$

β) $r_1 \leqslant r \leqslant r_2$: $dV = -E\,dr = \frac{2 \mathcal{g} e}{4\pi\varepsilon_0}\left(r - \frac{r_2^3}{r^3}\right)\frac{1}{r_2^3 - r_1^3}\,dr$

$\Longrightarrow V = \frac{2 \mathcal{g} e}{4\pi\varepsilon_0}\frac{1}{r_2^3 - r_1^3}\left(\frac{r^2}{2} + \frac{r_2^3}{r} + A\right)$

En r_2, le potentiel est nul donc $A = -\frac{3}{2}r_2^2$

$$\Longrightarrow \boxed{V = \frac{2 \mathcal{g} e}{4\pi\varepsilon_0}\frac{1}{r_2^3 - r_1^3}\left(\frac{r^2}{2} + \frac{r_2^3}{r} - \frac{3}{2}r_2^2\right)}$$

γ) $r_0 \leqslant r \leqslant r_1$ $\quad dV = -\frac{2 \mathcal{g} e}{4\pi\varepsilon_0}\frac{1}{r^2}\,dr \Longrightarrow V = \frac{2 \mathcal{g} e}{4\pi\varepsilon_0}\left(\frac{1}{r} - B\right)$

En r_1 le potentiel est continu :

$$\frac{1}{r_2^3 - r_1^3}\left(\frac{r_1^2}{2} + \frac{r_2^3}{r_1} - \frac{3}{2}r_2^2\right) = \frac{1}{r_1} - B$$

$$\Longrightarrow B = \frac{3}{2}\frac{r_2^2 - r_1^2}{r_2^3 - r_1^3} = \frac{3}{2}\frac{r_1 + r_2}{r_1^2 + r_1 r_2 + r_2^2}$$

$$\Longrightarrow \boxed{V = \frac{2 \mathcal{g} e}{4\pi\varepsilon_0}\left(\frac{1}{r} - \frac{3}{2}\frac{r_1 + r_2}{r_1^2 + r_1 r_2 + r_2^2}\right)}$$

4) $$\frac{V(r_0)}{V^*(r_0)} = \frac{\frac{1}{r_0} - \frac{3}{2}\frac{r_1 + r_2}{r_1^2 + r_1 r_2 + r_2^2}}{\frac{1}{r_0}} = 1 - \frac{3}{2}r_0\frac{r_1 + r_2}{r_1^2 + r_1 r_2 + r_2^2}$$

$$\Longrightarrow \frac{V(r_0)}{V^*(r_0)} = 1 - 1{,}5.10^{-5}$$

II) Electrocinétique

1) Régime transitoire

1) Soit $u(t)$ la tension aux bornes de R_1, C :

$i_0 = C\frac{du}{dt}$ et $i_1 = \frac{u}{R_1}$

$$\Longrightarrow \boxed{i_0 = R_1 C \frac{di_1}{dt}}$$

2) $u_2 = R_2(i_0 + i_1) = R_2\left(i_1 + R_1 C\frac{di_1}{dt}\right)$

Or $u = U - u_2 = R_1 i_1 = U - R_2\left(i_1 + R_1 C\frac{di_1}{dt}\right)$

$\Longrightarrow R_1 R_2 C\frac{di_1}{dt} + (R_1 + R_2)\,i_1 = U$ pour $t > 0$

$\Longrightarrow i_1 = \frac{U}{R_1 + R_2} + A e^{-\alpha t}$

A $t = 0^+$, la tension aux bornes du condensateur est nulle car c'est une fonction continue du temps, donc $i_1(0^+)$ est nul :

$$\Longrightarrow \boxed{i_1 = \frac{U}{R_1 + R_2}\left(1 - e^{-\alpha t}\right)}$$

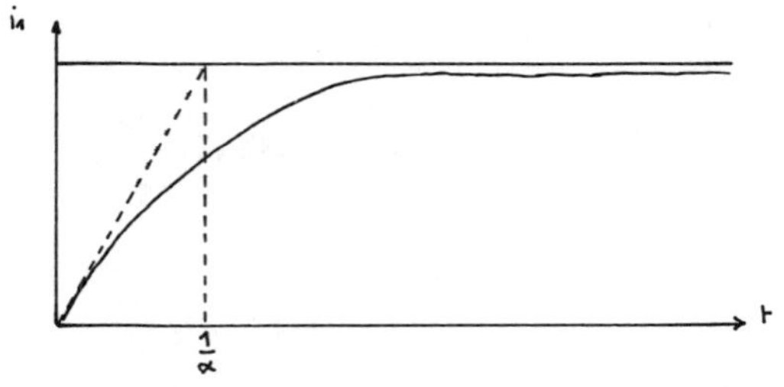

3) De l' expression de i_1 on tire celle de $i_0(t)$

$$i_0 = R_1 C \frac{di_1}{dt} = \frac{U}{R_2} e^{-\alpha t} \Longrightarrow u_2 = R_2\left[\frac{U}{R_2} e^{-\alpha t} + \frac{U}{R_1+R_2}\left(1 - e^{-\alpha t}\right)\right]$$

$$\Longrightarrow \boxed{u_2 = \frac{U}{R_1+R_2}\left(R_2 + R_1 e^{-\alpha t}\right)}$$

2) Régime permanent sinusoïdal

1) L' impédance vue de l' entrée MN est :

$$\underline{Z}_0 = R_2 + \frac{R_1}{1 + jR_1C\omega} = \frac{R_1 + R_2 + jR_1R_2C\omega}{1 + jR_1C\omega} = \frac{a_1 + ja_2\omega}{1 + ja_3\omega}$$

$$\Longrightarrow \boxed{a_1 = R_1 + R_2 \; ; \; a_2 = R_1R_2C \; ; \; a_3 = R_1C}$$

2) La fonction de transfert du quadripôle est :

$$\underline{\mathcal{H}} = \frac{\underline{U}_2}{\underline{U}_1} = \frac{R_2}{\underline{Z}_0} = \frac{1 + jR_1C\omega}{1 + \frac{R_1}{R_2} + jR_1C\omega} = \frac{1 + jv}{A + jv}$$

en posant : $\boxed{A = 1 + \frac{R_1}{R_2}}$

3) La f.e.m. du générateur de Thévenin est la tension à vide $\underline{U}_2$ vue entre les bornes P et Q :

$$\boxed{\underline{E}_1 = \underline{\mathcal{H}}\,\underline{U}}$$

Son impédance interne est l' impédance vue entre P et Q lorsque la source $\underline{U}_1$ est éteinte. Le circuit équivalent est donc :

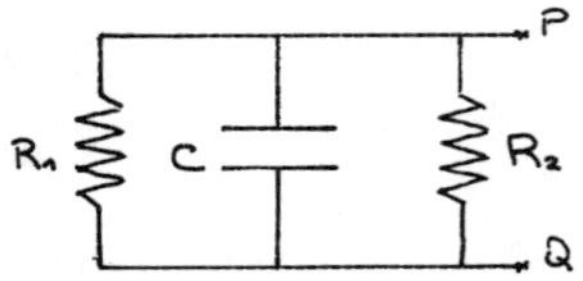

$$\underline{Z}_1 = \frac{1}{\frac{1}{R_1} + \frac{1}{R_2} + jC\omega}$$

$$\Longrightarrow \boxed{\underline{Z}_1 = \frac{R_1R_2}{R_1 + R_2 + jR_1R_2C\omega}}$$

4)

a) D' après les données $A = 4$ donc $\underline{\mathcal{H}} = \frac{1 + jv}{4 + jv}$

$$|\mathcal{H}| = \sqrt{\frac{1+v^2}{16+v^2}} \implies g_{dB} = 10 \log \frac{1+v^2}{16+v^2}$$

$v \to 0 \implies g_{dB} \to -12$

$v \to +\infty \implies g_{dB} \to 0$

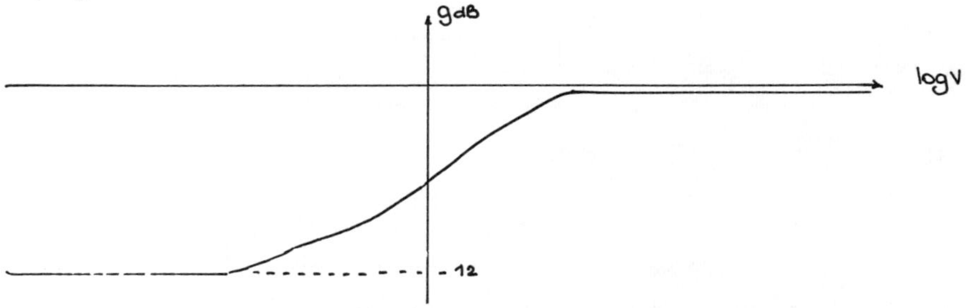

b) La fréquence de coupure correspond à $g_{dB} = -3$ soit :

$$\frac{1+v^2}{16+v^2} = \frac{1}{2} \implies \underline{v = \sqrt{14} = 3{,}74 \; ; \; \log v = 0{,}57}$$

3) Les systèmes étant linéaires, le signal de sortie est la somme des réponses aux deux signaux d'entrée.

Appelons $u_1' = 2 \cos 3000t$ et $u_1'' = \cos(6000t + \frac{\pi}{2})$ ces deux signaux d'entrée.

Les réponses sont u_2' et u_2'', de même fréquence mais déphasées de φ' et φ'' :

* $v' = R_1 C \omega' = 1{,}41$

$$|\mathcal{H}'| = \sqrt{\frac{1+1{,}41^2}{16+1{,}41^2}} = 0{,}306$$

$$\underline{\mathcal{H}} = \frac{1+jv}{4+jv} = \frac{(1+jv)(4-jv)}{16+v^2} = \frac{4+v^2+3jv}{16+v^2}$$

$$\implies \operatorname{tg}\varphi' = \frac{3v'}{4+v'^2} = 0{,}706 \implies \varphi' = 0{,}615 \text{ rad}.$$

$$\implies u_2' = 0{,}61 \cos(3000t + 0{,}615)$$

* $v'' = R_1 C \omega'' = 2{,}82$

$|\mathcal{H}''| = 0{,}61$

$\operatorname{tg}\varphi'' = 0{,}71 \implies \varphi'' = 0{,}616$ rad

$$u_2'' = 0{,}61 \cos(6000t + 0{,}616 + \frac{\pi}{2}).$$

$$= 0{,}61 \cos(6000t + 2{,}19)$$

On remarque que ces deux composantes ont la même amplitude et ont le même déphasage par rapport au signal d'entrée.

$$i_2 = \frac{u_2}{R_2} = 3.10^{-3} \times 0{,}61 \left[\cos(3000t + 0{,}615) + \cos(6000t + 2{,}19)\right]$$

$$\boxed{i_2 = 1{,}83.10^{-3}\left[\cos(3000t + 0{,}615) + \cos(6000t + 2{,}19)\right]}$$

Sujet n° 2 : Thermodynamique

I)

1) Dans une transformation élémentaire réversible :

$$dS = \frac{\delta Q}{T} \quad \text{et} \quad \delta Q = C_p dT - V dP$$

$$\Rightarrow dS = \frac{C_p}{T} dT - \frac{V}{T} dP \Rightarrow \boxed{dS = \frac{C_p}{T} dT - R\frac{dP}{P}}$$

2) $$\Delta S = \int_1^2 \left(\frac{A}{T} + B\right) dT - \int_1^2 R \frac{dP}{P}$$

$$\Rightarrow \boxed{\Delta S = A \ln \frac{T_2}{T_1} + B(T_2 - T_1) - R \ln \frac{P_2}{P_1}}$$

3) $$\Delta S = 26,36 \ln 2 + 4,35.10^{-4} \times 300 - 8,32 \ln 3$$

$$\Rightarrow \boxed{\Delta S = 9,26 \, J K^{-1}}$$

II)

1) Dans une transformation élémentaire :

$$dG = d(U + PV - TS) \Rightarrow \boxed{dG = -SdT + VdP + \delta \tau}$$

Si la transformation est réversible isobare et isotherme :

$$\Rightarrow \boxed{dG = \delta \tau}$$

2) Dans une transformation réversible isotherme et isobare finie :

$$\Rightarrow \boxed{\Delta G = \tau}$$

Si la transformation n'est pas réversible, la chaleur reçue par le système est inférieure à $T\Delta S$:

$$\Delta U = -P\Delta V + \tau + Q$$

$$\Delta G = \Delta(U + PV - TS) = \Delta U + PdV - T\Delta S = \tau + Q - T\Delta S$$

$$Q - T\Delta S < 0 \Rightarrow \boxed{\tau > \Delta G}$$

III)

1) Les différentielles de H, G et F sont :

$$\boxed{\begin{array}{l} dH = TdS + VdP \\ dF = -SdT - PdV \\ dG = -SdT + VdP \end{array}}$$

Ces relations restent valables si la transformation est irréversible car H, F et G sont des fonctions d'état. Leur variation ne dépend donc que des états extrêmes.

2) dH, dF et dG sont des différentielles totales exactes :

$$\boxed{\begin{aligned}\left(\frac{\partial S}{\partial P}\right)_H &= -\frac{V}{T}\\ \left(\frac{\partial S}{\partial V}\right)_T &= \left(\frac{\partial P}{\partial T}\right)_V\\ \left(\frac{\partial S}{\partial P}\right)_T &= -\left(\frac{\partial V}{\partial T}\right)_P\end{aligned}}$$

3) La diffentielle de H peut aussi s' écrire :

$$\boxed{dH = C_p dT + (h+V)dP}$$

4) Au cours d' une détente de Joule-Thomson, l' enthalpie reste constante :

$$\boxed{\mu = \left(\frac{\partial T}{\partial P}\right)_H = -\frac{h+v}{C_p}}$$

5) $\alpha = \dfrac{1}{V}\left(\dfrac{\partial V}{\partial T}\right)_P$

Or d' après les relations de Clapeyron : $h = -T\left(\dfrac{\partial V}{\partial T}\right)_P$

$\Longrightarrow$ $h = -V\alpha T$ $\Longrightarrow$ $\boxed{\mu = \dfrac{V}{C_p}(\alpha T - 1)}$

Pour un gaz parfait $\alpha = \dfrac{1}{T}$ donc $\underline{\mu \text{ est nul}}$.

6)

a) On peut faire un développement limité de V :

$$V - b = \frac{RT}{P\left(1 + \frac{a}{PV^2}\right)} \sim \frac{RT}{P}\left(1 - \frac{a}{PV^2}\right) = \frac{RT}{P} - \frac{aRT}{P^2V^2}$$

$$\Longrightarrow \boxed{V = \frac{RT}{P} - \frac{aRT}{P^2V^2} + b}$$

b) Dans le terme correctif B_1, on peut confondre PV avec RT

$$\Longrightarrow \boxed{B_2(T) = -\frac{a}{RT} + b}$$

c) On en déduit h et μ :

$$h = -T\frac{\partial}{\partial T}\left(\frac{RT}{P} - \frac{a}{RT} + b\right) = -\frac{RT}{P} - \frac{a}{RT}$$

$$\Longrightarrow \boxed{\mu = \frac{\frac{2a}{RT} - b}{C_p}}$$

d) A.N. : $\underline{\Delta T = \mu = 1{,}067 \cdot 10^{-5}\,K}$

IV)

1) Les relations de Clapeyron traduisent le fait que dS, dF et dG sont des différentielles totales exactes :

$$\left.\begin{array}{l} dS = \dfrac{C_v}{T}\,dT + \dfrac{\ell}{T}\,dV \\ dF = -S\,dT - P\,dV \end{array}\right\} \Rightarrow \left(\frac{\partial S}{\partial V}\right)_T = \left(\frac{\partial P}{\partial T}\right)_V = \frac{\ell}{T}$$

$$\Longrightarrow \boxed{\ell = T\left(\frac{\partial P}{\partial T}\right)_V}$$

Pour un gaz parfait, $\underline{\ell = P}$

2)

a) $$\left.\begin{array}{l} dS = \dfrac{C_p}{T}\,dT + \dfrac{h}{T}\,dP \\ dG = -S\,dT + V\,dP \end{array}\right\} \Longrightarrow \left(\frac{\partial S}{\partial P}\right)_T = -\left(\frac{\partial V}{\partial T}\right)_P = \frac{h}{T}$$

$$\Longrightarrow \boxed{h = -T\left(\frac{\partial V}{\partial T}\right)_P}$$

b) Envisageons une transformation isochore :

$$C_v\,dT = C_p\,dT + h\,dP = C_p\,dT + h\left(\frac{\partial P}{\partial T}\right)_V dT$$

$$\Longrightarrow \quad C_p - C_v = -h\left(\frac{\partial P}{\partial T}\right)_V$$

$$\Longrightarrow \boxed{C_p - C_v = T\left(\frac{\partial V}{\partial T}\right)_P\left(\frac{\partial P}{\partial T}\right)_V}$$

3)

a) $$\boxed{\chi_T = -\frac{1}{V}\left(\frac{\partial V}{\partial P}\right)_T}$$

b) Comme les variables P, T et V sont liés par l' équation d' état :

$$\left(\frac{\partial P}{\partial T}\right)_V = -\left(\frac{\partial P}{\partial V}\right)_T\left(\frac{\partial V}{\partial T}\right)_P = \frac{1}{V\chi_T}\left(\frac{\partial V}{\partial T}\right)_P = \frac{\alpha}{\chi_T}$$

$$\Longrightarrow \boxed{C_p - C_v = TV\,\frac{\alpha^2}{\chi_T}}$$

<u>Sujet n° 3</u> : <u>Mécanique</u>

I)

1)

a) Le travail élémentaire de $\vec{F}$ est :

$$\boxed{\delta W = \vec{F}\cdot\overrightarrow{PP'}}$$

b) On peut aussi écrire :

$$\boxed{\delta W = \vec{F}\cdot\vec{v}\,dt}$$

2) Au cours d' un déplacement fini :

$$\boxed{W = \int_a^b \vec{F}\cdot\vec{v}\,dt}$$ le long du trajet.

3) La force $\vec{F}$ dérive de l'énergie potentielle $\mathcal{V}$:

$$\boxed{\vec{F} = -\vec{\nabla} \mathcal{V} = -\overrightarrow{grad}\, \mathcal{V}}$$

4) $\mathcal{V}$ est défini à une constante additive près par les relations :

$$\left.\begin{aligned} F_x &= ax + by^2 = -\frac{\partial \mathcal{V}}{\partial x} \\ F_y &= az + 2bxy = -\frac{\partial \mathcal{V}}{\partial y} \\ F_z &= ay + bz^2 = -\frac{\partial \mathcal{V}}{\partial z} \end{aligned}\right\} \Longrightarrow \boxed{\mathcal{V} = -\left(\frac{ax^2}{2} + bxy^2 + azy + b\frac{z^3}{3}\right) + V_0}$$

5)

a) L'énergie potentielle de P se réduit à l'énergie potentielle de pesanteur. Si l'on choisit celle-ci nulle sur l'axe (Ox) :

$$\mathcal{V} = mgy \qquad \Longrightarrow \qquad \boxed{\mathcal{V} = mgR\sin\theta}$$

b) L'équilibre stable est atteint lorsque l'énergie potentielle est minimale, soit au point le plus bas du cercle.

L'équilibre instable correspond à une énergie potentielle maximale, soit au point le plus haut du cercle.

II)

1) La force de gravitation exercée par M sur m est :

$$\boxed{\vec{F} = -\frac{GMm}{r^2}\vec{u}}$$

2) Le champ de gravitation...

$$\vec{g} = \frac{\vec{F}}{m} \qquad \Longrightarrow \qquad \boxed{\vec{g} = -\frac{GM}{r^2}\vec{u}}$$

dérive du potentiel gravitationnel V :

$$\boxed{V = -\frac{GM}{r}} \qquad \vec{g} = -\vec{\nabla} V$$

3)

a) D'après le théorème de Gauss transposé du cas électrostatique au cas gravitationnel, le flux de $\vec{g}$ à travers une surface fermée est égal à $-4\pi G M_{int}$. La distribution de masse possédant la symétrie sphérique, le champ $\vec{g}$ est radial :

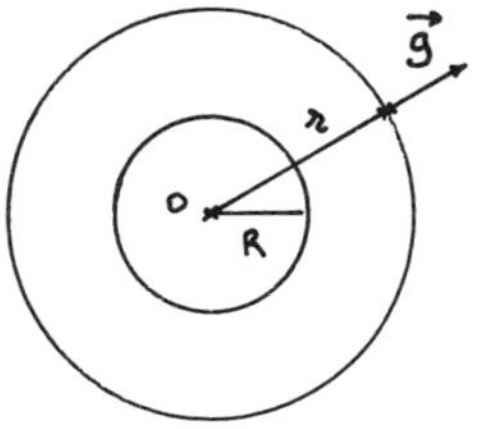

$r > R$: $g 4\pi r^2 = -4\pi G \times \frac{4}{3}\pi R^3 \rho_0$

$$\Longrightarrow \qquad \boxed{\vec{g} = -\frac{4}{3}\pi\rho_0 G \frac{R^3}{r^2}\vec{u}}$$

$r < R$: $g 4\pi r^2 = -4\pi G \frac{4}{3}\rho_0 \pi r^3$

$$\Longrightarrow \qquad \boxed{\vec{g} = -\frac{4}{3}\pi\rho_0 G\, r\, \vec{u}}$$

Le potentiel V est pris nul à l'infini et $dV = -g\,dr$

$r > R$: $dV = +\frac{4}{3}\pi\rho_0 G \frac{R^3}{r^2}\,dr \Longrightarrow \boxed{V = -\frac{4}{3}\pi\rho_0 G \frac{R^3}{r}}$

$r < R$: $dV = \frac{4}{3}\pi\rho_0 G\, r\,dr \Longrightarrow V = \frac{2}{3}\pi\rho_0 G(r^2 - r_0^2)$

Le potentiel est continue en $r = R$

$$-\frac{4}{3}\pi\rho_0 G R^2 = \frac{2}{3}\pi\rho_0 G(R^2 - r_0^2) \Longrightarrow r_0^2 = 3R^2$$

$r < R$: $\boxed{V = \frac{2}{3}\pi\rho_0 G(r^2 - 3R^2)}$

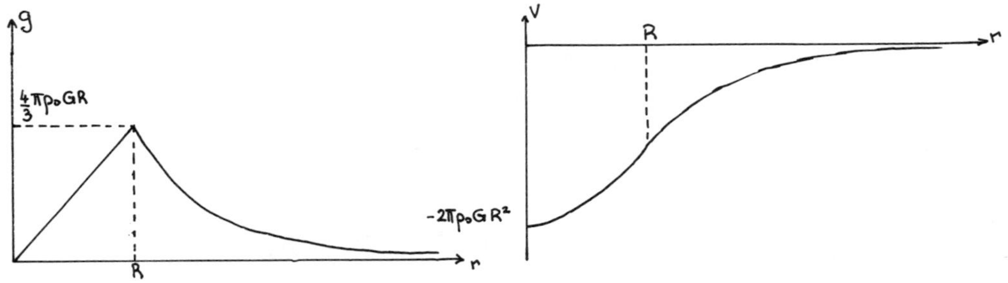

b) A l'extérieur de la distribution, tout se passe comme si toute la masse était rassemblée au centre :

$$M_{int} = \int_0^R 4\pi\rho_0(1 - kr^2)r^2dr = 4\pi\rho_0\left(\frac{R^3}{3} - k\frac{R^5}{5}\right)$$

$r > R$: $\boxed{\vec{g} = -G4\pi\rho_0\frac{R^3}{r^2}\left(\frac{1}{3} - \frac{kR^2}{5}\right)\vec{u}}$

$r < R$: $g4\pi r^2 = -4\pi G\int_0^r 4\pi\rho_0(1 - kr^2)r^2dr = -(4\pi)^2 G\rho_0\left(\frac{r^3}{3} - \frac{kr^5}{5}\right)$

$$\Longrightarrow \qquad \boxed{\vec{g} = -G4\pi\rho_0\, r\left(\frac{1}{3} - \frac{kr^2}{5}\right)\vec{u}}$$

Le potentiel dont dérive $\vec{g}$ est V' :

$r > R$: $\boxed{V' = -G4\pi\rho_0\frac{R^3}{r}\left(\frac{1}{3} - \frac{kR^2}{5}\right)}$

$r < R$ $\quad V' = 4\pi G\rho_0\left(\frac{r^2}{6} - \frac{kr^4}{20} - A\right)$

$$V'(R) = -4\pi G\rho_0 R^2\left(\frac{1}{3} - \frac{kR^2}{5}\right) = 4\pi G\rho_0\left(\frac{R^2}{6} - \frac{kR^4}{20} - A\right)$$

$$\Longrightarrow \quad A = \frac{R^2}{2} - k\frac{R^4}{4}$$

$r < R$: $\boxed{V' = 2\pi G\rho_0\left(\frac{r^2}{3} - \frac{kr^4}{10} - R^2 + \frac{kR^4}{2}\right)}$

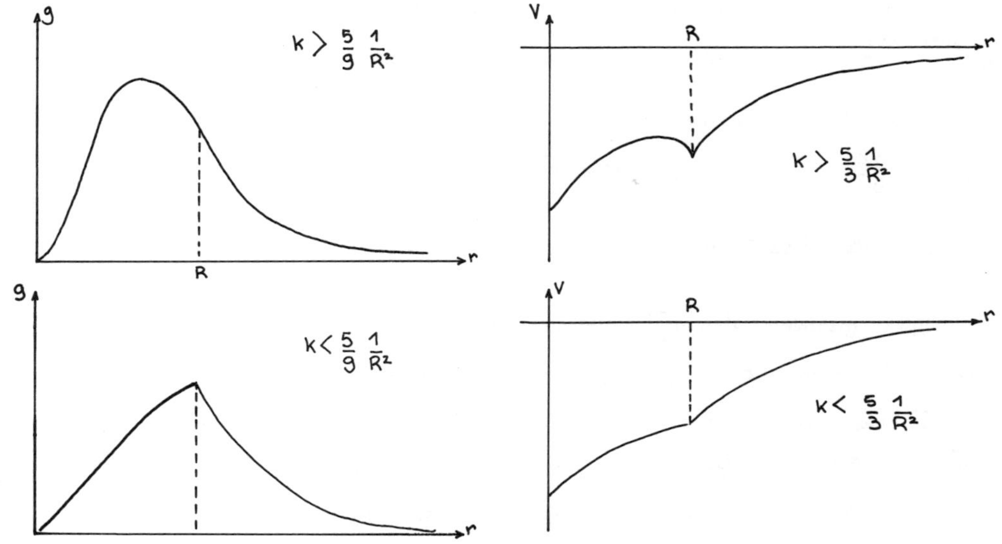

4)

a) Le potentiel créé par Mi au point P est :

$$V_i = -\frac{Gm_i}{r_i} = -G\frac{m_i}{\|\overrightarrow{OP}-\overrightarrow{OM_i}\|}$$

$$\|\overrightarrow{OP}-\overrightarrow{OM_i}\| = (r^2 + r_i^2 - 2rr_i\cos\theta_i)^{1/2} = r\left(1 + \frac{r_i^2}{r^2} - 2\frac{r_i}{r}\cos\theta_i\right)^{1/2}$$

Faisons un développement limité au 2ème ordre de $\frac{1}{r_i}$

$$\frac{1}{r_i} = \frac{1}{r}\left[1 + \frac{r_i}{r}\cos\theta_i + \frac{3}{8}\left(2\frac{r_i}{r}\cos\theta_i\right)^2 - \frac{1}{2}\left(\frac{r_i}{r}\right)^2 \dots\right]$$

$$= \frac{1}{r}\left[1 + \frac{r_i}{r}\cos\theta_i + \frac{1}{2}\left(\frac{r_i}{r}\right)^2(3\cos^2\theta_i - 1)\dots\right]$$

$$\Longrightarrow \quad V_i = -\frac{Gm_i}{r}\left[1 + \frac{r_i}{r}\cos\theta_i + \frac{1}{2}\left(\frac{r_i}{r}\right)^2(3\cos^2\theta_i - 1)\dots\right]$$

$$\Longrightarrow \quad \boxed{A_1 = r_i\cos\theta_i \; ; \; A_2 = \frac{1}{2}r_i^2(3\cos^2\theta_i - 1)}$$

b) Le potentiel de la distribution est la somme des potentiels de toutes les charges prises individuellement :

$$V = \sum_{i=1}^{N} V_i = -G\left[\frac{1}{r}\sum_{i=1}^{N} m_i + \frac{1}{r^2}\sum_{i=1}^{N} m_i r_i\cos\theta_i + \frac{1}{r^3}\sum_{i=1}^{N} m_i\frac{r_i^2}{2}(3\cos^2\theta_i - 1)\right]$$

$$\boxed{\begin{array}{c} M = \sum_{i=1}^{N} m_i \\ \mathcal{P} = \sum_{i=1}^{N} m_i r_i\cos\theta_i \\ Q = \sum_{i=1}^{N} m_i\frac{r_i^2}{2}(3\cos^2\theta_i - 1) \end{array}}$$

c) Le terme dipolaire peut s' écrire :

$$\mathcal{P} = \sum_{i=1}^{N} m_i\,\vec{r_i}\cdot\frac{\vec{r}}{r} = \frac{\vec{r}}{r}\cdot\sum_{i=1}^{N} m_i\vec{r_i}$$

Si O est le centre de masse de la distribution, $\sum_{i=1}^{N} m_i \vec{r_i}$ est nul donc $\mathcal{P}$ est nul.

5)

a) $\vec{g}$ dérive du potentiel V :

$$g_r = -\frac{\partial V}{\partial r} \Longrightarrow \boxed{g_r = -G\frac{M_T}{r^2} - \frac{3}{2}\frac{GK}{r^4}(3\sin^2\theta - 1)}$$

$$g_\theta = -\frac{1}{r}\frac{\partial V}{\partial \theta} = \frac{GK}{2r^4}\,6\sin\theta\cos\theta \Longrightarrow \boxed{g_\theta = \frac{GK}{r^4}\,3\sin\theta\cos\theta}$$

b) Le moment de $m\vec{g_P}$ par rapport à O est :

$$\vec{\mathcal{L}_O} = \vec{r} \wedge m\vec{g_P} = m\vec{r} \wedge \left[-G\frac{M_T}{r^2}\vec{r} - \frac{3}{2}\frac{GK}{r^4}(3\sin^2\theta - 1)\vec{r} + \frac{GK}{r^4}3\sin\theta\cos\theta\,\vec{\omega}\right]$$

où $\vec{\omega}$ se déduit de $\vec{r}$ par rotation de $+\frac{\pi}{2}$ dans (xOy).

$$\vec{\mathcal{L}_O} = -\frac{3}{2}\frac{GKm}{r^4}\vec{r} \wedge \left[(3\sin^2\theta - 1)(\vec{i}\cos\theta + \vec{j}\sin\theta) - 2\sin\theta\cos\theta(-\vec{i}\sin\theta + \vec{j}\cos\theta)\right]$$

$$= -\frac{3}{2}\frac{GKm}{r^4}\vec{r} \wedge \left[(5\sin^2\theta - 1)\vec{i}\cos\theta + (5\sin^2\theta - 3)\vec{j}\sin\theta\right]$$

$$= -\frac{3}{2}\frac{GKm}{r^4}\vec{r} \wedge \left[(5\sin^2\theta - 1)\vec{r} - 2\vec{j}\sin\theta\right]$$

$$= +3\frac{GKm}{r^4}(\vec{r} \wedge \vec{j})\frac{\vec{r}\cdot\vec{j}}{r} = -3\frac{GKm}{r^5}(\vec{r}\cdot\vec{j})(\vec{j} \wedge \vec{r})$$

$$\Longrightarrow \boxed{A = -3GKm}$$

ALES 88

Machine frigorifique, Compression d'un gaz parfait – Electrostatique, Cellules en cascade, filtre à A.O., filtre L.C. – Oscillateurs mécaniques – Ammoniac en phase gazeuse, en solution : propriétés basiques et complexantes – Chimie organique : isomérie optique, hydrolyse de bromures d'alkyles.

SUJET N° 1

A - 1 - La molécule d'ammoniac est relativement peu stable. Sa dissociation thermique se fait selon la réaction :

$$2\,NH_{3\,(gaz)} \underset{2}{\overset{1}{\rightleftharpoons}} N_{2\,(gaz)} + 3\,H_{2\,(gaz)}$$

A température constante, quel serait l'effet d'une diminution de pression sur l'équilibre de dissociation de l'ammoniac ? Justifier votre réponse.

2 - On considère que tous les gaz sont parfaits et que leur mélange a un comportement idéal.

On chauffe en vase clos, sans variation de volume, du gaz ammoniac NH_3 purifié avec soin.

A 400°C, la constante Kp de cet équilibre vaut : $6{,}09.\ 10^3$. La pression de référence étant : 1 bar = 10^5 Pa. Les seuls gaz présents sont NH_3, N_2, H_2.

Calculer la pression totale P (exprimée en bar) nécessaire pour que la fraction molaire du gaz ammoniac à l'équilibre soit de 5.10^{-2}.

Dans la suite du problème, nous admettrons que :

- Les expériences se font à 25°C ; le produit ionique de l'eau est Ke = 10^{-14}, à cette température ;
- Le volume d'un mélange de solutions aqueuses est égal à la somme des volumes des solutions aqueuses mélangées ;
- Il n'y a pas de variation du volume d'une solution aqueuse au cours de la dissolution d'un gaz.

B - 1 - On prépare les trois solutions suivantes :

- solution A : dissolution de 0,17 g de gaz ammoniac dans 100 ml d'eau distillée ;
- solution B : dissolution de 0,17 g de gaz ammoniac dans 100 ml d'une solution aqueuse d'acide chlorhydrique à 0,05 mol. l^{-1} ;
- solution C : dissolution de 0,17 g de gaz ammoniac dans 100 ml d'une solution aqueuse d'acide chlorhydrique à 0,1 mol. l^{-1}.

Calculer le pH de chacune de ces trois solutions.
(La constante d'acidité du couple NH_4^+/NH_3 est $K_a = 5.10^{-10}$).

2 - On prépare une nouvelle solution aqueuse D en mélangeant :

- 10 ml de solution B
- 90 ml d'eau distillée.

Calculer le pH de la solution aqueuse D.

Pouvait-on prévoir ce résultat ?

C - 1 - La solubilité du bromure d'argent dans l'eau pure est :

$$S_{AgBr} = 1{,}88.10^{-4}\ g\,.\,l^{-1}.$$

Calculer le produit de solubilité du bromure d'argent dans l'eau pure .

2 - A 10 litres d'une solution aqueuse de bromure de sodium (NaBr) à 0,01 mol. l^{-1}, on ajoute une solution aqueuse de nitrate d'argent ($AgNO_3$) à 0,01 mol. l^{-1}.

Déterminer le volume minimum de la solution aqueuse ($AgNO_3$) à ajouter pour qu'il y ait début de précipitation du bromure d'argent.

D - Pour cette dernière partie, nous considèrerons que les ions argent réagissent sur l'ammoniac pour former des ions complexes suivant l'équilibre :

$$Ag^+ + 2\,NH_3 \rightleftharpoons [Ag(NH_3)_2]^+$$

$$\text{avec } K_2 = \frac{[Ag^+]\,[NH_3]^2}{[\,[Ag(NH_3)_2]^+]} = 6.10^{-8}$$

(On négligera la formation possible d'autres ions complexes ; $[Ag^+]$ sera négligeable devant $[\,[Ag(NH_3)_2]^+]$).

Quelle est la solubilité (en g . l^{-1}) du bromure d'argent, dans une solution aqueuse à 1 mol. l^{-1} d'ammoniac ?

(L'hydroxyde d'argent (AgOH), de produit de solubilité $Ks = 10^{-8}$, ne peut pas précipiter dans les conditions expérimentales mentionnées ci-dessus).

DONNEES :

Ag	=	108
Br	=	80
H	=	1
N	=	14

SUJET N° 2

A -

1 - Parmi les composés suivants, lesquels possèdent une activité optique ?

(a) $CH_3-CH(NH_2)-COOH$

(b) $CH_3-CH(Br)-CH_3$

(c) $CH_3-CH_2-CH(OH)-CH_3$

(d) $C_6H_5-CH(Cl)-COOH$

2 - Indiquer la configuration absolue des carbones asymétriques :

(a)

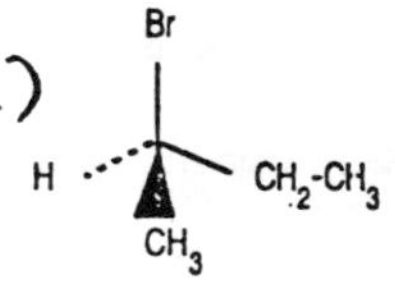

(b)

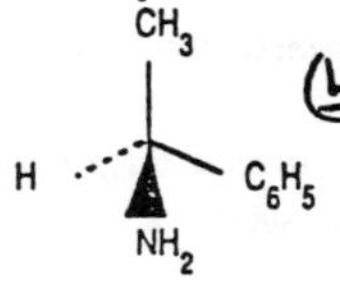

(c)

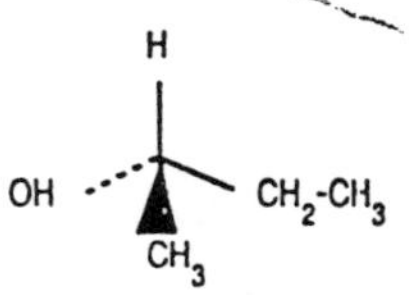

(d)

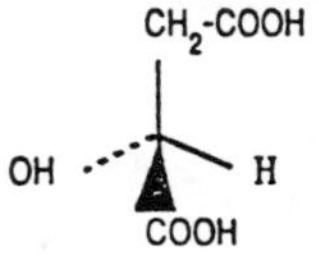

3 - Soit le composé suivant :

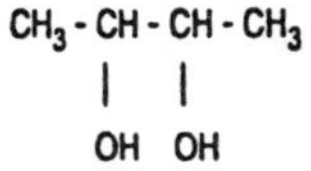

• Nommez-le ;

• Combien de diastéréoisomères peut-on prévoir ?

• Les représenter en projection de NEWMAN en précisant les relations existant entre eux.

B - On étudie l'hydrolyse de bromures d'alkyles R-Br par une solution aqueuse de soude diluée, à température ambiante.

Cette hydrolyse fournit majoritairement des alcools R-OH selon le schéma réactionnel :

$$R\text{-}Br + OH^- \longrightarrow R\text{-}OH + Br^-$$

Les bromures d'alkyles sur lesquels porte l'étude sont :

A : $CH_3\text{-}CH_2\text{-}Br$

B : $CH_3\text{-}CH_2\text{-}CH_2\text{-}Br$

C :

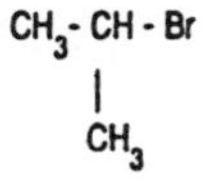

On constate que les vitesses de réaction décroissent dans le sens :

$$V_A > V_B > V_C$$

1 - Quelle est la nature du mécanisme réactionnel qui vous paraît compatible avec cette constatation ?

Justifier votre réponse.

2 - Ecrire le mécanisme détaillé à partir de A, B ou C, à votre choix.

Identifier les alcools obtenus respectivement à partir de A, B et C.

3 - A côté des alcools, produits majoritaires de la réaction, on observe la formation de petites quantités d'alcènes.

Par quel mécanisme se forment-ils ?

Détailler ce mécanisme et nommer les alcènes obtenus à partir de A, B et C.

4 - Quel serait l'effet d'un chauffage du milieu réactionnel sur l'hydrolyse des composés A, B et C ?

5 - Une étude identique, mais menée à partir des analogues chlorés des composés A, B et C (respectivement A', B' et C') montre que les vitesses de réaction décroissent dans l'ordre :

$$V_{A'} > V_{B'} > V_{C'}$$

et sont inférieures à celles obtenues à partir des bromures d'alkyles.

Expliquer cette dernière constatation.

DONNEES :

Br	=	80
O	=	16
N	=	14
C	=	12
H	=	1

Physique

SUJET N° 1

Les trois questions sont indépendantes.

1 - Loi de Joule :

L'énergie interne U d'un gaz vérifiant l'équation d'état des gaz parfaits dépend *a priori* des variables T et V.

Exprimer la différentielle de l'entropie d'une mole de gaz en fonction de ces variables et des dérivées partielles de U.

En déduire que U ne dépend que de la température.

2 - Fonctionnement d'une machine frigorifique :

Dans une machine frigorifique dont le fluide est assimilable à un gaz parfait, une mole de fluide parcourant le cycle reçoit une quantité de chaleur Q_2 ($Q_2 > 0$) d'une source froide de température T_2 et une quantité de chaleur Q_1 ($Q_1 < 0$) d'une source chaude de température T_1. Le compresseur délivre dans le même temps une quantité de travail W.

On donne : $T_1 = 293$ K ; $T_2 = 268$ K.

2.1 - On suppose dans une premier temps que le cycle comprend les transformations réversibles suivantes :

- Compression adiabatique de T_2 à T_1
- Compression isotherme à T_1

• Détente adiabatique de T_1 à T_2

• Détente isotherme à T_2.

a) Exprimer W en fonction de Q_1 et des données.

Pourquoi est-il impossible d'abaisser la température de la ~~source froide au zéro absolu~~ ?

b) Définir et calculer l'efficacité η du cycle.

2.2 - En réalité le cycle comprend les transformations :

1 - Compression adiabatique réversible de T_2 à T'_2.
On donne $T'_2 = 330$ K.

2 - Refroidissement isobare de T'_2 à T_1.

3 - Détente adiabatique réversible de T_1 à T'_1.

4 - Echauffement isobare jusqu'à T_2.

a) Exprimer l'efficacité η en fonction de T_2 et T'_2 et comparer sa valeur à celle du cycle réversible.

b) Evaluer la variation d'entropie d'une mole de fluide durant chacune des transformations **1** à **4**.

(capacité calorifique à pression constante : $C_p = 29$ J/(mole.K)).

3 - Etude de la compression adiabatique d'un gaz parfait :

Un gaz parfait de capacité calorifique molaire à volume constant C_v $\left(\gamma = \dfrac{C_p}{C_v} = 1{,}4\right)$ est comprimé de la pression initiale $P_0 = 1$ bar à la pression finale $P_F = 625$ bars.

3.1. - Soit W_1 (resp. W'_1) le travail à dépenser pour comprimer une mole de gaz de manière adiabatique réversible à partir de l'état initial (P_0, T_0) (resp. (P_0, T'_0)).
On supposera : $T'_0 > T_0$.

a) Exprimer W_1 en fonction de T_0, P_0, P_F puis W'_1 en fonction de T'_0, P_0, P_F.

b) Quelle compression a demandé le moins de travail ?

3.2. - Soit W_2 le travail à fournir pour comprimer une mole de gaz en deux étapes :

1ère étape : $(P_0, T_0) \longrightarrow (P_1)$, avec $P_0 < P_1 < P_F$

Après avoir refroidi de manière isobare le gaz jusqu'à la température T_0 par une transformation dont on ne tient pas compte, on procède à la

2ème étape : $(P_1, T_0) \longrightarrow (P_F)$

a) Montrer sans faire de calcul que W_2 est inférieur à W_1.

b) Exprimer W_2 en fonction de T_0, P_0, P_1, P_F.

c) Calculer la valeur maximale du rapport $\frac{W_1}{W_2}$ qu'il est possible d'atteindre en choisissant bien P_1.

3.3 - On pose $A = P_0^{2/7}$; $B = P_F^{2/7}$ et $X = P_1^{2/7}$.

a) Transformer la relation $W_1 = KW_2$, où K est une constante positive, en une équation du second degré d'inconnue X.

b) Calculer les valeurs de P_1 permettant de réaliser la condition K = 1,3.

SUJET N°2

Les trois questions sont indépendantes.

1 - Répartitions de potentiel électrostatique.

1.1. - Une sphère de rayon R_0 placée dans le vide (permittivité diélectrique du vide : ε_0) porte une charge Q uniformément répartie en volume. Le potentiel à la surface est V_0.

a) Donner la relation entre V_0, Q et R_0.

b) Exprimer V(r), potentiel électrostatique dans le vide en un point situé à une distance r du centre de la sphère ($r \geq R_0$), en fonction de r, R_0 et V_0.

1.2. - Une charge ponctuelle $+q_1$ (resp : $-q_2$), avec : $q_1 > 0$ et $q_2 > 0$, est placée, dans le vide, sur l'axe Ox d'un trièdre (Oxyz), au point O (resp. au point P d'abscisse D, D > 0). On pose $k = \frac{q_1}{q_2}$, ce coefficient est supposé plus grand que l'unité.

a) Donner l'expression de V(M), potentiel en un point M de l'espace situé à la distance r_1 de O et r_2 de P.

Préciser la relation existante entre r_1 et r_2 sur la surface équipotentielle : V = 0.

b) Cette relation définit une sphère de rayon R centrée au point C d'abscisse D + d ($d \geq 0$) sur l'axe Ox.

Déterminer R et d en fonction de D et k.

c) Vérifier la cohérence des résultats obtenus en les appliquant au cas limite où $q_1 = q_2$.

2 - On considère le circuit de la figure 1, constitué de n modules identiques terminés à droite par une résistance R'.

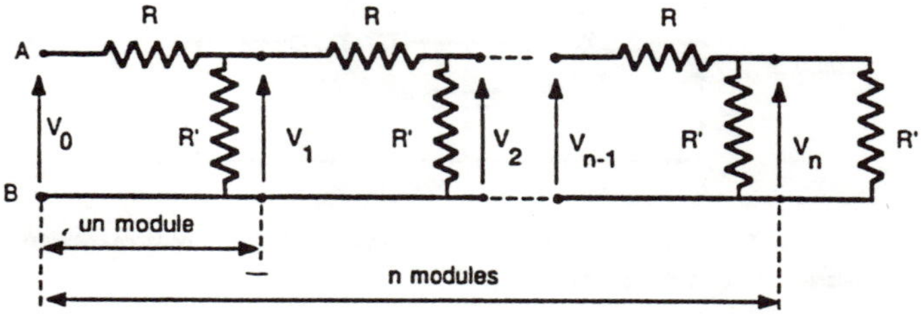

figure 1

2.1. - On donnera à R' une valeur telle que la résistance équivalente du circuit (vu de AB) ait la même valeur pour n = 1 et n = 2.

a) Déterminer R' en fonction de R.

b) Quelle est la résistance équivalente du circuit lorsque n = 100 ?

c) La tension d'entrée V_0 étant imposée, exprimer les d. d. p. V_1, V_2, ... V_n comme les termes d'une suite (V_j).

2.2. - Le montage de la figure 2 est réalisé à l'aide d'un amplificateur opérationnel supposé parfait.

V_e : tension d'entrée

V_s : tension de sortie

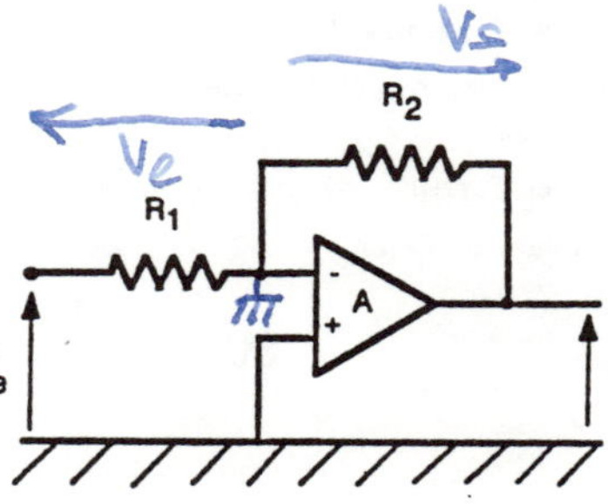

figure 2

a) Calculer le gain du montage.

b) Que vaut la résistance d'entrée ?

2.3 - On réalise le montage de la figure 3 avec un amplificateur opérationnel identique à celui de la question précédente.

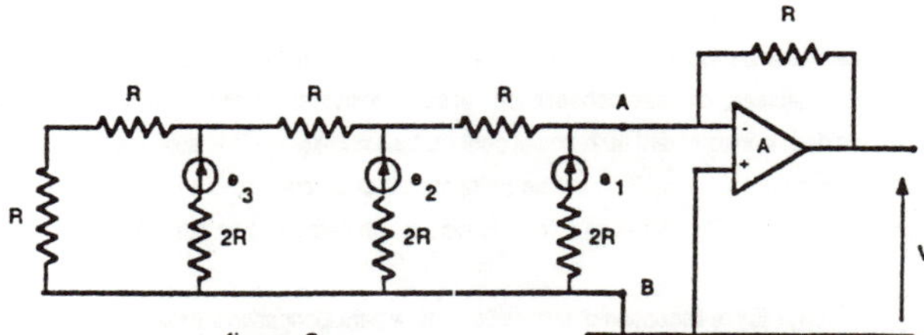

figure 3

a) Déterminer le générateur de Thévenin équivalent au réseau situé à gauche de AB.

b) En déduire l'expression de V_s en fonction de e_1, e_2, e_3.

3 - On applique une tension sinusoïdale de pulsation ω , caractérisée par son expression complexe $\underline{U_0}$, au montage de la figure 4 où Z est le module de l'impédance complexe $\underline{Z}$.

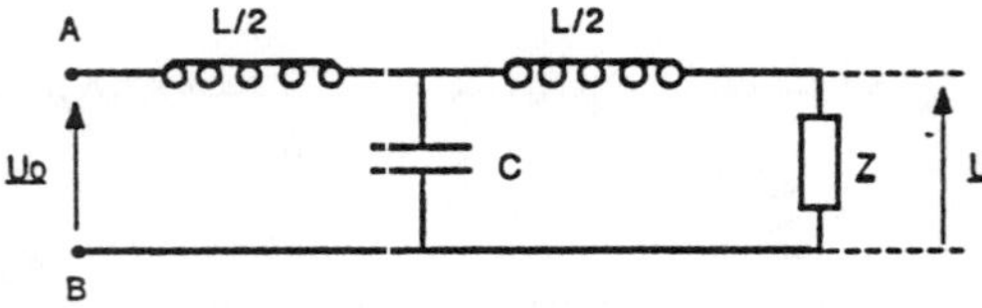

figure 4

Dans toute la suite, on donnera à $\underline{Z}$ une valeur telle que l'impédance complexe équivalente du circuit vu de AB soit encore $\underline{Z}$.

3.1. -

a) En déduire une condition sur Z^2 en fonction de L , C , ω .

b) Dans quel domaine de pulsation faut-il alimenter le circuit pour que

$\underline{Z}$ soit : . réel e ?

. imaginaire pure ?

3.2. - Déterminer la fonction de transfert $\mathcal{H}(j\omega) = \dfrac{\underline{U_1}}{\underline{U_0}}$ dans les cas suivants :

a) $\underline{Z}$ est réelle : Donner l'expression de φ (ω) , argument de $\mathcal{H}(j\omega)$, et écrire le gain G (ω) le plus simplement possible.

b) $\underline{Z}$ est une inductance pure : donner l'expression de G (ω) et indiquer très précisement la valeur de φ (ω) .

SUJET N° 3

Les questions I à IV sont toutes indépendantes les unes des autres et dans aucune des questions il n'y a lieu d'introduire des forces d'inertie. Tous les oscillateurs considérés sont linéaires.

I - Une masse ponctuelle m pouvant glisser sans frottement sur une table fixe par rapport à un référentiel galiléen, est accrochée à un ressort horizontal de masse négligeable, de constante de raideur k, initialement au repos et dont l'autre extrémité est fixe, solidaire de la table. On prendra pour origine O la position initiale de la masse et on considérera qu'elle ne peut se déplacer que suivant l'axe Ox colinéaire à l'axe du ressort. On l'écarte de sa position d'équilibre.

1.1. - Ecrire l'équation différentielle vérifiée par l'élongation x de la masse. Donner l'expression de la période des oscillations en fonction de k et de m .

On pose $\omega^2 = \dfrac{k}{m}$; $\omega = 2 \text{ rad.s}^{-1}$.

1.2. - Ecrire la solution générale de l'équation précédente. Déterminer le temps t au bout duquel x s'annule pour la première fois, puis le temps t au bout duquel la vitesse s'annule pour la première fois.

On donne à l'instant initial t = 0
$$\begin{cases} x = x_0 = -3\ \text{m} \\ \dfrac{dx}{dt} = 8\ \text{m. s}^{-1} \end{cases}$$

1.3. - Donner l'expression de l'énergie potentielle E_{pot} dont dérive la force de rappel du ressort, on la prendra nulle pour x = 0 . Exprimer l'énergie totale E de la masse en fonction de m , ω et x_0 .

1.4. - Donner les valeurs moyennes de l'énergie potentielle et de l'énergie cinétique ·sse sur une période.

II- Expressions de la période de quelques oscillateurs.

2.1. - Un cylindre d'axe vertical et de rayon r, de poids mg , flotte dans un liquide de masse volumique μ . On l'écarte de sa position d'équilibre et on admet qu'il ne peut osciller que verticalement suivant son axe.

— Calculer la période de ses oscillations en fonction de m, μ, r et g accélération de la pesanteur. On néglige les frottements.

2.2. - Un liquide dans un tube en U de section s constante, occupe un volume V = s . l . On l'écarte de sa position d'équilibre. On néglige les frottements. Les surfaces libres du liquide restent horizontales au cours des oscillations. Trouver sa période d'oscillation en fonction de l et g .

2.3. - Un point de masse m se déplace sans frottement dans un plan vertical sur une arche de cyloïde d'équations paramétriques :

$$x = b\,(u - \sin u)$$
$$y = b\,(1 - \cos u) \qquad \text{avec } 0 \leq u \leq 2\pi$$

On prendra l'axe Ox horizontal et l'axe Oy vertical descendant.

2.3. a) - Représenter l'allure de la courbe sur laquelle se déplace le point matériel en mettant les coordonnées de quelques points particuliers.

2.3. b) - La masse est lâchée sans vitesse initiale du point O . L'origine de l'énergie potentielle sera prise au point le plus bas de la trajectoire. Donner l'expression de l'énergie totale de la particule sur la trajectoire.

2.3. c) - Exprimer la période des oscillations en fonction de b et g .

III - Un point m se déplaçant suivant un axe Ox horizontal est soumis en plus d'une force de rappel de mesure algébrique – kx à une force de frottement fluide de mesure algébrique $-\lambda \dfrac{dx}{dt}$; k et λ étant des constantes.

3.1. - Ecrire l'équation différentielle vérifiée par l'élongation x de cet oscillateur.

3.2. - On posera $\alpha = \dfrac{\lambda}{2m}$ et $\omega_0^2 = \dfrac{k}{m}$. Donner en fonction de ces paramètres la forme des solutions de l'équation différentielle précédente.

3.3. - On donne $\begin{cases} \alpha = 1 \\ \omega_0^2 = 5 \end{cases}$ en unités du S.I.

Donner l'expression de x si à l'instant initial t = 0 $\begin{cases} x = 5\ m \\ \dfrac{dx}{dt} = -3\ m.s^{-1} \end{cases}$

IV - On considère un oscillateur linéaire amorti comme au III, soumis en plus à une force extérieure $F(t) = F_1 \cos \omega_1 t$, ou en notation complexe $\underline{F(t)} = F_1 e^{j\omega_1 t}$, ω_1 désignant la puisation et $j^2 = -1$.

4.1. - Cet oscillateur vérifie l'équation :

$$m \frac{d^2z}{dt^2} + \lambda \frac{dz}{dt} + kz = \underline{F(t)},$$

z désigne l'élongation complexe. Chercher une solution particulière de la forme

$z = a_1 e^{j(\omega_1 t - \theta_1)}$, a_1 et θ_1 réels, $a_1 > 0$. Déterminer l'expression de a_1 en fonction

de F_1, m, ω_1, α et ω_0 (On rappelle que $\omega_0^2 = \frac{k}{m}$ et $\alpha = \frac{\lambda}{2m}$).

4.2.a) - Fixons α et ω_0, a_1 est alors considéré comme fonction de la seule variable ω_1. Donner en fonction de ω_0 et α la valeur de ω_1 pour que a_1 soit maximum.

4.2.b) - On considère que seul ω_1 est variable. Tracer l'allure de la courbe $a_1(\omega_1)$; déterminer en particulier la ou les valeurs de ω_1 pour lesquelles l'amplitude maximum de a_1 est divisée par $\sqrt{2}$. Que deviennent ces valeurs de ω_1 si α est faible devant ω_0 ?

4.3. - Dans cette question on utilisera la partie réelle de la solution particulière z(t) (Il n'y a pas lieu de tenir compte du régime transitoire).

Quel est le travail fourni par unité de temps par la force extérieure F(t). Donner l'expression de sa valeur moyenne sur une période en fonction de m, α, ω_1 et a_1. Montrer que ce travail compense exactement sur une période celui de la force de frottement fluide.

4.4. - Donner l'expression de la valeur moyenne de l'énergie totale de l'oscillateur sur une période.

CHIMIE

Sujet n° 1 :

A)

1) D' après la loi de Le Châtelier, la réaction évolue dans le sens de l'augmentation du nombre de moles gazeuses, donc dans le sens 1.

2) Les pressions partielles des trois gaz sont telles que :

$$\begin{cases} P(H_2) + P(NH_3) + P(N_2) = P \\ P(NH_3) = 5.10^{-2} P \\ P(H_2) = 3\,P(N_2) \end{cases} \Longrightarrow \quad P(H_2) = \frac{3}{4}\,0{,}95\,P \quad \text{et} \quad P(N_2) = \frac{1}{4}\,0{,}95\,P$$

$$K_p = \frac{P(N_2)\,P(H_2)^3}{P(NH_3)^2} = \left(\frac{0{,}95}{4}\right)^4 \frac{3^3}{(5.10^{-2})^2}\,P^2 \Longrightarrow P = \sqrt{\frac{K_P}{27}}\;5.10^{-2}\left(\frac{4}{0{,}95}\right)^2$$

$$\Longrightarrow \boxed{P = 13{,}31\ \text{atm}}$$

B)

1) La solution A est une solution de base faible peu diluée :

$$pOH = \frac{1}{2}\left(pK_B + pC\right) = 2{,}85 \Longrightarrow \boxed{pH = 11{,}15}$$

La solution B est un mélange de base faible et d' acide fort à la demi-équivalence :

$$pOH = pK_B = 4{,}7 \Longrightarrow \boxed{pH = 9{,}3}$$

La solution C est celle d' un sel d' acide fort et de base faible

$$pH = 7 - \frac{1}{2}\left(pK_B - pC\right) \Longrightarrow \boxed{pH = 5{,}15}$$

2) La dilution ne modifie pas le pH de la solution qui demeure un mélange à la demi-équivalence :

$$\boxed{pH = 9{,}3}$$

C)

1) La réaction est : $\underline{AgBr}_{\searrow} \rightleftharpoons Ag^+ + Br^-$

$$\left.\begin{aligned} K_s &= [Ag^+][Br^-] \\ [Ag^+] &= [Br^-] = 10^{-6} M \end{aligned}\right\} \Longrightarrow \boxed{K_s = 10^{-12}}$$

2) Le bromure d' argent étant très peu soluble dans l' eau, on peut prévoir que le volume v ajouté est négligeable devant le volume initial V. Il n' y a donc pas de dilution des ions bromures :

$$[Br^-] = 10^{-2}\ M$$

A la précipitation : $[Ag^+] = \dfrac{K_s}{[Br^-]} = 10^{-10}\ M = \dfrac{10^{-2} v}{V}$

$$\Longrightarrow v = 10^{-8}\ V \Longrightarrow \boxed{v = 10^{-7}\ l}$$

D) Deux réactions se produisent simultanément :

$$Ag^+ + 2NH_3 \rightleftharpoons Ag(NH_3)_2^+ \qquad K_2 = \frac{[Ag^+][NH_3]^2}{[Ag(NH_3)_2^+]}$$

$$Ag^+ + Br^- \rightleftharpoons \underline{AgBr}_{\searrow} \qquad K_s = [Ag^+][Br^-]$$

Le complexe étant stable, presque tous les ions Ag^+ sont complexés. D'autre part, la concentration en complexe (comme celle en Br^-) est sans doute faible devant la concentration initiale en NH_3, de une mole par litre :

$[Br^-] = [Ag(NH_3)_2^+]$

$[NH_3] \simeq 1\ mol\,l^{-1}$

$\frac{K_s}{K_2} = \frac{[Br^-]^2}{[NH_3]^2} \Longrightarrow [Br^-] = \sqrt{\frac{K_s}{K_2}} = 4{,}1.10^{-3}\ M \quad (\ll 1)$

$\Longrightarrow s = 188 \times 4{,}1.10^{-3} \Longrightarrow \boxed{s = 0{,}77\,g\,l^{-1}}$

Sujet n° 2

A)

1) Ces composés possèdent une activité optique s'ils comptent au moins un carbone asymétrique (noté C*)

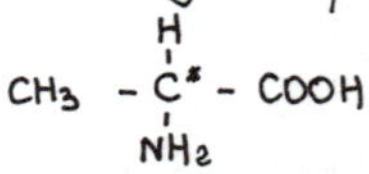

optiquement actif

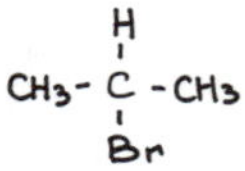

optiquement inactif

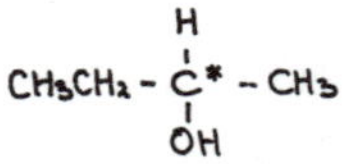

optiquement actif

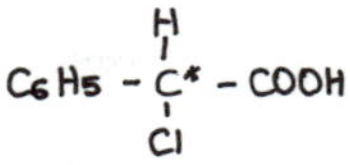

optiquement actif

2) Donnons la représentation de Newman de ces composés, en masquant l'atome d'hydrogène, toujours dernier selon les règles de priorité.

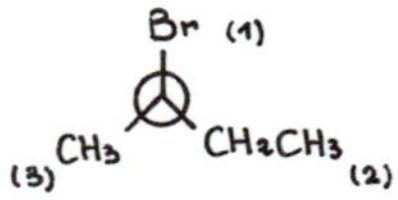

R (Rectus)

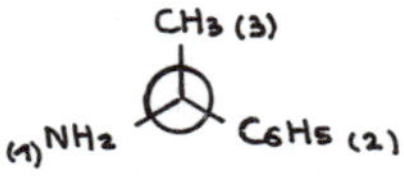

S (Sinister)

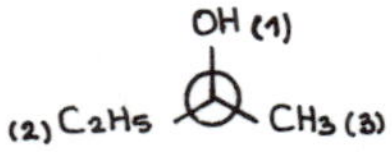

S

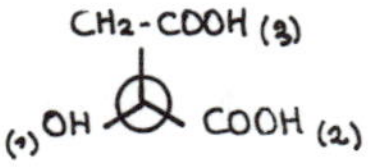

S

3) Ce composé est le <u>butane-diol 2.3</u>

Il possède deux carbones asymétriques. On peut donc prévoir quatre diastéréosimères : mais en fait deux d'entre eux sont identiques (isomère méso)

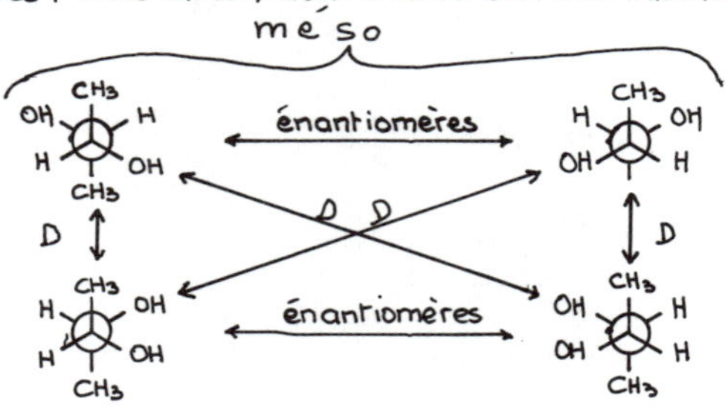

D = diastéréoisomères

B)

1) On constate que dans les molécules A et B, les carbones α (qui portent le brome) sont primaires et dans C, le carbone α est secondaire. La vitesse v_A

étant supérieure à v_c, on en déduit que le mécanisme est une S_{N2}, plus favorable aux C_α moins encombrés, du fait de la formation d'un complexe intermédiaire pentacoordiné.

2) Dans S_{N2}, l'attaque du nucléophile a lieu alors que le Brome n'est pas encore parti. On observe un renversement de la molécule (renversement de Walden)

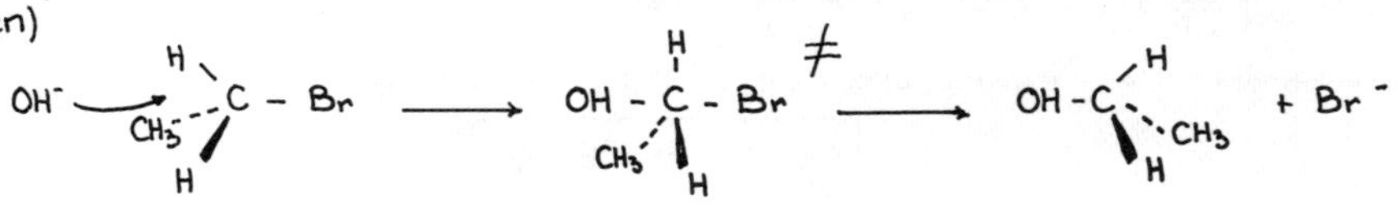

Les composés obtenus sont :

A : éthanol 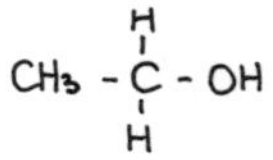

B : propanol-1 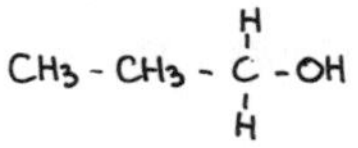

C : propanol-2 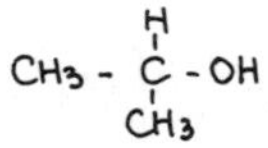

3) Les alcènes s'obtiennent par une élimination E_2. Il y a attaque concertée du nucléophile sur un carbone β, c'est-à-dire un carbone voisin du carbone α. On remarque que dans la molécule C, il existe deux C_β mais ils jouent exactement le même rôle. On n'obtiendra donc dans chacun des trois cas qu'un seul alcène.

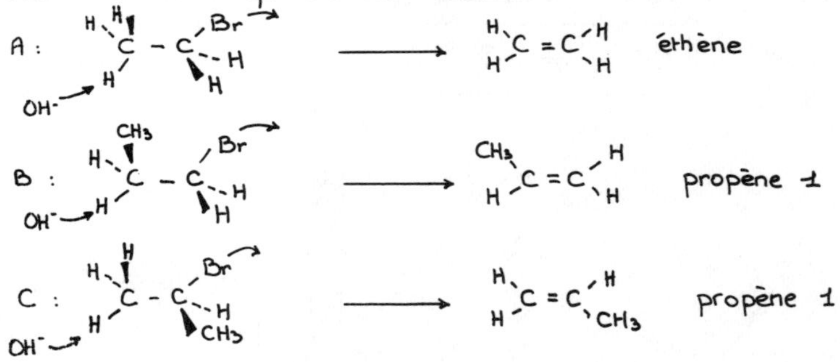

4) Un chauffage favoriserait l'élimination au détriment de la substitution.

5) La liaison C-X qui doit être rompue au cours de la réaction est plus forte dans le cas du chlore que dans celui du brome car le chlore est plus électronégatif. La rupture est donc plus lente dans le cas des dérivés chlorés que dans celui des dérivés bromés.

Physique

Sujet n° 1

1) Loi de Joule

On sait que la différentielle d'entropie pour un gaz parfait est :

$$dS = C_v \frac{dT}{T} + R\frac{dV}{V} \quad (1)$$

D'après l'identité thermodynamique :

$$dU = TdS - PdV \Longrightarrow dS = \frac{1}{T}dU + \frac{P}{T}dV = \frac{1}{T}dU + R\frac{dV}{V}$$

$$\Longrightarrow dS = \frac{1}{T}\left(\frac{\partial U}{\partial T}dT + \frac{\partial U}{\partial V}dV\right) + R\frac{dV}{V} \quad (2)$$

En comparant les expressions (1) et (2), on voit que :

$$\boxed{\frac{\partial U}{\partial T} = C_v \quad \text{et} \quad \frac{\partial U}{\partial V} = 0}$$

2) Fonctionnement d'une machine frigorifique

1)

a) La variation d'énergie interne du fluide et celle de son entropie, au cours d'un cycle, sont nulles :

$$\left.\begin{array}{l}\Delta U = W + Q_1 + Q_2 = 0 \\ \Delta S = \dfrac{Q_1}{T_1} + \dfrac{Q_2}{T_2} = 0\end{array}\right\} \Longrightarrow Q_2 = -\frac{T_2}{T_1}Q_1 \quad \text{et} \quad \boxed{W = -Q_1\left(1 - \frac{T_2}{T_1}\right)}$$

Pour abaisser T_2 au zéro absolu, Q_2 n'étant pas nulle, Q_1 doit tendre vers l'infini et W aussi, ce qui est impossible.

b) L'efficacité du cycle est le rapport de la chaleur qu'on peut extraire de la source froide au travail nécessaire :

$$\eta = \frac{Q_2}{W} = \frac{\dfrac{T_2}{T_1}}{1 - \dfrac{T_2}{T_1}} \Longrightarrow \boxed{\eta = \frac{T_2}{T_1 - T_2} = 10{,}72}$$

2)

a)

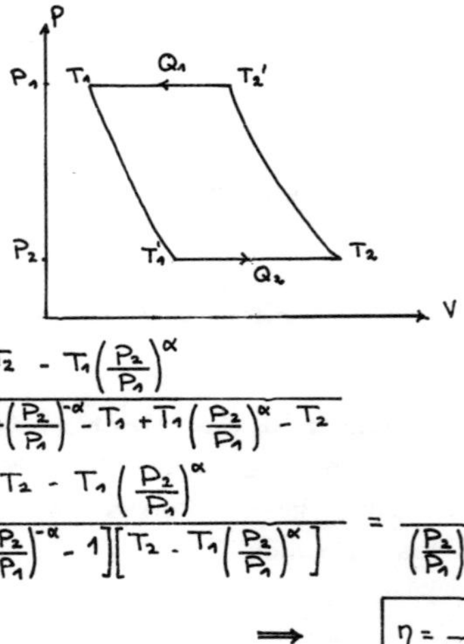

$$\eta = \frac{Q_2}{W} = \frac{Q_2}{-Q_1 - Q_2}$$

$$\left.\begin{array}{l}Q_1 = C_p(T_1 - T_2') \\ Q_2 = C_p(T_2 - T_1') \\ \dfrac{T_1'}{T_1} = \dfrac{T_2}{T_2'} = \left(\dfrac{P_2}{P_1}\right)^{\frac{\gamma-1}{\gamma}}\end{array}\right\} \Rightarrow \eta = \frac{T_2 - T_1'}{T_2' - T_1 + T_1' - T_2}$$

$$\Longrightarrow \eta = \frac{T_2 - T_1\left(\frac{P_2}{P_1}\right)^{\alpha}}{T_2\left(\frac{P_2}{P_1}\right)^{-\alpha} - T_1 + T_1\left(\frac{P_2}{P_1}\right)^{\alpha} - T_2} \quad \text{en posant} \quad \alpha = \frac{\gamma - 1}{\gamma}$$

$$= \frac{T_2 - T_1\left(\frac{P_2}{P_1}\right)^{\alpha}}{\left[\left(\frac{P_2}{P_1}\right)^{-\alpha} - 1\right]\left[T_2 - T_1\left(\frac{P_2}{P_1}\right)^{\alpha}\right]} = \frac{1}{\left(\frac{P_2}{P_1}\right)^{-\alpha} - 1} = \frac{1}{\frac{T_2'}{T_2} - 1}$$

$$\Longrightarrow \boxed{\eta = \frac{T_2}{T_2' - T_2} = 4{,}32}$$

Comme on pouvait s'y attendre, cette efficacité est plus faible que celle du cycle réversible.

b) La variation d'entropie totale au cours du cycle est nulle :

$\Delta S_1 = C_p \ln \frac{T_1}{T_2'}$ $\Longrightarrow$ $\boxed{\Delta S_1 = -3{,}45\ JK^{-1}}$

(2) et (4) sont des adiabatiques réversibles $\Big\}$ $\Longrightarrow$ $\boxed{\Delta S_2 = \Delta S_4 = 0}$

$\Delta S_3 = -\Delta S_1$ $\Longrightarrow$ $\boxed{\Delta S_3 = 3{,}45\ JK^{-1}}$

3) Etude de la compression adiabatique d'un gaz parfait :

1)

a) D'après le premier principe :

$W_1 = \Delta U_1 = C_v(T_F - T_0)$ $\Longrightarrow$ $\boxed{W_1 = C_v T_0 \left[\left(\frac{P_F}{P_0}\right)^{\alpha} - 1\right]}$

$W_1' = \Delta U_1' = C_v(T_F' - T_0')$ $\Longrightarrow$ $\boxed{W_1' = C_v T_0' \left[\left(\frac{P_F}{P_0}\right)^{\alpha} - 1\right]}$

b) La compression d'état initial T_0 a demandé moins de travail que l'autre

2)

a)

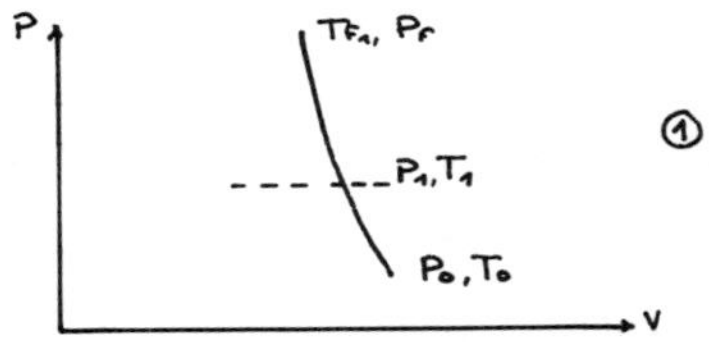

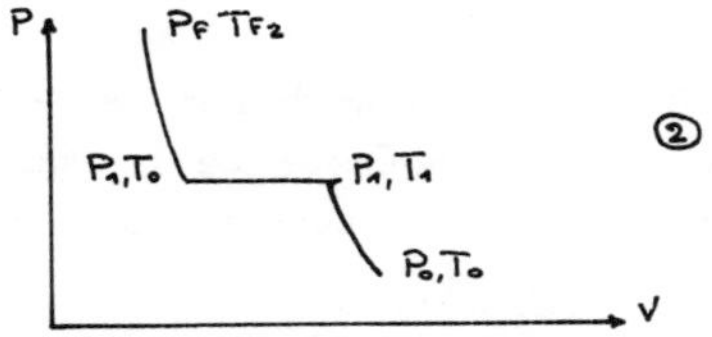

Les deux transformations en question ont une étape commune qui nécessite le même travail W :

$P_0, T_0 \longrightarrow P_1, T_1$

La deuxième étape diffère. Dans le processus ①, c'est :

$P_1, T_1 \longrightarrow P_F, T_{F1}$ de travail W_1'

Dans le processus ②, la deuxième étape, dont l'état initial a une température T_0 inférieure à T_1, est :

$P_1, T_0 \longrightarrow P_F, T_{F2}$ de travail W_2'

D'après la question 3) 1), le travail W_2' est inférieur à W_1' donc :

$$\boxed{W_2 < W_1}$$

b) $W_2 = C_v(T_1 - T_0) + C_v(T_{F2} - T_0)$.

$$\Longrightarrow \boxed{W_2 = C_v T_0 \left[\left(\frac{P_F}{P_1}\right)^{\alpha} + \left(\frac{P_1}{P_0}\right)^{\alpha} - 2\right]}$$

c) $\frac{W_1}{W_2}$ est maximal lorsque W_2 est minimal :

$$\frac{dW_2}{dP_1} = C_v T_0 \alpha \left[-\frac{P_F^{\alpha}}{P_1^{\alpha+1}} + \frac{P_1^{\alpha-1}}{P_0^{\alpha}} \right] = 0 \Longrightarrow P_1 = \sqrt{P_0 P_F}$$

$$\Longrightarrow W_{2min} = 2 C_v T_0 \left[\left(\frac{P_F}{P_0}\right)^{\frac{\alpha}{2}} - 1\right]$$

$$\Longrightarrow \qquad \boxed{\left(\frac{W_1}{W_2}\right)_{max} = \frac{\left(\frac{P_f}{P_0}\right)^{\alpha} - 1}{2\left[\left(\frac{P_f}{P_0}\right)^{\alpha/2} - 1\right]}}$$

3)

a) $$K = \frac{\frac{B}{A} - 1}{\frac{B}{X} + \frac{X}{A} - 2} \Longrightarrow \boxed{\frac{K}{A}X^2 - \left(2K + \frac{B}{A} - 1\right) + KB = 0}$$

b) D'après les données numériques :

$A = 1 \qquad B = 625^{2/7} = 6,29 \qquad K = 1,3 \qquad \Longrightarrow \quad 1,3X^2 - 7,89X + 8,18 = 0$

Cette équation possède deux solutions :

$X = 4,74 \qquad \Longrightarrow \qquad \boxed{P_1 = 232,27 \text{ atm}}$

$X' = 1,33 \qquad \Longrightarrow \qquad \boxed{P_1' = 2,69 \text{ atm}}$

Sujet n° 2

1) Répartitions de potentiel électrostatique

1)

a) Dans toute distribution de sources possédant la symétrie sphérique, tout se passe à l'extérieur de la sphère chargée comme si toute la charge était rassemblée au centre. Le potentiel étant continu, à la surface :

$$\boxed{V_0 = \frac{Q}{4\pi\varepsilon_0}\,\frac{1}{R_0}}$$

b) En tout point extérieur :

$$V(r) = \frac{Q}{4\pi\varepsilon_0}\,\frac{1}{r} \qquad \Longrightarrow \qquad \boxed{V(r) = V_0\,\frac{R_0}{r}}$$

2)

a) $$\boxed{V(M) = \frac{1}{4\pi\varepsilon_0}\left(\frac{q_1}{r_1} - \frac{q_2}{r_2}\right)}$$

$V(M) = 0 \qquad$ si $\qquad \boxed{\frac{r_1}{r_2} = \frac{q_1}{q_2} = k}$

b) On peut déterminer d et R en calculant le rapport $\frac{r_1}{r_2}$ aux deux points d'intersection de la sphère avec l'axe (Ox) :

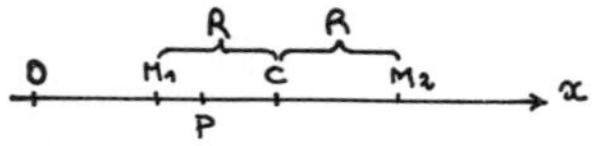

M_1 : $r_1 = D + d - R \qquad r_2 = R - d$

M_2 : $r_1 = D + d + R \qquad r_2 = R + d$

$$\frac{D+d-R}{R-d} = \frac{D+d+R}{R+d} = k \qquad \Longrightarrow \qquad \boxed{R = \frac{kD}{k^2-1}}$$

$$\Longrightarrow \qquad \boxed{d = \frac{D}{k^2-1}}$$

c) Dans le cas où $q_1 = q_2$, on a affaire à un dipôle. L'équipotentielle 0 est le plan médiateur de OP. On trouve en effet R infini et d infini, ce qui correspond bien à un plan.

2)

1)

a) En calculant pour n=1 et n=2 la résistance vue entre A et B, on trouve :

$$R_1 = \frac{R'}{2} + R \qquad \text{et} \qquad R_2 = R + \frac{R'\left(R + \frac{R'}{2}\right)}{R + \frac{3}{2}R'}$$

$R_1 = R_2 \implies$ $\boxed{R' = 2R}$ et $\boxed{R_1 = R_2 = 2R}$

b) En ajoutant une cellule, on obtient une résistance R_3 :

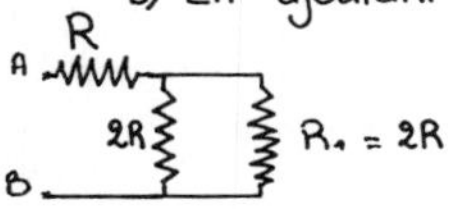

$R_3 = 2R$

Il est évident que si $R' = 2R$, la résistance vue entre A et B est 2R, quelque soit le nombre de cellules.

c) On peut déduire V_n de V_{n-1}. Le montage est un diviseur de tension :

$$V_n = \frac{\frac{R'}{2}}{R + \frac{R'}{2}} V_{n-1} = \frac{V_{n-1}}{2}$$

Par récurrence, on obtient : $\boxed{V_n = V_0 (2)^{-n}}$

2)

a) Le potentiel de l'entrée inverseuse étant nul puisque l'amplificateur fonctionne dans son domaine linéaire, le courant d'entrée est :

$$I_e = \frac{V_e}{R_1}$$

Aucun courant n'entre dans l'amplificateur, donc :

$$V_s = -R_2 I_e = -\frac{R_2}{R_1} V_e$$

Le gain est donc : $\boxed{G = -\frac{R_2}{R_1}}$

On a affaire à un amplificateur inverseur.

b) La résistance d'entrée est :

$$R_e = \frac{V_e}{I_e} \implies \boxed{R_e = R_1}$$

3)

a) La résistance équivalente du générateur de Thévenin se calcule de façon analogue à celle du 2)1).

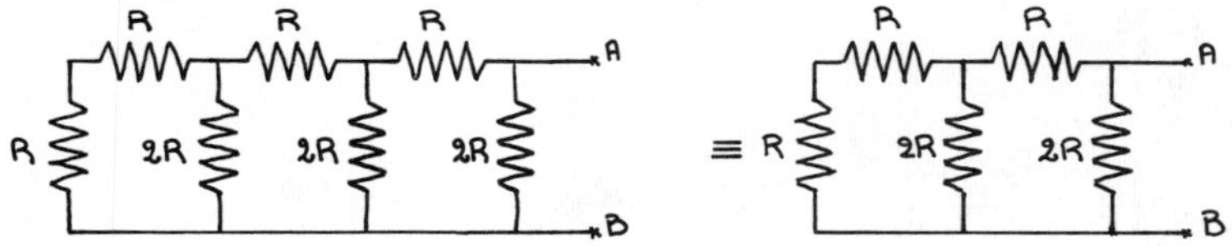

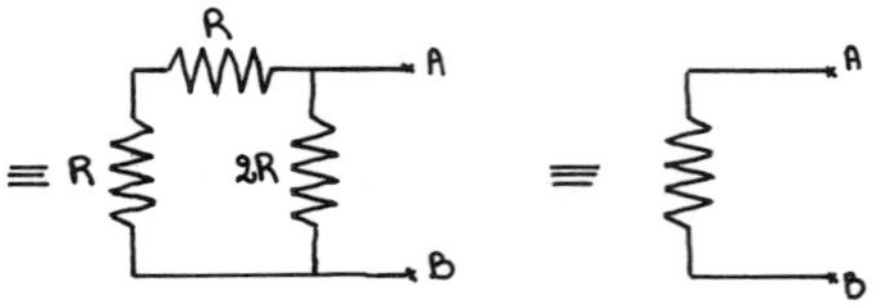

$\Longrightarrow$ $R_{Th} = R$

La fem se calcule par transformations successives et alternées de générateurs de Thévenin en générateurs de Norton.

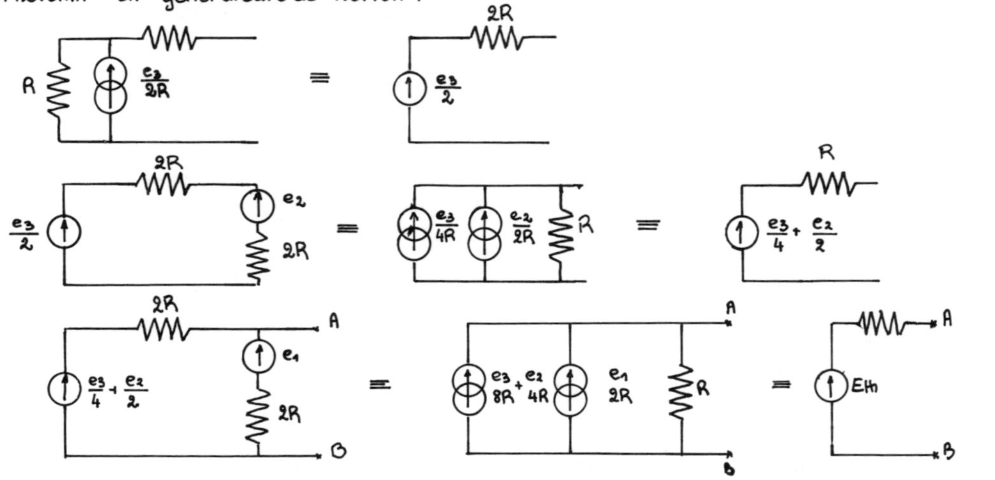

$$\Longrightarrow \quad E_{Th} = \frac{e_3}{8} + \frac{e_2}{4} + \frac{e_1}{2}$$

b) Le montage équivalent est le suivant :

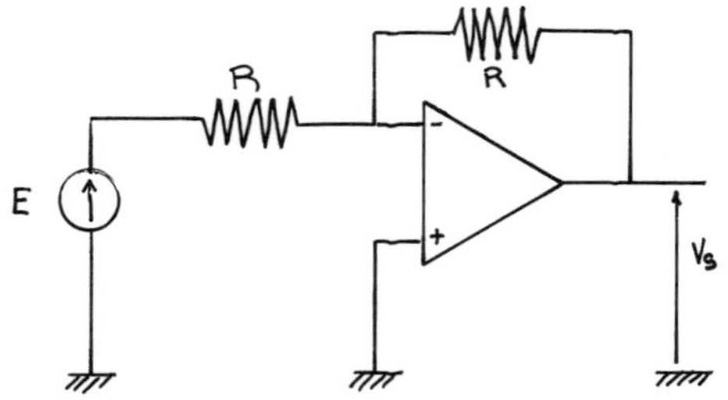

$V_S = -E$

$$\Longrightarrow \quad V_S = -\frac{1}{2}\left(e_1 + \frac{e_2}{2} + \frac{e_3}{4}\right)$$

3)

1)

a) $\underline{z}$ est l'impédance itérative du circuit :

$$\underline{Z_{AB}} = \underline{Z_L} + \frac{(\underline{Z_L} + \underline{z})\,\underline{Z_C}}{\underline{Z_L} + \underline{z} + \underline{Z_C}}$$

$$= j\frac{L\omega}{2} + \frac{\underline{z} + j\frac{L\omega}{2}}{1 + jC\omega\left(j\frac{L\omega}{2} + \underline{z}\right)}$$

$$\underline{Z_{AB}} = \underline{z} \quad \Longrightarrow \quad \left(\underline{z} - j\frac{L\omega}{2}\right)\left(1 - \frac{LC\omega^2}{2} + jC\omega\underline{z}\right) = \underline{z} + j\frac{L\omega}{2}$$

$$\Longrightarrow \quad \underline{z}^2 = \frac{L}{4C}\left(4 - LC\omega^2\right)$$

b) z est réel si $\underline{z}^2$ est positif, soit :

$$\boxed{\omega < \frac{2}{\sqrt{LC}}}$$

$\underline{z}$ est imaginaire pur si $\underline{z}^2$ est négatif, soit :

$$\boxed{\omega > \frac{2}{\sqrt{LC}}}$$

2) Le courant d'entrée est $\underline{I} = \frac{\underline{U_0}}{\underline{z}}$. Donc la tension aux bornes de C

est : $\underline{U'} = \underline{U_0} - j\frac{L\omega}{2}\underline{I} = \underline{U_0}\left(1 - \frac{jL\omega}{2\underline{z}}\right)$

$$\underline{U_1} = \frac{\underline{z}}{\underline{z} + j\frac{L\omega}{2}}\underline{U'}$$

$$= \underline{U_0}\frac{\underline{z} - j\frac{L\omega}{2}}{\underline{z} + j\frac{L\omega}{2}} \implies \boxed{\underline{\mathcal{H}} = \frac{\underline{z} - j\frac{L\omega}{2}}{\underline{z} + j\frac{L\omega}{2}}}$$

a) si $\underline{z}$ est réel, le numérateur et le dénominateur sont complexes conjugués :

$$\boxed{\begin{array}{l} G = 1 \\ \varphi = -2\text{Arctan}\frac{L\omega}{2z} \end{array}}$$

b) si $\underline{z}$ est une inductance L' :

$$\mathcal{H} = \frac{L' - \frac{L}{2}}{L' + \frac{L}{2}} \implies \boxed{G = \frac{|2L' - L|}{2L' + L}}$$

et $\boxed{\varphi = 0}$ si $L' > \frac{L}{2}$ et $\boxed{\varphi = \pi}$ si $L' < \frac{L}{2}$

Sujet n° 3 :

I)

1) L'équation différentielle du mouvement de la masse est :

$$m\ddot{x} = -kx \implies \boxed{\ddot{x} + \frac{k}{m}x = 0}$$

La solution est sinusoïdale, de pulsation $\omega = \sqrt{\frac{k}{m}}$, donc de période :

$$T = \frac{2\pi}{\omega} \implies \boxed{T = 2\pi\sqrt{\frac{m}{k}}}$$

A.N : $\underline{T = \pi\ s} = \underline{3{,}14\ s}$

2) La solution générale peut se mettre sous la forme :

$x = A\cos\omega t + B\sin\omega t \implies \dot{x} = -A\omega\sin\omega t + B\omega\cos\omega t$

A $t = 0$: . $x = A = x_0 = -3\,m$.

. $\dot{x} = B\omega = 8\,ms^{-1} \implies B = 4\,m$

Soit :

$$x = -3\cos\omega t + 4\sin\omega t$$

x s'annule pour la première fois à t_1 :

$\tan\omega t_1 = \dfrac{3}{4}$ $\Longrightarrow$ $t_1 = \dfrac{1}{\omega}\text{Arctan}\,\dfrac{3}{4}$

A.N. : $t_1 = 0{,}32$ s

x s'annule pour la première fois un quart de période plus tard, soit :

$$t_2 = t_1 + \frac{\pi}{4}$$

A.N. : $t_2 = 1{,}11$ s

3) La force de rappel dérive du potentiel Epot :

$-kx = -\dfrac{dE_{pot}}{dt}$ $\Longrightarrow$ $E_{pot} = \dfrac{1}{2}kx^2$

L' énergie totale est la somme de l' énergie cinétique et de l' énergie potentielle de la masse :

$$E = \frac{1}{2}kx^2 + \frac{1}{2}mv^2$$

La seule force appliquée au système étant conservative, cette énergie est constante. On peut la calculer à l'instant initial ou à l'instant t_2 où l'élongation est maximale (x_M) :

$$E = \frac{1}{2}kx_0^2 + \frac{1}{2}m\dot{x}_0^2$$
$$= \frac{1}{2}m\left(\omega^2 x_0^2 + \dot{x}_0^2\right) = \frac{1}{2}m\omega^2 x_n^2$$

4) Ces valeurs moyennes sont :

$$\langle E_{pot}\rangle = \frac{1}{T}\int_0^T \frac{1}{2}kx^2\,dt = \frac{1}{T}\frac{k}{2}\int_0^T \left(A^2\cos^2\omega t + B^2\sin^2\omega t + 2AB\sin\omega t\cos\omega t\right)dt$$
$$= \frac{k}{2T}\left(A^2\frac{T}{2} + B^2\frac{T}{2}\right) = \frac{k}{4}\left(A^2 + B^2\right)$$

$$\Longrightarrow \quad \langle E_{pot}\rangle = \frac{15}{4}k$$

$$\langle E_c\rangle = \frac{1}{T}\int_0^T \frac{1}{2}mv^2\,dt = \frac{m}{2T}\int_0^T \left(A^2\omega^2\sin^2\omega t + B^2\omega^2\cos^2\omega t - 2AB\omega^2\cos\omega t\sin\omega t\right)dt$$
$$= \frac{m\omega^2}{2T}\left(A^2\frac{T}{2} + B^2\frac{T}{2}\right) = \frac{m\omega^2}{4}\left(A^2 + B^2\right)$$

$$\Longrightarrow \quad \langle E_c\rangle = \frac{15}{4}k$$

Les valeurs moyennes de l' énergie potentielle et de l' énergie cinétique sont égales.

II)

1)

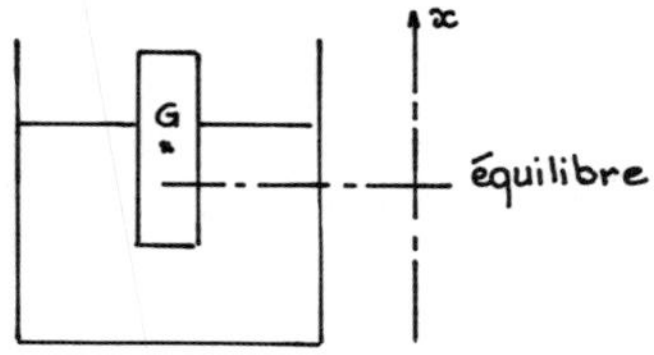

Dans la position d'équilibre, la force d'Archimède est exactement opposée au poids du cylindre :

$$mg = \mu V_0 g = \mu S h_0 g$$

Lorsque le cylindre est déplacé de x par rapport à cette position :

$$m\ddot{x} = -mg + \mu g S(h_0 - x) = -\mu g S x$$

Il oscille donc sinusoïdalement avec la pulsation :

$$\omega = \sqrt{\frac{\mu g \pi r^2}{m}} \implies \boxed{T = \frac{2}{r}\sqrt{\frac{\pi m}{\mu g}}}$$

2)

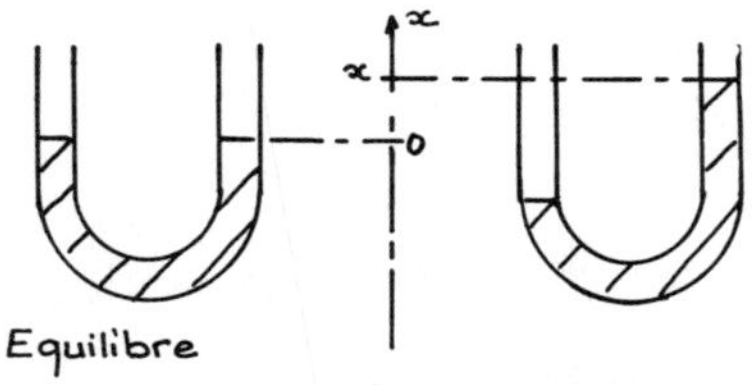

Lorsque le niveau dans la colonne de droite s'est élevé de x, l'énergie potentielle du système a varié de :

$$\Delta E_p = E_p - E_{p0} = mgx$$

m étant la masse d'une hauteur x de liquide ; en effet, tout se passe comme si cette masse m avait été transportée de la colonne de gauche à la colonne de droite, s'élevant ainsi de x.

$$m = M\frac{x}{\ell} \implies E_p - E_{p0} = \frac{Mg}{\ell}x^2 = E_p \quad \text{en prenant } E_{p0} = 0$$

Appliquons le théorème de l'énergie mécanique :

$$E = \frac{1}{2}Mv^2 + E_p = \text{cte} \implies Mv\frac{dv}{dt} + \frac{2Mg}{\ell}xv = 0$$

$$\implies \frac{dv}{dt} = -\frac{2g}{\ell}x$$

La colonne de liquide oscille sinusoïdalement à la période :

$$\boxed{T = 2\pi\sqrt{\frac{\ell}{2g}}}$$

3)

a) La cycloïde a l'allure suivante :

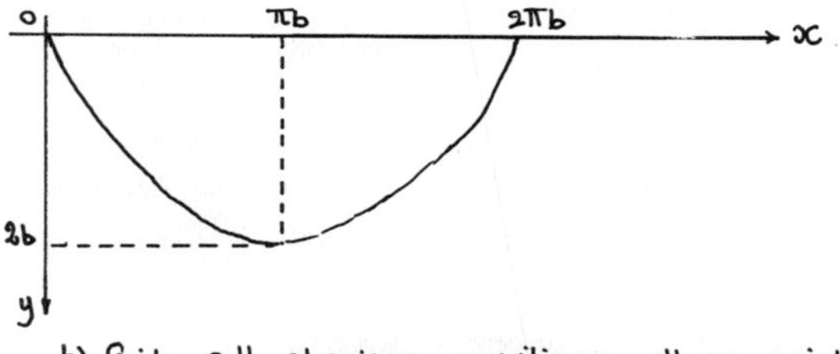

b) Soit s l'abscisse curviligne d'un point M de la trajectoire :

$$ds^2 = dx^2 + dy^2 = b^2(1 + \cos^2 u - 2\cos u + \sin^2 u)(du)^2 = 2b^2(1 - \cos u)(du)^2$$

$$= 4b^2 \sin^2\frac{u}{2}(du)^2$$

$$(-\omega_1^2 + 2j\alpha\omega_1 + \omega_0^2)\, a_1 e^{-j\theta_1} = \frac{F_1}{m}$$

$$\Longrightarrow \quad \boxed{a_1 = \frac{F_1}{m\sqrt{(\omega_0^2-\omega_1^2)^2+4\alpha^2\omega_1^2}}}$$

2)

a) Posons $A = (\omega_0^2-\omega_1^2)^2 + 4\alpha^2\omega_1^2$. a_1 est maximal lorsque A est minimal :

$\frac{dA}{d\omega_1} = 2\omega_1\left[-2(\omega_0^2-\omega_1^2) + 4\alpha^2\right]$; $\frac{dA}{dw} = 0$ deux valeurs de ω_1 :

$\omega_1 = 0$ et $\omega_1^2 = \omega_0^2 - 2\alpha^2$

La deuxième valeur n'existe que si $\alpha^2 < \frac{\omega_0^2}{2}$. Si l'on prend les mêmes valeurs qu'en III) 3), cette condition est respectée. Alors, la valeur $\omega_1 = 0$ correspond à un minimum local de a_1 et ω_{1M} à un maximum :

$$\boxed{\omega_{1M} = \sqrt{\omega_0^2 - 2\alpha^2}}$$

b)

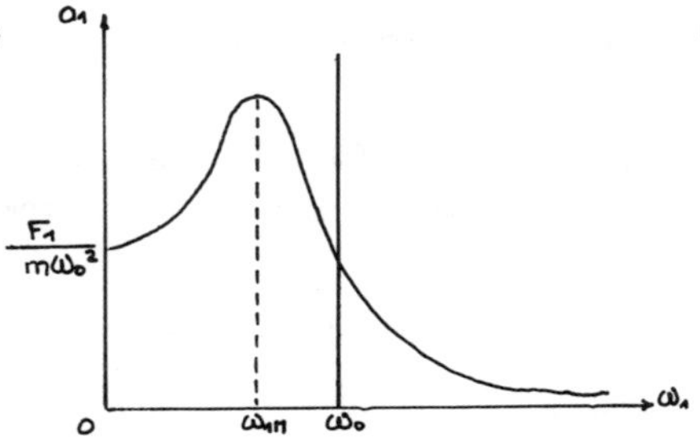

La valeur maximale de a_1 est :

$$a_{1M} = \frac{F_1}{2m\alpha\sqrt{\omega_0^2-\alpha^2}}$$

Appelons ω_c la fréquence à laquelle a_{1M} est divisée par $\sqrt{2}$:

$$a_1 = \frac{F_1}{2\sqrt{2}\, m\alpha\sqrt{\omega_0^2-\alpha^2}} = \frac{F_1}{m\sqrt{(\omega_0^2-\omega_c^2)^2+4\alpha^2\omega_c^2}}$$

$$\Longrightarrow \quad (\omega_0^2-\omega_c^2)^2 + 4\alpha^2\omega_c^2 = 8\alpha^2(\omega_0^2-\alpha^2)$$

$$\Longrightarrow \quad \omega_c^4 + (4\alpha^2 - 2\omega_0^2)\omega_c^2 + \omega_0^4 - 8\alpha^2\omega_0^2 + 8\alpha^4 = 0$$

$$\Delta' = (2\alpha^2-\omega_0^2)^2 - (\omega_0^4 - 8\alpha^2\omega_0^2 + 8\alpha^4) = 4\alpha^2(\omega_0^2-\alpha^2)$$

Si ω_{1M} existe, Δ' est positif. Il existe au moins une solution positive à l'équation :

$$\boxed{\omega_c^2 = \omega_0^2 - 2\alpha^2 \pm 2\alpha\sqrt{\omega_0^2-\alpha^2}}$$

Il existe donc toujours au moins une fréquence ω_c supérieure à ω_{1M}, telle que $a_1 = \frac{a_{1M}}{\sqrt{2}}$

Dans le cas numérique du III)3) c'est la seule solution car le minimum local $\left(\omega_1 = 0 \quad a_1 = \frac{F_1}{m\omega_0^2}\right)$ est supérieur à $\frac{a_{1M}}{\sqrt{2}}$; $\omega_c = \sqrt{7}$ rads^{-1}

Si α est très petit devant ω_0, les deux solutions existent :

$$\omega_c^2 \simeq \omega_0^2 \pm 2\alpha\omega_0 = \omega_0^2\left(1 \pm \frac{2\alpha}{\omega_0}\right)$$

$$\Longrightarrow \quad \boxed{\omega_c = \omega_0\left(1 \pm \frac{\alpha}{\omega_0}\right)}$$

$\Longrightarrow \quad ds = 2b \sin\frac{u}{2}\,du \qquad (0 < u < 2\pi \Rightarrow \sin\frac{u}{2} > 0)$.

$\Longrightarrow \quad s = 4b(1 - \cos\frac{u}{2})$

$E_c = \frac{1}{2}m\dot{s}^2 \quad$ et $\quad E_p = 2mgb - mgy = mg(2 - (1 - \cos u))$

$E_p = 2mgb - mg2b\sin^2\frac{u}{2} = 2mgb\cos^2\frac{u}{2}$

$\cos\frac{u}{2} = 1 - \frac{s}{4b} \quad \Longrightarrow \quad E_p = 2mgb\left(1 - \frac{s}{4b}\right)^2$

$$\Longrightarrow \quad \boxed{E = \frac{1}{2}m\dot{s}^2 + 2mgb\left(1 - \frac{s}{4b}\right)^2}$$

c) Le système étant conservatif, l'énergie mécanique est constante :

$\frac{dE}{dt} = 0 = m\dot{s}\ddot{s} - 4\frac{mgb\dot{s}}{4b}\left(1 - \frac{s}{4b}\right) = m\dot{s}\left[\ddot{s} - g + \frac{gs}{4b}\right]$

$\Longrightarrow \quad \ddot{s} + \frac{gs}{4b} = g$

La masse oscille donc sinusoïdalement avec la période :

$T = 2\pi\sqrt{\frac{4b}{g}} \quad \longrightarrow \quad \boxed{T = 4\pi\sqrt{\frac{b}{g}}}$

III)

1) L'élongation de l'oscillateur satisfait l'équation :

$$\boxed{m\ddot{x} + \lambda\dot{x} + kx = 0}$$

2) Cette équation s'écrit aussi : $\quad \ddot{x} + 2\alpha\dot{x} + \omega_0^2 x = 0$

dont l'équation caractéristique est : $\quad r^2 + 2\alpha r + \omega_0^2 = 0$

Il existe deux solutions à cette équation :

$r_1 = -\alpha + \sqrt{\Delta'} \quad$ et $\quad r_2 = -\alpha - \sqrt{\Delta'}$

or $\quad \Delta' = \alpha^2 - \omega_0^2 = -4 = (2i)^2$

$\Longrightarrow \quad r_1 = -1 + 2i \quad$ et $\quad r_2 = -1 - 2i$

$$\Longrightarrow \quad \boxed{x = e^{-t}(A\cos 2t + B\sin 2t)}$$

3) D'après les conditions initiales, on détermine A et B :

$x(0) = A = 5\text{ m}$

$\dot{x}(0) = -A + 2B = -3\text{ ms}^{-1} \quad \Longrightarrow \quad B = 1\text{ m}$

$$\Longrightarrow \quad \boxed{x = e^{-t}(5\cos 2t + \sin 2t)}$$

Les oscillations sont amorties.

IV)

1) $z(t)$ ayant la forme $a_1 e^{j(\omega_1 t - \theta_1)}$, l'équation différentielle complexe s'écrit :

3) La puissance instantanée de la force F est :

$$\mathcal{P} = F.v = F_1 \cos\omega_1 t \times [-a_1\omega_1 \sin(\omega_1 t - \theta_1)]$$

$$\Longrightarrow \boxed{\mathcal{P} = -a_1 F_1 \omega_1 \cos\omega_1 t \sin(\omega_1 t - \theta_1)}$$

Sa valeur moyenne sur une période est :

$$<\mathcal{P}> = \frac{1}{T}\int_0^T \mathcal{P}(t)\,dt = -\frac{a_1\omega_1 F_1}{T}\int_0^T \cos\omega_1 t \sin(\omega_1 t - \theta_1)\,dt$$

$$= -\frac{a_1\omega_1 F_1}{2T}\int_0^T [\sin(2\omega_1 t - \theta_1) - \sin\theta_1]\,dt$$

$$= \frac{a_1\omega_1 F_1}{2}\sin\theta_1$$

On peut calculer $\sin\theta_1$ à partir de l' équation du IV) 1) :

$$\text{cotan}\,\theta_1 = \frac{\omega_0^2 - \omega_1^2}{2\alpha\omega_1} \Longrightarrow \sin\theta_1 = \frac{1}{\sqrt{1 + \frac{(\omega_0^2-\omega_1^2)^2}{4\alpha^2\omega_1^2}}}$$

$$\Longrightarrow <\mathcal{P}> = \frac{a_1\omega_1}{2}\;\frac{ma_1\sqrt{(\omega_0^2-\omega_1^2)^2 + 4\alpha^2\omega_1^2}}{\sqrt{1 + \frac{(\omega_0^2-\omega_1^2)^2}{4\alpha^2\omega_1^2}}}$$

$$\Longrightarrow \boxed{<\mathcal{P}> = m\alpha a_1^2\omega_1^2}$$

La puissance moyenne de la force de frottement est :

$$\mathcal{P}_f = -\lambda v^2 = -\lambda a_1^2\omega_1^2 \sin^2(\omega_1 t - \theta_1)$$

$$\Longrightarrow <\mathcal{P}_f> = -\frac{\lambda a_1^2\omega_1^2}{T}\int_0^T \sin^2(\omega_1 t - \theta_1)\,dt = -\frac{1}{2}\lambda a_1^2\omega_1^2$$

$$\Longrightarrow \boxed{<\mathcal{P}_f> = -m\alpha a_1^2\omega_1^2}$$

On voit que cette puissance est exactement opposée à celle qu' apporte la force excitatrice.

4) L' énergie totale de l' oscillateur à chaque instant est :

$$E = \frac{1}{2}kx^2 + \frac{1}{2}mv^2 = \frac{m}{2}(v^2 + \omega_0^2 x^2)$$

$$= \frac{ma_1^2}{2}\left[\omega_1^2\sin^2(\omega_1 t - \theta_1) + \omega_0^2\cos^2(\omega_1 t - \theta_1)\right]$$

$$\Longrightarrow <E> = \frac{ma_1^2}{2T}\int_0^T\left[\omega_1^2\sin^2(\omega_1 t - \theta_1) + \omega_0^2\cos^2(\omega_1 t - \theta_1)\right]dt$$

$$= \frac{ma_1^2}{2T}\left(\omega_1\pi + \frac{\omega_0^2}{\omega_1}\pi\right)$$

$$\Longrightarrow \boxed{<E> = \frac{ma_1^2}{4}(\omega_1^2 + \omega_0^2)}$$

DOUAI 90

Détente de Joule Gay Lussac d'un gaz parfait et d'un gaz réel – Dipôle en régime sinusoïdal, Filtres à A.O. – Propriétés de l'eau (TA) – Valorisation des déchets (non TA) : thermodynamique, pH, précipitation, oxydation.

PROBLEME I (CHIMIE)

PROPRIETES DE L'EAU

Les parties **A** , **B** *et* **C** *sont indépendantes.*

A . - Structure de la molécule d'eau liquide

1/ Donner la structure électronique des atomes d'hydrogène (numéro atomique $Z = 1$) et d'oxygène (numéro atomique $Z = 8$) .

2/ Expliquer succintement l'établissement des liaisons entre les atomes de la molécule d'eau .

3/ L'oxygène est plus électronégatif que l'hydrogène . Expliquer succintement l'incidence de cette donnée sur la molécule d'eau et sur la propriété qu' a l'eau liquide d'être le solvant de nombreuses substances .

B . - Hydrolyse et solubilité des sels

Lorsque l'on dissout dans l'eau un sel AB d'acide faible et de base forte, les ions A^- réagissent avec les molécules d'eau selon une réaction équilibrée .

1/ De quel acide faible et de quelle base forte l'acétate de sodium CH_3COONa dérive-t-il ?

2/ Etablir la relation donnant le pH de la solution obtenue par dissolution de n_o moles de CH_3COONa dans un litre d'eau sans changement de volume, sachant que la constante d'acidité K_a de l'acide correspondant est égale à $1{,}78.10^{-5}$ et que le produit ionique de l'eau K_e vaut 10^{-14} .

Calculer ce pH pour $n_o = 0{,}1$ mol .

3/ La solubilité de l'hydroxyde de cuivre $Cu(OH)_2$ est de 10^{-7} mol.ℓ^{-1} dans l'eau pure, toutes les molécules de $Cu(OH)_2$ solubles étant dissociées en ions Cu^{2+} et OH^-.

a) Calculer le produit de solubilité de cet hydroxyde sans tenir compte de la dissociation de l'eau.
b) Calculer le produit de solubilité de cet hydroxyde en tenant compte de la dissociation de l'eau .

Pour les questions suivantes, on ne tiendra pas compte de la dissociation de l'eau .

c) Calculer le pH d'une solution saturée d'hydroxyde de cuivre .
d) On effectue la précipitation de $Cu(OH)_2$ par addition de CH_3COONa à une solution de sulfate de cuivre (Cu^{2+} + SO_4^{2-}) de concentration égale à 10^{-3} mol.ℓ^{-1} .
Quel est le pH de la solution au début de la précipitation ?

C . - Enthalpie de vaporisation de l'eau

Données

. $\Delta_f H^\circ$: Enthalpie standard de formation à 298 K.
. C_p : Capacité thermique molaire à pression constante .
. T : Température en kelvins .

Composé	$\Delta_f H^\circ$ (J.mol^{-1})	C_p (J.mol^{-1}.K^{-1})
H_2 gaz	0	$27{,}3 + 3.3.10^{-3}\,T$
O_2 gaz	0	$29{,}9 + 4{,}2.10^{-3}\,T$
H_2O liquide	$-2{,}86.10^5$	75,2
H_2O gaz		$30 + 1{,}07.10^{-2}\,T$

. Enthalpie de vaporisation de l'eau à 373 K sous 1 bar : $L_v = 3{,}75.10^4$ J.mol^{-1} .

Les transformations suivantes sont effectuées à la pression standard de 1 bar .

1/ Calculer l'enthalpie de formation isotherme d'une mole d'eau vapeur à 423 K .

2/ Une mole de dihydrogène mise en présence de la quantité suffisante de dioxygène à 298 K forme de l'eau vapeur à 423 K .

Quelle est la quantité de chaleur mise en jeu au cours de cette transformation ?

Cette transformation est-elle endothermique ou exothermique ?

PROBLEME II (CHIMIE)

VALORISATION DES DECHETS

Les parties **A** , **B** *et* **C** *sont indépendantes.*

A . - Combustion de déchets

Données :

. Tous les gaz sont considérés comme étant parfaits et les mélanges idéaux.

. Constante des gaz parfaits : $R = 8{,}31$ J.mol^{-1} . K^{-1}

. $\Delta_f H°$: Enthalpie standard de formation à 298 K .

. $S°$: Entropie standard à 298 K .

Composé	CO_{gaz}	$CO_{2\,gaz}$	$H_{2\,gaz}$	H_2O_{gaz}
$\Delta_f H°$ (J.mol^{-1})	- 1,10.10^5	- 3,93.10^5	0	- 2,42.10^5
$S°$ (J.mol^{-1}.K^{-1})	197,7	213,6	130,4	188,9

Le gaz issu de la combustion de déchets organiques a la composition molaire suivante : 10 % de CO , 20 % de CO_2 , 40 % de H_2O et 30 % de N_2 . Le diazote, non réactif, provient de l'air utilisé pour la combustion . Ce gaz, à 900 K , est insufflé dans une enceinte où les composés réagissent entre eux pour atteindre un état d'équilibre selon :

$$CO_{gaz} + H_2O_{gaz} \underset{2}{\overset{1}{\rightleftarrows}} CO_{2\,gaz} + H_{2\,gaz} .$$

On se propose de déterminer la composition du gaz lorsque l'équilibre est atteint à 900 K .

1/ Calculer les variations d'enthalpie standard et d'entropie standard de la réaction ci-dessus dans le sens 1 , à 298 K .

2/ En déduire la variation d'enthalpie libre standard $\Delta G°_{900}$ de cette réaction à 900 K en considérant les variations d'enthalpie standard et d'entropie standard indépendantes de la température .

3/ Vérifier que la constante de l'équilibre atteint à 900 K est égale à 1,43 .

4/ En déduire la composition molaire du gaz lorsque l'équilibre est établi dans l'enceinte à 900 K .

B. - Récupération du nickel présent dans un déchet

Données :

. Produit ionique de l'eau : $K_e = 10^{-14}$

. Produit de solubilité de NiS : $K_{s_1} = 10^{-25}$

. Produit de solubilité de FeS : $K_{s_2} = 4.10^{-19}$

. Toutes les molécules de NiS et de FeS solubles sont dissociées en ions Ni^{2+}, Fe^{2+} et S^{2-}

. Masses molaires : $M_{Fe} = 56$ g.mol^{-1} , $M_{Ni} = 58{,}7$ g.mol^{-1} .

Afin de récupérer le nickel, un échantillon de déchet est attaqué par un acide fort et la précipitation du nickel sous forme de sulfure de nickel NiS est effectuée par barbotage de sulfure de dihydrogène H_2S dans la solution .

1/ H_2S est un diacide ; les constantes d'acidité des deux couples H_2S / HS^- et HS^- / S^{2-} sont respectivement $Ka_1 = 9{,}1.10^{-8}$ et $Ka_2 = 1{,}2.10^{-15}$.

Etablir la relation liant la concentration en ions S^{2-} à la concentration en ions H_3O^+ et à celle en H_2S non dissocié dans une solution aqueuse de cet acide .

2/ Un échantillon de 2 g de déchets métalliques contenant 10% de nickel et 40% de fer (pourcentages massiques) est mis en solution par un acide fort qui fait passer ces éléments à l'état d'ions Ni^{2+} et Fe^{2+}. Le volume de la solution est alors ajusté à 250 mℓ avec de l'eau déminéralisée ; soit (A) la solution obtenue .

On fait barboter du sulfure de dihydrogène dans cette solution (sans changement de volume) de telle sorte que la concentration en H_2S non dissocié soit de 5.10^{-2} mol.ℓ$^{-1}$.

a) Calculer les concentrations en Ni^{2+} et en Fe^{2+} dans la solution avant toute précipitation .

b) Quel devrait être le pH de la solution pour que FeS commence à précipiter ?

c) Pour quelle valeur du pH y a-t-il précipitation de 99,9% du nickel ?

d) Dans quelles limites de pH doit-on se placer pour éviter de précipiter le fer tout en précipitant au moins 99,9 % du nickel ?

3/ Avant de faire barboter H_2S , on veut tamponner la solution (A) à pH = 2,8 .

On négligera les variations de volume de la solution (A) dues aux différents ajouts .

a) On commence par neutraliser l'excès d'acide fort par une base forte .

Quel est le pH de la solution à l'équivalence ?

b) On ajoute 4 g d'acide faible AH de masse molaire 80 g.mol^{-1} et de constante d'acidité $K_a = 10^{-3}$.

Quel volume de solution de soude ($Na^+ + OH^-$) à 10 mol.ℓ$^{-1}$ faut-il ajouter pour obtenir le pH désiré ?

c) Quel est l'intérêt de tamponner la solution ?

C. - <u>Détermination de la teneur en chrome d'un déchet</u>

Un échantillon de 0,5 g de déchets est dissous par un acide fort qui oxyde le chrome en ions CrO_4^{2-} .

1/ Ces ions sont ensuite réduits en Cr^{3+} par les ions Fe^{2+} qui sont transformés en Fe^{3+} , mais le manque de netteté du changement de couleur à l'équivalence ne permet pas d'effectuer le dosage directement . On introduit donc 40 mℓ de solution de sulfate de fer II ($Fe^{2+} + SO_4^{2-}$) à 0,1 mol.ℓ$^{-1}$ de sorte qu'il subsiste un excès d'ions Fe^{2+} après réaction .

Ecrire la réaction correspondant à cette opération .

2/ Les ions Fe^{2+} n'ayant pas réagi sont dosés par une solution de permanganate de potassium ($K^+ + MnO_4^-$) à 0,02 mol.ℓ$^{-1}$. Il faut verser 16,8 mℓ de cette solution pour parvenir à l'équivalence .

Ecrire la réaction qui se produit sachant que les couples qui interviennent sont :

$$Fe^{3+} / Fe^{2+} \quad \text{et} \quad MnO_4^- / Mn^{2+} .$$

3/ Calculer le pourcentage massique de chrome dans l'échantillon de déchets sachant que la masse molaire du chrome est $M_{Cr} = 52$ g.mol^{-1} .

PROBLEME III (THERMODYNAMIQUE)

Les parties A et B sont largement indépendantes .

A . - <u>Détente d' un gaz parfait</u>

1/ Soit un gaz parfait comportant n moles et occupant un volume V , à la pression P et à la température T . On appelle R la constante molaire des gaz parfaits . La capacité thermique molaire C_p à pression constante est indépendante de la température . On donne :

$$R = 8{,}31 \text{ J.mol}^{-1}.\text{K}^{-1} \; ; \; C_p = 36{,}8 \text{ J.mol}^{-1}.\text{K}^{-1} .$$

Dans une transformation élémentaire quasi statique, la chaleur élémentaire δQ reçue par ce gaz peut se mettre sous la forme :

$$\delta Q = n\,C_p\,dT - V\,dP$$

Déterminer la relation entre P et T au cours d'une transformation adiabatique quasi statique .

2/ Deux récipients Ⓐ et Ⓑ, à parois indéformables et adiabatiques, de même volume V_o, sont reliés par un tube, de volume négligeable, comportant un robinet.

A l'état initial, le robinet est fermé et le récipient Ⓐ contient une mole de ce gaz parfait à la température T_o ; le récipient Ⓑ est vide.

On donne :

$V_o = 8.10^{-3}\ m^3$; $T_o = 293$ K.

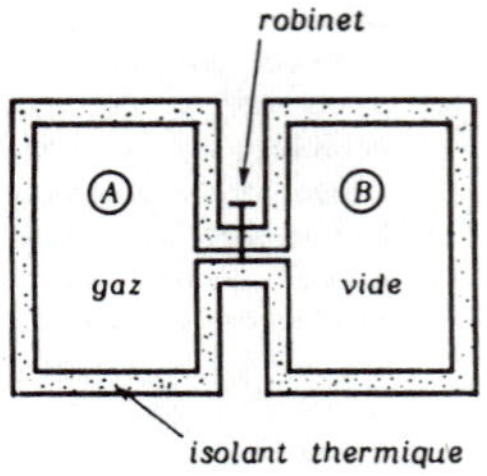

On ouvre légèrement le robinet pour permettre l'écoulement du gaz dans le récipient Ⓑ ; cet écoulement est suffisamment lent pour que le gaz restant dans le récipient Ⓐ subisse une transformation adiabatique quasi statique ; on suppose qu'il n'y a pas d'échange de chaleur entre les deux récipients. Dès que l'écoulement cesse, on ferme le robinet ; c'est l'état intermédiaire.

a) Montrer que l'énergie interne U de la mole de gaz n'a pas varié pendant cette transformation.

b) Calculer la pression P_A et la température T_A du gaz restant dans le récipient Ⓐ.

c) Calculer la variation d'entropie ΔS de la mole de gaz pendant cette transformation.

3/ On ouvre largement le robinet et on attend que l'ensemble du gaz soit à la même température T_f ; c'est l'état final.

a) Calculer la pression P_f du gaz et la température T_f.

b) Calculer la variation d'entropie $\Delta S'$ de la mole de gaz entre l'état intermédiaire et l'état final.

B. - Détente d'un gaz réel

Soit une mole de gaz réel dont l'équation d'état est :

$$\left(P + \frac{a}{V^2 T}\right)\left(V - b\right) = RT$$

On donne :

$a = 106\ J.m^3.K.mol^{-2}$; $b = 4{,}29.10^{-5}\ m^3.mol^{-1}$; $R = 8{,}31\ J.mol^{-1}.K^{-1}$.

1/ Dans une transformation élémentaire quasi-statique, la chaleur élémentaire δQ reçue par cette mole de gaz peut se mettre sous la forme :

$$\delta Q = C_V\, dT + \ell\, dV$$

a) Montrer que : $\ell = T\left(\frac{\partial P}{\partial T}\right)_V$ et $\left(\frac{\partial C_V}{\partial V}\right)_T = T\left(\frac{\partial^2 P}{\partial T^2}\right)_V$

b) Déterminer l'expression de C_V pour cette mole de gaz réel (on sait que C_V tend vers une limite C_∞ indépendante de la température lorsque le volume devient infiniment grand). On donne : $C_\infty = 28{,}5\ J.mol^{-1}.K^{-1}$.

c) Déterminer, à une constante près, l'expression de l'énergie interne U de cette mole de gaz, en fonction de V, T et des données du problème.

2/ On recommence l'expérience de la partie **A** en remplaçant la mole de gaz parfait par la mole du gaz réel considéré ci-dessus.

On donne :

$V_o = 8.10^{-3}\ m^3$; $T_o = 293$ K .

Calculer la pression P'_f et la température T'_f de la mole de gaz réel à l'état final .

PROBLEME IV (ELECTRICITE)

Les parties **A** *et* **B** *sont indépendantes.*

A . - Electrocinétique

1/ Soit le dipôle AB constitué d'une résistance R et d'une bobine d'inductance L associées en parallèle . Soit le dipôle $A'B'$ constitué d'une résistance R' et d'une bobine d'inductance L' associées en série .
Ces deux dipôles sont soumis à une tension sinusoïdale de pulsation ω .

a. Déterminer R' et L' en fonction de R , L et ω pour que, à la pulsation ω , ces dipôles soient équivalents .

b) Quelle est alors la pulsation ω_0 pour laquelle on a :

$$\frac{R'}{R} = \frac{L'}{L} .$$

c) Calculer ω_o pour $R = 10^2\ \Omega$ et $L = 10^{-2}$ H .

2/ On considère le montage ci-dessous :

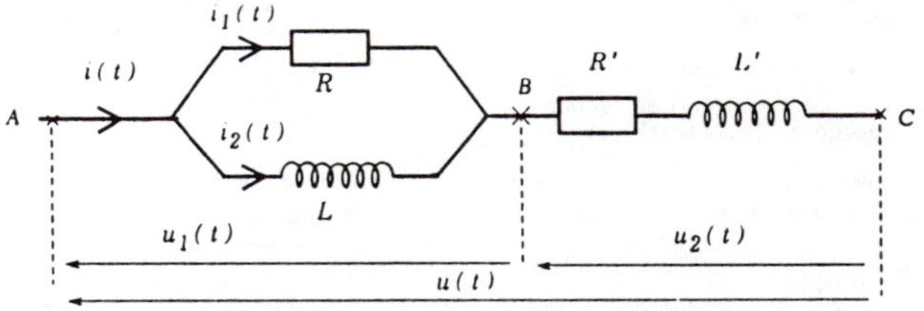

On applique entre les bornes A et C du dipôle une tension de la forme :

$$u(t) = U_m \cos \omega_o t ,$$

les dipôles AB et BC étant équivalents et la pulsation ω_o étant telle que :

$$\frac{R'}{R} = \frac{L'}{L} .$$

Dans cette partie, on écrira les expressions demandées de la façon la plus simple possible en tenant compte des hypothèses .

a) Déterminer l'impédance complexe $\underline{Z}_{AC}$ du dipôle . Le résultat sera exprimé sous forme polaire .
b) Donner l'expression du courant total $i(t)$ en fonction du temps .
c) Calculer en fonction de la représentation complexe $\underline{u}$ de $u(t)$ les expressions complexes $\underline{u}_1$ et $\underline{u}_2$ des tensions aux bornes de AB et de BC .
d) Déterminer les représentations complexes $\underline{i}_1$ et $\underline{i}_2$ des intensités $i_1(t)$ dans R et $i_2(t)$ dans L .
e) En déduire les valeurs efficaces de $u_1(t)$, $u_2(t)$, $i_1(t)$, $i_2(t)$ et leurs déphasages par rapport à $u(t)$.

3/ Donner l'expression de la capacité C qu'il faut mettre en série avec le dipôle AC pour que le courant total $i(t)$ soit en phase avec $u(t)$ à la pulsation ω_0 .

Calculer C avec les données numériques précédentes .

B . - Electronique

1/ Le montage ci-contre comporte un amplificateur opérationnel idéal, une résistance R et un condensateur de capacité C .

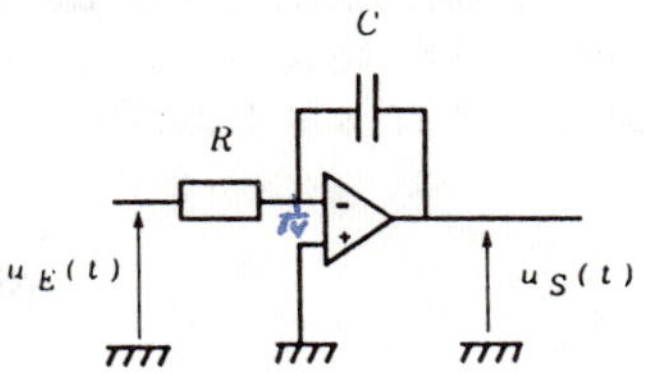

Déterminer la relation entre la tension de sortie $u_S(t)$ et la tension d'entrée $u_E(t)$.
On appellera $u_S(t_0)$ la valeur de la tension de sortie à l'instant initial t_0 .

2/ Le montage ci-dessous est constitué d'une chaîne comportant trois amplificateurs opérationnels idéaux (A_1), (A_2), (A_3), les résistances R, R' et les condensateurs de capacité C.

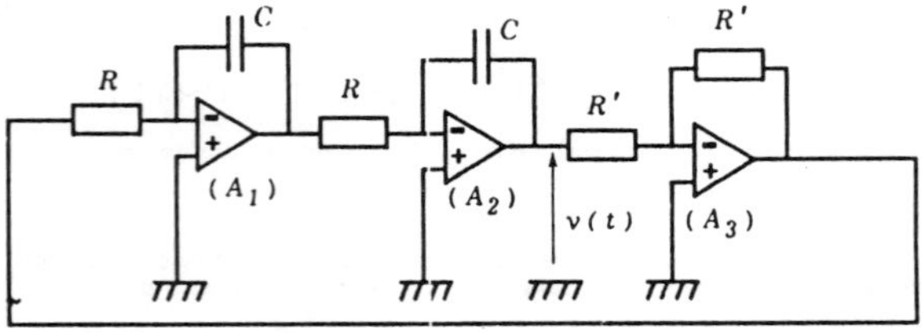

On appelle $v(t)$ la tension de sortie du deuxième amplificateur.

a) Etablir l'équation différentielle à laquelle obéit $v(t)$.

b) Calculer la pulsation propre du circuit pour $R = 10\ k\Omega$ et $C = 50\ nF$.

3/ On considère le montage ci-contre constitué d'un amplificateur opérationnel idéal, des résistances R_1, R_2 et du condensateur de capacité C.

Cet ensemble est alimenté par une source de tension $e(t)$ telle que :

$$e(t) = E_m \cos \omega t$$

où E_m est l'amplitude et ω la pulsation.
On appelle $s(t)$ la tension de sortie.

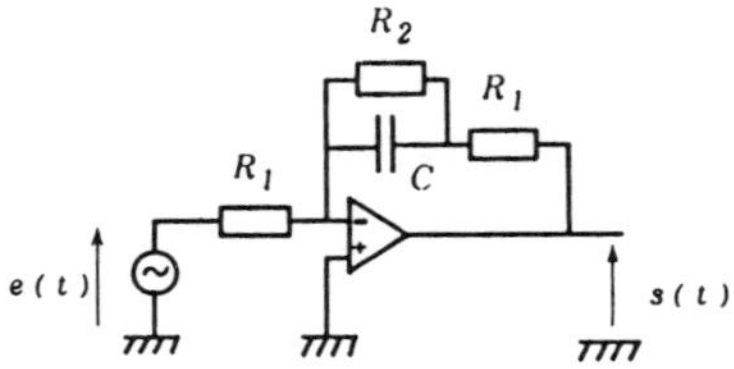

a) Montrer que la fonction de transfert $\underline{H}(j\omega)$ peut se mettre sous la forme :

$$\underline{H}(j\omega) = \frac{\underline{s}}{\underline{e}} = -\frac{\tau}{\tau'} \cdot \frac{1 + j\omega\tau'}{1 + j\omega\tau}$$

où $\underline{s}$ et $\underline{e}$ sont respectivement les représentations complexes de $s(t)$ et $e(t)$, τ et τ' des constantes à déterminer.

b) On donne $R_1 = 1\ k\Omega$, $R_2 = 100\ k\Omega$ et $C = 100\ nF$.
Calculer le gain en décibels pour une fréquence f de 1 kHz.

CHIMIE - TA

A. Structure de la molécule d'eau liquide :

1) Les structures électroniques de l'hydrogène et de l'oxygène sont :

H : $1s^1$ [↑]

O : $1s^2\ 2s^2\ 2p^4$ [↑↓] [↑↓] [↑↓|↑|↑]

2) Les deux électrons célibataires de l'atome d'oxygène forment deux liaisons de covalence simple avec deux électrons célibataires de deux atomes d'hydrogène. Il reste deux paires libres sur l'atome d'oxygène.

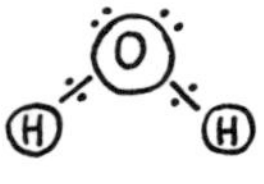

3) La molécule d'eau possède un moment dipolaire $\mu = 1,85$ D car les électrons de liaison sont plus attirés par l'oxygène que par l'hydrogène, et aussi du fait de l'existence des deux paires non liantes. L'eau a donc des propriétés solvantes pour

des composés ioniques ou covalentes polaires, ou même des composés covalents non polaires de faible cohésion comme Cl_2. L'attraction électrostatique entre les pôles positif et négatif des deux molécules (eau et composé) aboutit à la rupture de la liaison dans le composé.

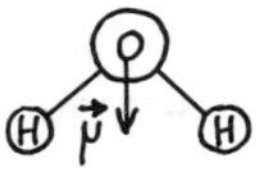

B. Hydrolyse et solubilité des sels:

1) L'acétate de sodium dérive de l'acide acétique et de la soude.

2) L'acétate de sodium se dissout totalement dans l'eau. Les ions Na^+, indifférents, ne réagissent pas sur l'eau. Les ions acétates sont une base faible:

$$CH_3COO^- + H_2O \rightleftharpoons CH_3COOH + OH^-$$

Les relations entre concentrations sont les suivantes:

$[CH_3COO^-] + [CH_3COOH] = n_o$ (1) $[Na^+] = n_o$ (2)

$[CH_3COO^-] + [OH^-] = [H_3O^+] + [Na^+]$ (3) $K_a = \dfrac{[CH_3COO^-][H_3O^+]}{[CH_3COOH]}$ (4)

Si n_o n'est pas trop petit devant 1, le milieu est nettement basique et les ions CH_3COO^- ont peu réagi sur l'eau:

$$[H_3O^+] \ll [OH^-] \text{ et } [CH_3COOH] \ll [CH_3COO^-]$$

(1), (2) et (3) $\Rightarrow [OH^-] = [CH_3COOH]$; (1) $\Rightarrow [CH_3COO^-] \sim n_o$

$$(4) \Rightarrow K_a = \frac{K_e[CH_3COO^-]}{[OH^-]^2} = \frac{K_e n_o}{[OH^-]^2} \Rightarrow [OH^-] = \sqrt{\frac{K_e n_o}{K_a}}$$

$$\Rightarrow pH = \frac{1}{2}(pK_e + pK_a + \log n_o)$$

$n_o = 0{,}1$ mol $\Rightarrow$ **pH = 8,87**

3)

a) Tous les ions OH^- proviennent de $Cu(OH)_2$

$[Cu^{2+}] = s$; $[OH^-] = 2s$

$\Rightarrow K_s = [Cu^{2+}][OH^-] = 4s^3$ **$K_s = 4 \cdot 10^{-21}$**

b) Les ions OH^- proviennent à la fois de la dissociation de $Cu(OH)_2$ et de celle de l'eau:

$[Cu^{2+}] = s$; $2[Cu^{2+}] + [H_3O^+] = [OH^-] = 2s + \dfrac{K_e}{[OH^-]}$

$\Rightarrow [OH^-]^2 - 2s[OH^-] - K_e = 0 \Rightarrow [OH^-] = (1+\sqrt{2}) \cdot 10^{-7} = 2{,}41\ 10^{-7}$

$\Rightarrow$ **$K_s = 5{,}8 \cdot 10^{-21}$**

c) Dans une solution saturée d'hydroxyde de cuivre:

$[Cu^{2+}] = 10^{-7}$ M ; $[OH^-] = 2 \cdot 10^{-7}$ M

$\Rightarrow [H_3O^+] = 5 \cdot 10^{-8}$ M $\Rightarrow$ **pH = 7,3**

d) Lorsqu'on dissout 10^{-3} M de sulfate de cuivre dans l'eau pure, le produit :

$[Cu^{2+}][OH^-]^2 = 10^{-3} \cdot 10^{-14} = 10^{-17} > K_s$ donc la solution est déjà saturée.

C. Enthalpie de vaporisation de l'eau :

1) Pour calculer l'enthalpie de formation isotherme d'une mole de vapeur d'eau à 423 K, on imagine un chemin de transformation isobare :

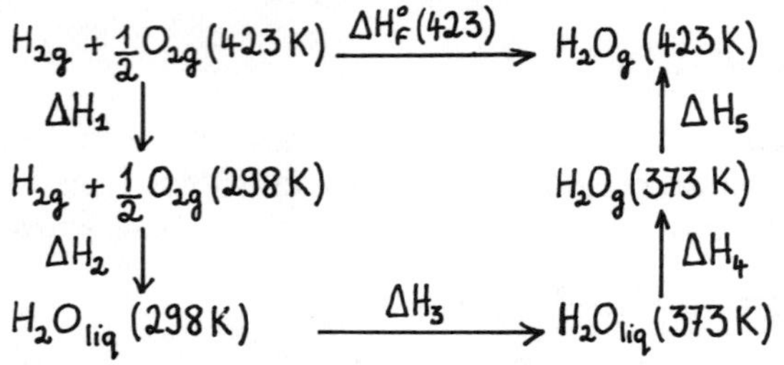

$\Delta H_f^\circ(423) = \Delta H_1 + \Delta H_2 + \Delta H_3 + \Delta H_4 + \Delta H_5$

$\Delta H_1 = \int_{423}^{298} [C_p(H_2) + \frac{1}{2}C_p(O_2)]dT = [27,3 + \frac{29,9}{2}][298 - 423] + \frac{(3,3+2,1) \cdot 10^{-3}}{2}(298^2 - 423^2)$

$= -5074,6 \text{ J.mol}^{-1}$

$\Delta H_2 = \Delta H_f^\circ(298) = -2,86 \cdot 10^5 \text{ J.mol}^{-1}$

$\Delta H_3 = C_p(H_2O_\ell)(373 - 298) = 5640 \text{ J.mol}^{-1}$

$\Delta H_4 = L_v(373) = 3,75 \cdot 10^4 \text{ J.mol}^{-1}$

$\Delta H_5 = \int_{373}^{423} C_p(H_2O_g)dT = 30(423 - 373) + \frac{1,07 \cdot 10^{-2}}{2}(423^2 - 373^2) = 1712,9 \text{ J.mol}^{-1}$

$$\boxed{\Delta H_f^\circ(423) = -2,46 \cdot 10^5 \text{ J.mol}^{-1}}$$

2) Imaginons deux chemins de transformation isobares entre le même état initial et le même état final :

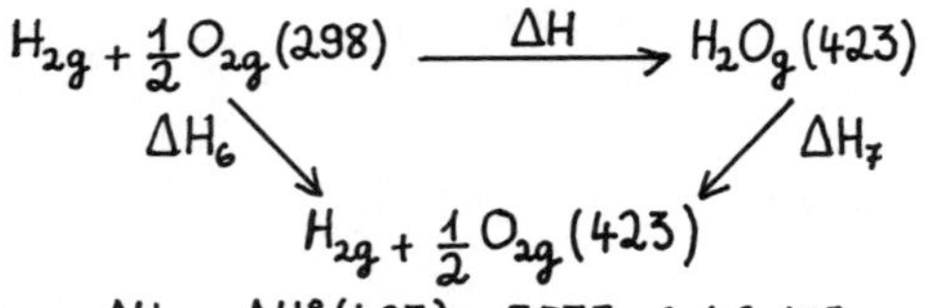

$Q = \Delta H = \Delta H_6 + \Delta H_7 = -\Delta H_f + \Delta H_f^\circ(423) = 5075 - 2,46 \cdot 10^5$

$$\Rightarrow \boxed{Q = -2,41 \cdot 10^5 \text{ J}}$$

La réaction est donc exothermique.

CHIMIE (non TA)

A.

1) Les variations d'enthalpie et d'entropie standard sont :

$\Delta_f H^\circ(298) = \Delta_f H^\circ(CO_2) - \Delta_f H^\circ(CO) - \Delta_f H^\circ(H_2O)$

$\Delta S^\circ(298) = S^\circ(CO_2) + S^\circ(H_2) - S^\circ(CO) - S^\circ(H_2O)$

$$\Rightarrow \boxed{\begin{array}{l} \Delta_f H^\circ(298) = -4,1 \cdot 10^4 \text{ J.mol}^{-1} \\ \Delta S^\circ(298) = -42,6 \text{ J.K}^{-1}.\text{mol}^{-1} \end{array}}$$

2) Il en résulte une variation d'enthalpie libre standard à 900 K :

$$\Delta G° = \Delta_f H° - T\Delta S° \quad \Rightarrow \quad \boxed{\Delta G° = -2{,}66 \cdot 10^3 \ J \cdot mol^{-1}}$$

3) La constante d'équilibre est :

$$K_p = e^{-\Delta G°/RT} = e^{0{,}36} \Rightarrow \quad \boxed{K_p = 1{,}43}$$

4) Soient x, y, z et t les fonctions molaires de CO_2, H_2, CO et H_2O :

$$K_p = \frac{P(CO_2) \cdot P(H_2)}{P(CO) \cdot P(H_2O)} = \frac{xy}{zt}$$

Les lois de conservation donnent les relations suivantes :

$x + z = 0{,}3$ (conservation de C)

$y + t = 0{,}4$ (conservation de H)

$2x + z + t = 0{,}9$ (conservation de O)

De ce système de 4 équations à 4 inconnues, on tire :

$x = 0{,}26$

$y = 0{,}06$

$z = 0{,}04$

$t = 0{,}34$

d'où

26% de CO_2
6% de H_2
4% de CO
34% de H_2O

B-

1) Les constantes d'acidité de H_2S s'écrivent :

$$K_{a1} = \frac{[HS^-][H_3O^+]}{[H_2S]} \qquad K_{a2} = \frac{[S^{2-}][H_3O^+]}{[HS^-]}$$

$$\boxed{[S^{2-}] = K_{a1} K_{a2} \frac{[H_2S]}{[H_3O^+]^2}}$$

2)

a) Les concentrations initiales en Ni^{2+} et Fe^{2+} sont :

$$[Ni^{2+}]_0 = 4 \frac{m(Ni^{2+})}{M(Ni)} = \frac{4 \times 0{,}2}{58{,}7} \qquad \boxed{[Ni^{2+}]_0 = 1{,}36 \cdot 10^{-2} M}$$

$$[Fe^{2+}]_0 = 4 \frac{m(Fe^{2+})}{M(Fe)} = \frac{4 \times 0{,}8}{56} \qquad \boxed{[Fe^{2+}]_0 = 5{,}71 \cdot 10^{-2} M}$$

b) Le sulfure ferreux commence à précipiter lorsque son produit de solubilité est atteint :

$$[S^{2-}] = \frac{K_{s2}}{[Fe^{2+}]_0} \Rightarrow [H_3O^+] = \sqrt{\frac{K_{a1} K_{a2} [H_2S][Fe^{2+}]_0}{K_{s2}}} = 8{,}8 \cdot 10^{-4} M$$

$$\Rightarrow \boxed{pH = 3{,}05}$$

c) Lorsque le nickel est précipité à 99,9%, la concentration en Ni^{2+} est :

$$[Ni^{2+}] = 10^{-3}[Ni^{2+}]_0 = 1{,}36 \cdot 10^{-5} M \Rightarrow [S^{2-}] = \frac{K_{s1}}{[Ni^{2+}]}$$

$$\Rightarrow [H_3O^+] = \sqrt{\frac{K_{a1}K_{a2}[H_2S][Ni^{2+}]}{K_{s1}}} = 2{,}7 \cdot 10^{-2}\ M$$

$$\Rightarrow \boxed{pH = 1{,}56}$$

d) Pour précipiter 99,9 % du nickel sans précipiter le fer, il faut se placer à pH compris entre 1,6 et 3,0.

3)

a) A l'équivalence, le pH est : $\boxed{pH = 7}$

b) La concentration initiale d'acide faible est :

$$c = \frac{4 \times 4}{80} = 0{,}2\ M$$

A pH = 2,8 , les diverses concentrations sont :

$$[HA] = \frac{ch}{h + K_a} \qquad [A^-] = \frac{c}{1 + h/K_a} = 7{,}74 \cdot 10^{-2}\ M$$

$$[OH^-] = 10^{-11{,}2}\ M \quad h = [H_3O^+] = 10^{-2{,}8}\ M$$

La relation d'électroneutralité donne $[Na^+]$:

$$[Na^+] = [A^-] + [OH^-] - [H_3O^+] \simeq [A^-] - [H_3O^+] = 7{,}58 \cdot 10^{-2}\ M$$

Il faut donc ajouter le volume v de soude :

$$v = \frac{7{,}58 \cdot 10^{-2}}{10} \cdot 250 \qquad \boxed{v = 1{,}90\ cm^3}$$

c) Le pH de ce tampon étant compris entre 1,6 et 3,0, on peut ainsi précipiter tout le nickel et non le fer.

C.

1) La réaction de réduction des ions CrO_4^{2-} par les ions Fe^{2+} s'écrit :

$$CrO_4^{2-} + 3\,Fe^{2+} + 8\,H_3O^+ \longrightarrow 3\,Fe^{3+} + Cr^{3+} + 12\,H_2O$$

2) La réaction d'oxydation des ions Fe^{2+} par les ions MnO_4^- est :

$$5\,Fe^{2+} + MnO_4^- + 8\,H_3O^+ \longrightarrow 5\,Fe^{3+} + Mn^{2+} + 12\,H_2O$$

3) Soient n_o le nombre initial de moles de Fe^{2+}
n_1 " de moles de Fe^{2+} oxydés par le permanganate
n_2 " " " les ions CrO_4^{2-}

$n_o = 40 \cdot 10^{-3} \times 0{,}1 = 4 \cdot 10^{-3}$
$n_1 = 5 \times 16{,}8 \cdot 10^{-3} \times 2 \cdot 10^{-2} = 1{,}68 \cdot 10^{-3}$
$\Rightarrow n_2 = n_o - n_1 = 2{,}32 \cdot 10^{-3}$

Le nombre de moles d'ions CrO_4^{2-} initial est donc : $n' = \frac{n_2}{3} = 7{,}7 \cdot 10^{-4}$
ce qui correspond à une masse m : $m = n' M(Cr) = 40{,}2$ mg
Le pourcentage massique de chrome dans le déchet vaut donc :

$$\frac{40{,}21 \cdot 10^{-3}}{0{,}5} \times 100 = \underline{8\,\%}$$

THERMODYNAMIQUE

A. Détente d'un gaz parfait :

1) Si la transformation est adiabatique quasistatique :

$$\delta Q = 0 = C_p dT - VdP = C_p dT - \frac{nRT}{P} dP \Rightarrow \frac{dT}{T} = \frac{nR}{C_p} \cdot \frac{dP}{P}$$

$$\boxed{TP^{-\alpha} = \text{cste avec } \alpha = \frac{nR}{C_p}}$$

2)

a) La mole de gaz dans son ensemble n'échange avec l'extérieur ni travail (les parois sont rigides) ni chaleur (les parois sont adiabatiques). D'après le premier principe, sa variation d'énergie interne est donc nulle.

b) Lorsque l'écoulement cesse, la pression est la même dans les deux récipients, mais ils ne contiennent pas le même nombre de moles gazeuses :

$$n_A R T_A = P_A V_A = P_A V_0 \quad \text{et} \quad n_B R T_B = P_A V_B = P_A V_0$$

D'autre part, l'énergie interne totale est égale à l'énergie initiale :

$$n_A C_V T_A + n_B C_V T_B = n_0 C_V T_0 = C_V T_0 \Rightarrow n_A T_A + n_B T_B = n_0 T_0 = T_0 \Rightarrow R T_0 = 2 P_A V_0$$

$$\Rightarrow P_A = \frac{R T_0}{2 V_0} \Rightarrow P_A = \frac{P_0}{2}$$

Les n_A moles de gaz restant dans le récipient A ont subi une détente adiabatique quasistatique :

$$P_A^{-\alpha} T_A = P_0^{-\alpha} T_0 \Rightarrow T_A = T_0 \left(\frac{P_A}{P_0}\right)^{\alpha} = T_0 \, 2^{-\frac{R}{C_p}}$$

$$\boxed{T_A = 250{,}5 \text{ K}}$$

c) La variation d'entropie des n_A moles est nulle, mais celle des n_B moles vaut :

$$\Delta S = n_B C_p \ln \frac{T_B}{T_0} - n_B R \ln \frac{P_B}{P_0}$$

$$n_B = 1 - n_A = 1 - \frac{T_0}{2T_A} \quad ; \quad T_B = T_A \frac{n_A}{n_B} = \frac{T_0}{2 - T_0/T_A}$$

$$\Rightarrow \Delta S = \left(1 - \frac{T_0}{2T_A}\right)\left(C_p \ln \frac{1}{2 - T_0/T_A} - R \ln \frac{1}{2}\right)$$

$$\Rightarrow \boxed{\Delta S = 5{,}23 \text{ J.K}^{-1}}$$

3)

a) Le gaz parfait suit la première loi de Joule, donc à l'équilibre final sa température est T_0 et sa pression est $\frac{P_0}{2}$.

b) La variation d'entropie entre l'état initial et l'état final est :

$$\Delta S_T = -R \ln \frac{P_f}{P_0} = R \ln 2$$

Par conséquent, entre l'état intermédiaire et l'état final :

$$\Delta S' = \Delta S_T - \Delta S \qquad \Rightarrow \boxed{\Delta S' = 0{,}53 \text{ J.K}^{-1}}$$

B. Détente d'un gaz réel :

1)

a) Les différentiels dU et dS des fonctions d'état U et S sont des différentielles totales, on peut donc leur appliquer le théorème de Schwartz :

$$dU = C_V dT + (\ell - P) dV \quad \text{et} \quad dS = \frac{C_V}{T} dT + \frac{\ell}{T} dV$$

$$\Rightarrow \left(\frac{\partial C_v}{\partial V}\right)_T = \left(\frac{\partial \ell}{\partial T}\right)_V - \left(\frac{\partial P}{\partial T}\right)_V = \left(\frac{\partial \ell}{\partial T}\right)_V - \frac{\ell}{T}$$

$$\Rightarrow \ell = T\left(\frac{\partial P}{\partial T}\right)_V \quad \text{et} \quad \left(\frac{\partial C_v}{\partial V}\right)_T = \left(\frac{\partial P}{\partial T}\right)_V + T\left(\frac{\partial^2 P}{\partial T^2}\right)_V - \left(\frac{\partial P}{\partial T}\right)_V = T\left(\frac{\partial^2 P}{\partial T^2}\right)_V$$

$$\boxed{\ell = T\left(\frac{\partial P}{\partial T}\right)_V \quad \text{et} \quad \left(\frac{\partial C_v}{\partial V}\right)_T = T\left(\frac{\partial^2 P}{\partial T^2}\right)_V}$$

b) De l'équation d'état et des relations ci-dessus, on tire :

$$P = \frac{RT}{V-b} - \frac{a}{V^2T} \Rightarrow \left(\frac{\partial P}{\partial T}\right)_V = \frac{R}{V-b} + \frac{a}{V^2T} \Rightarrow \left(\frac{\partial^2 P}{\partial T^2}\right)_V = -\frac{2a}{V^2T^3}$$

$$\Rightarrow \begin{cases} \ell = \dfrac{RT}{V-b} + \dfrac{a}{V^2T} = P + \dfrac{2a}{V^2T} \\ \left(\dfrac{\partial C_v}{\partial V}\right)_T = -\dfrac{2a}{V^2T^2} \Rightarrow C_v = C_\infty + \dfrac{2a}{T^2V} \end{cases} \Rightarrow \boxed{\begin{array}{l} \ell = P + \dfrac{2a}{V^2T} \\ C_v = C_\infty + \dfrac{2a}{T^2V} \end{array}}$$

c) L'énergie interne U a pour expression :

$$dU = \left(C_\infty + \frac{2a}{T^2V}\right)dT + \frac{2a}{V^2T}dV \Rightarrow \boxed{U = U_0 + C_\infty T - \frac{2a}{TV}}$$

2) Le gaz réel ne reçoit ni travail ni chaleur de l'extérieur, donc son énergie interne est la même dans l'état final que dans l'état initial :

$$C_\infty T_F' - \frac{2a}{T_F' 2V_0} = C_\infty T_0 - \frac{2a}{T_0V_0}$$

Le terme $\frac{2a}{T_F' 2V_0}$ est petit devant $C_\infty T_F'$; on ne commet donc pas une erreur très importante en confondant $\frac{1}{T_F'}$ avec $\frac{1}{T_0}\left(1 - \frac{\Delta T}{T_0}\right) = \frac{2T_0 - T_F'}{T_0^2}$ dans ce terme correctif :

$$\Rightarrow T_F' = T_0 \frac{C_\infty - 4a/V_0T_0^2}{C_\infty - a/V_0T_0^2} = 288{,}2 \text{ K}$$

La pression finale est :

$$P_F' = \frac{RT_F'}{2V_0 - b} - \frac{a}{4V_0^2T_F'} \qquad \Rightarrow \qquad \boxed{P_F' = 1{,}49 \cdot 10^5 \text{ Pa}}$$

ELECTRICITE

A. Electrocinétique :

1)

a) Les impédances des deux associations sont :

$$\underline{Z}' = R' + jL'\omega \quad ; \quad \frac{1}{\underline{Z}} = \frac{1}{R} + \frac{1}{jL\omega}$$

Si elles sont égales : $\underline{Z}' \times \frac{1}{\underline{Z}} = 1 = (R' + jL'\omega)\left(\frac{1}{R} + \frac{1}{jL\omega}\right)$

$$\Rightarrow \boxed{R' = R\frac{L^2\omega^2}{R^2 + L^2\omega^2} \qquad L' = L\frac{R^2}{R^2 + L^2\omega^2}}$$

b) $\frac{R'}{R} = \frac{L^2\omega_0^2}{R^2 + L^2\omega_0^2} = \frac{L'}{L} = \frac{R^2}{R^2 + L^2\omega_0^2} \Rightarrow \boxed{\omega_0 = \frac{R}{L}}$

c) $\boxed{\omega_0 = 10^4 \text{ Hz}}$

2)

a) L'impédance des deux dipôles équivalents en série est :

$\underline{Z}_{AC} = 2(R' + jL'\omega_0) = R(1+j) \Rightarrow$ $\boxed{\underline{Z}_{AC} = R\sqrt{2}\, e^{j\pi/4}}$

b) L'amplitude complexe de i(t) est : $\underline{I} = \frac{U_m}{\underline{Z}_{AC}} = \frac{U_m}{R\sqrt{2}} e^{-j\pi/4}$

$$\boxed{i(t) = \frac{U_m}{R\sqrt{2}} \cos(\omega_0 t - \frac{\pi}{4})}$$

c) Les deux dipôles ayant la même impédance :

$$\boxed{u_1(t) = u_2(t) = \frac{u(t)}{2}}$$

d) On en déduit $\underline{i_1}$ et $\underline{i_2}$:

$\underline{i_1} = \frac{\underline{u_1}}{R}$ et $\underline{i_2} = \frac{\underline{u_2}}{jR} \Rightarrow$ $\boxed{\underline{i_1} = \frac{U_m e^{j\omega_0 t}}{2R} \quad \underline{i_2} = \frac{U_m e^{j(\omega t - \pi/2)}}{2R}}$

e) Les valeurs instantanées et efficaces de u_1 s'écrivent :

$u_1(t) = \frac{U_m}{2} \cos \omega_0 t \Rightarrow \varphi = 0 \; ; \; U_{1eff} = \frac{U_m}{2\sqrt{2}}$

$u_2(t) = u_1(t) \Rightarrow \varphi = 0 \; ; \; U_{2eff} = \frac{U_m}{2\sqrt{2}}$

$i_1(t) = \frac{U_m}{2R} \cos \omega_0 t \Rightarrow \varphi = 0 \; ; \; I_{1eff} = \frac{U_m}{2\sqrt{2}R}$

$i_2(t) = \frac{U_m}{2R} \cos(\omega_0 t - \frac{\pi}{2}) \Rightarrow \varphi = -\frac{\pi}{2} \; ; \; I_{2eff} = \frac{U_m}{2\sqrt{2}R}$

3) Pour que i(t) soit en phase avec u, il faut que l'impédance du dipôle complet soit réelle :

$\underline{Z} = \underline{Z}_{AC} + \frac{1}{jC\omega_0} = R(1+j) - \frac{j}{C\omega_0} \Rightarrow$ $\boxed{C = \frac{1}{R\omega_0} = 1\,\mu F}$

B_ Electronique :

1) Le courant qui traverse R passe entièrement dans C. D'autre part, l'amplificateur étant idéal et fonctionnant en régime linéaire, le potentiel sur l'entrée inverseuse est nul :

$i = \frac{u_E}{R} = \dot{q} = -C\dot{u}_S \Rightarrow$ $\boxed{u_S(t) = u_S(t_0) - \frac{1}{RC}\int_{t_0}^{t} u_e(t)dt}$

2)

a) Notons v_1 et v_2 les tensions de sortie de A_1 et A_3. D'après la question précédente :
$\dot{v}_1 = -v_3/RC$
$\dot{v} = -v_1/RC$
$v_3 = -v$
$\Rightarrow$ $\boxed{\ddot{v} = -v/R^2C^2}$

b) La fréquence propre du circuit est :

$$\boxed{\omega_0 = \frac{1}{RC} = 2000 \text{ Hz}}$$

3) L'impédance équivalente à R_2 et C en parallèle est : $\underline{Z}_c = \frac{R_2}{1 + jR_2C\omega}$
L'entrée inverseuse est une masse virtuelle :

$\underline{I}_1 = \frac{E_m}{R_1} \Rightarrow \underline{s} = -(\underline{Z}_c + R_1)\underline{I}_1 = E_m(1 + \frac{\underline{Z}_c}{R_1})$

$\Rightarrow \underline{\mathcal{H}} = -[1 + \frac{R_2}{R_1(1 + jR_2C\omega)}] = -\frac{R_1 + R_2}{R_1} \cdot \frac{1 + j\frac{R_1R_2}{R_1+R_2}C\omega}{1 + jR_2C\omega}$

$$\boxed{\tau = R_2 C \qquad \tau' = \frac{R_1 R_2}{R_1 + R_2} C}$$

b) Le module de $\underline{\mathcal{H}}(j\omega)$ est :

$$H = \frac{\tau}{\tau'}\sqrt{\frac{1+\omega^2\tau'^2}{1+\omega^2\tau^2}} \Rightarrow \boxed{G_{dB} = 20 \log H = 5{,}54 \text{ à } 1 \text{ kHz}}$$

$\tau = 10^{-2}$ s $\quad \tau' = 9{,}9 \cdot 10^{-5}$ s

Mécanique newtonienne du point

Jean-Pierre Meullenet, Bruno Spenlehauer

Rappels de cours, exercices et problèmes corrigés.

Le passage de l'enseignement secondaire à l'enseignement supérieur, que ce soit en classe de Mathématiques Supérieures ou en première année d'Université, pose au bachelier moyen un certain nombre de problèmes. Il lui est demandé d'assimiler vite des notions nouvelles et souvent approfondies. Notre expérience nous a montré qu'alors, très peu de choses suffisent à le couler mais aussi qu'un encouragement minimie pouvait l'aider à s'en sortir.

Notre ambition est donc en écrivant cet ouvrage de stimuler la combativité de l'élève en lui proposant une méthode de travail pour acquérir des *notions de base solides*.

Nous avons essayé d'éviter l'écueil du livre encyclopédique qui contiendrait « tous les types d'exercices susceptibles de tomber » et refusé de nous adresser aux sur-doués.

Chaque chapitre contient un *rappel de cours*, une série d'*exercices gradués et corrigés* et une série de *tests avec réponses*, pour vérifier les degré d'acquisition du lecteur et lui permettre de situer son niveau.

Enfin, de *petites questions* dispersées sont là pour contrôler si les chapitres antérieurs sont assimilés et aussi pour stimuler celui qui, découragé, « décrocherait ».

I – Rappels et compléments de mathématiques : 1. Calcul vectoriel – Exercices – 2. Équations différentielles – Exercices – Tests. **II – Cinématique classique du point matériel :** 1. Vecteur-position et trajectoire – 2. Vecteur-vitesse – 3. Vecteur-accélération – 4. Composition des mouvements – Exercices – Tests. **III – Dynamique du point matériel dans un repère galiléen :** 1. Référentiels galiléens et principe d'inertie – 2. Relations de base – 3. Moment cinétique - Théorème du moment cinétique – 4. Théorème de l'énergie cinétique – 5. Point lié à une courbe ou à une surface - Exercices – 6. Énergie potentielle – Exercices – Tests. **IV – Dynamqique et statique dans un référentiel non galiléen :** 1. Force d'inertie – 2. Statique – 3. Cas des repères terrestres – Exercices – Tests. **V – Oscillateurs :** 1. Définition – 2. Oscillateur libre à une dimension – 3. Oscillateur libre à deux dimensions - Exercices – 4. Oscillations forcées - Résonance - Exercices – 5. Stabilité d'un équilibre et puits de potentiel – Exercices – Tests. **VI – Interaction entre deux particules, énergie potentielle d'interaction – Mouvement d'un point dans un champ de forces central :** 1. Considérations générales – 2. Mouvement du barycentre G – 3. Mouvements des points – 4. Propriétés du mouvement de M – 5. Mouvement d'un point dans un champ de forces central – Exercices – Tests. **VII – Champ de gravitation – Pesanteur – Mouvement d'un point matériel dans un champ en $1/r^2$:** 1. Champs de gravitation - Pesanteur - Exercices – 2. Mouvement d'un point matériel dans un champ newtonien – Exercices – Tests. **VIII – Choc entre deux particules - Choc entre une particule et un point fixe :** 1. Définition et propriété fondamentale d'un choc – 2. Choc élastique entre deux particules – 3. Choc d'une particule et d'une paroi fixe – 4. Notion de choc mou - Coefficient de restitution – Exercices – Tests

288 pages 17,5 x 26 – ISBN 2-7298-0330-0 – 1982

DOUAI 89 — Chauffage d'une école – Equilibre d'une sphère pesante électriquement chargée – Le fer et ses composés : thermodynamique, précipitation, oxydation.

I-CHIMIE

Les parties A, B et C sont indépendantes.

LE FER ET SES COMPOSES

Données :

- Les gaz sont considérés comme étant parfaits.
- Constante des gaz parfaits : $R = 8,31\ J.mol^{-1}.K^{-1}$
- Produit ionique de l'eau : $K_e = 10^{-14}$
- Constante d'acidité du couple $Fe^{2+}/FeOH^+$: $K_{a_1} = 3,2.10^{-10}$
- Constante d'acidité du couple NH_4^+/NH_3 : $K_{a_2} = 6,3.10^{-10}$
- Produit de solubilité de $Fe(OH)_2$: $K_s = 10^{-15}$
- Masse molaire du fer : $M_{Fe} = 55,9\ g.mol^{-1}$

A. - Détermination de l'enthalpie de formation de Fe_3O_4.

Cette détermination peut être réalisée à l'aide d'une bombe calorimétrique qui est un récipient en acier épais, hermétiquement fermé et de volume constant. Comme le montre le schéma ci-après, la bombe calorimétrique est immergée dans l'eau d'un calorimètre dont les parois sont adiabatiques.

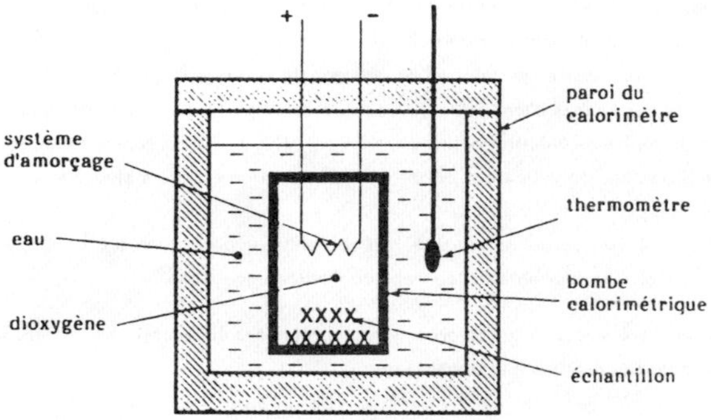

Un échantillon de $1,8.10^{-2}$ mol de fer, sous forme de copeaux, est introduit dans la bombe calorimétrique qui est ensuite remplie de dioxygène. La bombe est alors plongée dans l'eau du calorimètre. Après quelques minutes, la température de l'eau se stabilise à 296,71 K. Puis le système d'amorçage provoque une étincelle qui déclenche la combustion totale du fer, le produit de cette réaction étant l'oxyde de fer Fe_3O_4 solide. Après stabilisation, la température de l'eau du calorimètre est égale à 298,00 K.

1/ Ecrire la réaction de combustion du fer.

2/ Calculer la variation d'énergie interne correspondant à la formation isotherme à 298 K d'une mole de Fe_3O_4, sachant que, avant la combustion du fer, la capacité thermique C du calorimètre et de tout son contenu est égale à 5150 $J.K^{-1}$.

3/ En déduire l'enthalpie de formation d'une mole de Fe_3O_4 à 298 K.

B. - Précipitation de $Fe(OH)_2$.

1/ Une solution aqueuse *(S)* contient 0,1 $mol.\ell^{-1}$ de chlorure de fer II $FeC\ell_2$ qui est entièrement dissocié dans l'eau en ions Fe^{2+} et $C\ell^-$.
Déterminer le pH de la solution *(S)* en considérant l'équilibre :

$$Fe^{2+} + 2\,H_2O \leftrightarrows FeOH^+ + H_3O^+.$$

Les approximations doivent être justifiées.

2/ De l'ammoniac NH_3 est ajouté à la solution *(S)*, sans variation de volume, jusqu'à ce que l'hydroxyde de fer II $Fe(OH)_2$ commence à précipiter.

a) Calculer le pH au début de la précipitation de $Fe(OH)_2$ dans ces conditions.

b) Calculer le nombre de moles de NH_3 qu'il a fallu ajouter à 1 litre de solution *(S)* pour obtenir le début de la précipitation de $Fe(OH)_2$.

C. - Détermination de la teneur en fer d'un minerai.

Un échantillon de 2,12 g de minerai contenant l'élément fer uniquement sous forme Fe_2O_3 est attaqué par une solution aqueuse d'acide chlorhydrique.
L'oxyde de fer passe alors en solution suivant la réaction :

$$Fe_2O_3 + 6\,(H^+ + C\ell^-) \longrightarrow 2\,(Fe^{3+} + 3\,C\ell^-) + 3\,H_2O.$$

Tous les ions Fe^{3+} sont ensuite réduits à l'état d'ions Fe^{2+} par l'ajout de 20 $m\ell$ de solution de chlorure d'étain II ($Sn^{2+} + 2\,C\ell^-$) à 0,5 $mol.\ell^{-1}$, les ions étain II sont alors en excès.

On ajoute ensuite une solution de chlorure de mercure II ($Hg^{2+} + 2\,C\ell^-$) qui n'oxyde que l'excès d'ions étain II. Au cours de cette réaction, il y a formation d'un précipité de chlorure de mercure I ($Hg_2C\ell_2$) qui est séparé de la solution par filtration. Un indicateur coloré d'oxydoréduction est alors ajouté à la solution.

Il faut verser 24 $m\ell$ de solution de dichromate de potassium($2\,K^+ + Cr_2O_7^{2-}$) à 0,1 $mol.\ell^{-1}$ pour obtenir le virage de l'indicateur coloré.

1/ Ecrire les réactions qui se produisent au cours des différentes opérations du dosage. Les couples intervenants sont :

$$Fe^{3+}/Fe^{2+}, \quad Sn^{4+}/Sn^{2+}, \quad Hg^{2+}/Hg_2^{2+}, \quad Cr_2O_7^{2-}/Cr^{3+}$$

2/ Pourquoi faut-il oxyder l'excès d'ions étain II ?

3/ Calculer le pourcentage en masse du fer dans le minerai.

4/ Calculer le nombre de moles d'ions mercure II consommés lors de ce dosage.

II - THERMODYNAMIQUE

Les parties A et B sont indépendantes.

CHAUFFAGE D'UNE ECOLE

On étudie le chauffage d'une école pendant une journée d'hiver. On appelle T_{ext} la température de l'air à l'extérieur de l'école. On suppose qu'à chaque instant, toute l'école est à la même température T.

Quand l'école reçoit une quantité de chaleur élémentaire δQ, sa température T varie de dT, suivant la relation :

$$\delta Q = C \, dT ,$$

C étant la capacité thermique de toute l'école.

On suppose que la chaleur perdue par l'école (à cause des déperditions thermiques à travers les murs, le toit ...) pendant la durée dt est égale à :

$$\delta Q_{perdue} = a \, C \, (T - T_{ext}) \, dt ,$$

a étant une constante.

On donne : $T_{ext} = 263$ K ; $C = 7{,}6.10^{7}$ J.K^{-1} ; $a = 7{,}9.10^{-5}$ s^{-1}.

A. - 1/ On arrête le chauffage de l'école à l'instant $t = 0$, la température de l'école étant $T_1 = 293$ K.

a) En faisant un bilan thermique, établir l'équation différentielle vérifiée par T (fonction du temps t).

b) Déterminer la température T de l'école à un instant t quelconque.

c) Calculer T à l'instant $t_1 = 3$ heures.

2/ On suppose maintenant qu' à l'instant $t = 0$, la température de l'école est $T_2 = 275$ K et le chauffage de l'école est mis en fonctionnement ; les radiateurs dégagent une puissance thermique $\mathcal{P} = 210$ kW constante au cours du temps.

a) Etablir l'équation différentielle vérifiée par T (fonction du temps t).

b) Déterminer la température T de l'école à un instant t quelconque.

c) Calculer l'instant t_2 pour lequel la température de l'école est égale à 293 K.

B. - Soit une pompe à chaleur dans laquelle de l'air (assimilable à un gaz parfait) décrit le cycle $ABCDA$ constitué par les transformations réversibles suivantes (le point de départ A étant défini par la pression P_A, le volume V_A et la température T_{ext}) :

- AB : *chauffage isochore* jusqu'à la température T_1,
- BC : *compression isotherme*, le volume en C étant V_C,
- CD : *refroidissement isochore* jusqu'à la température T_{ext},
- DA : *détente isotherme*.

On donne : $P_A = 10^5$ Pa ; $V_A = 1{,}4$ m^3 ; $T_{ext} = 263$ K ;
$T_1 = 293$ K ; $V_C = 0{,}38$ m^3 ;

constante des gaz parfaits : $R = 8{,}31\ J.mol^{-1}.K^{-1}$;

la capacité thermique molaire à volume constant c_V *de l'air est constante et vaut* $20{,}8\ J.mol^{-1}.K^{-1}$.

1/ a) Calculer numériquement les quantités de chaleur Q_{AB}, Q_{BC}, Q_{CD} et Q_{DA} reçues par l'air au cours de chacune des transformations AB, BC, CD et DA.

b) Calculer numériquement les travaux W_{AB}, W_{BC}, W_{CD}, W_{DA} et le travail W reçu par l'air au cours du cycle.

c) Calculer numériquement les variations d'entropie ΔS_{AB}, ΔS_{BC}, ΔS_{CD} et ΔS_{DA}.

d) On a vu que : $Q_{AB} = -Q_{CD}$. Un dispositif appelé régénérateur accumule la chaleur $|Q_{CD}|$ dégagée par l'air et la restitue pendant la transformation AB au cours du cycle suivant.

On définit donc le coefficient de performance η de cette pompe à chaleur par :

$$\eta = \frac{|Q_{BC}|}{W}$$

Déterminer η en fonction uniquement de T_{ext} et T_1.

2/ On utilise cette pompe à chaleur pour chauffer l'école, la source de chaleur à la température T_{ext} étant constituée par l'air extérieur à l'école et la source de chaleur à la température T_1 étant constituée par l'école elle-même.

L'école est initialement à la température T_1 et la pompe à chaleur fonctionne en régime permanent de telle sorte que la température de l'école reste égale à T_1.

a) Calculer sous forme littérale puis numériquement la puissance mécanique $\mathcal{P}_m$ du moteur qui entraine la pompe à chaleur (on suppose que cette puissance mécanique est transmise intégralement à l'air qui décrit le cycle dans la pompe à chaleur).

b) Cette puissance mécanique $\mathcal{P}_m$ est fournie par un moteur Diesel qui a un rendement $r = 30\ \%$; on rappelle que :

$$r = \frac{|W_\ell|}{Q_\ell}$$

$|W_\ell|$ étant le travail fourni par le moteur Diesel quand il a consommé 1 litre de gazole, Q_ℓ étant la quantité de chaleur dégagée par la combustion de 1 litre de gazole. On donne : $Q_\ell = 33.10^6\ J.\ell^{-1}$.

Calculer sous forme littérale puis numériquement la consommation de gazole q_v (exprimée en litres par heure).

c) Un dispositif permet de récupérer 60 % de la quantité de chaleur perdue par le moteur Diesel et de l'utiliser, en complément de la pompe à chaleur, pour chauffer l'école.

Calculer la nouvelle consommation de gazole q'_v.

III - ELECTROSTATIQUE

A. - DISTRIBUTION CIRCULAIRE DE CHARGES

1/ On considère, dans le vide de permittivité ε_0, une distribution uniforme de charges électriques sur un cercle (de rayon R, de centre O et d'axe $z'z$ vertical ascendant), la charge linéique λ étant positive.

a) Déterminer le champ $\vec{E}$ et le potentiel électrostatique V en un point M de cote z appartenant à l'axe $z'z$ de la distribution de charges.

b) Tracer les variations de la norme du champ électrique $\vec{E}$ et du potentiel V en fonction de la cote z du point M. On précisera, s'il y a lieu, les positions des extremums de ces courbes.

2/ Montrer qu'à la distance r de l'axe ($r \ll R$), au voisinage de celui-ci, le champ électrique possède une composante radiale E_r telle que :

$$E_r = - \frac{r}{2} \frac{\partial E_z}{\partial z}$$

E_z étant la composante verticale de $\vec{E}$.

Pour ce faire, on pourra appliquer le théorème de Gauss à un cylindre élémentaire de rayon r, de hauteur dz, d'axe $z'z$ et de cote z.

B. - EQUILIBRE D'UNE SPHERE PESANTE ET CHARGEE

1/ L'axe vertical $z'z$ est matérialisé par un fil fin sur lequel peut coulisser sans frottement une sphère quasi ponctuelle pesante de masse m portant une charge q positive.

On appelle $\vec{g}$ l'accélération de la pesanteur, de norme constante.

a) Montrer que la masse de la sphère doit être inférieure à une certaine valeur m_{max} pour que la sphère ait au moins une position d'équilibre.

On exprimera m_{max} en fonction de ε_0, R, λ, q et $\|\vec{g}\|$.

Dans la suite du problème, on suppose que m est inférieure à m_{max}.

b) Tracer la courbe représentative de la norme de la force d'origine électrostatique en fonction de la cote z.

c) En exploitant la courbe précédente (aucun calcul n'est demandé), montrer qu'il existe une position d'équilibre stable (la sphère écartée de cette position tend à y revenir) et une position d'équilibre instable (la sphère écartée de cette position tend à s'en éloigner).

2/ Soit z_e la cote de la position d'équilibre stable. On écarte la sphère pesante et chargée d'une distance x_0 très petite par rapport à z_e.

a) On fait le changement de variable $z = z_e + x$.
Etablir l'équation différentielle vérifiée par x (fonction du temps t).

b) Montrer que l'équation différentielle des petites oscillations de la sphère peut s'écrire de la façon suivante :

$$\frac{d^2x}{dt^2} + \omega_0^2 x = 0 ,$$

ω_0 étant une constante à déterminer en fonction de z_e et des données du problème.

c) Etablir la relation entre x et le temps t.

On donne : à $t = 0$: $x = x_0$; $\frac{dx}{dt} = 0$

3/ On ajoute une seconde distribution uniforme de charges sur un cercle de centre O' ayant même rayon R et même axe $z'z$ que le premier. Soient $2L$ la distance OO', λ' la charge linéique uniforme de cette distribution et H le milieu de OO'.

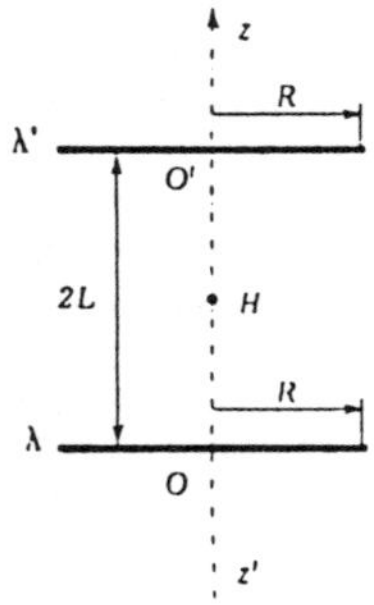

a) Déterminer la relation entre λ, λ' et les données du problème, pour que la sphère de charge q et de masse m soit en équilibre en H.

b) On enlève la sphère chargée et les deux distributions de charges sont telles que : $\lambda' = -\lambda$.

Etablir la relation entre R et L pour que, sur l'axe $z'z$ et au voisinage du point H, le champ électrostatique varie le moins possible.

I) Chimie : le fer et ses composés

A) Détermination de l'enthalpie de formation de Fe_3O_4 :

1) La réaction de combustion du fer s'écrit :

$$3Fe + 2O_2 \longrightarrow Fe_3O_4$$

2) On peut imaginer un chemin de transformation menant de Fe et O_2 à 298 K, à FeO_4 à 298 K en passant par Fe et O_2 à 296,71 K :

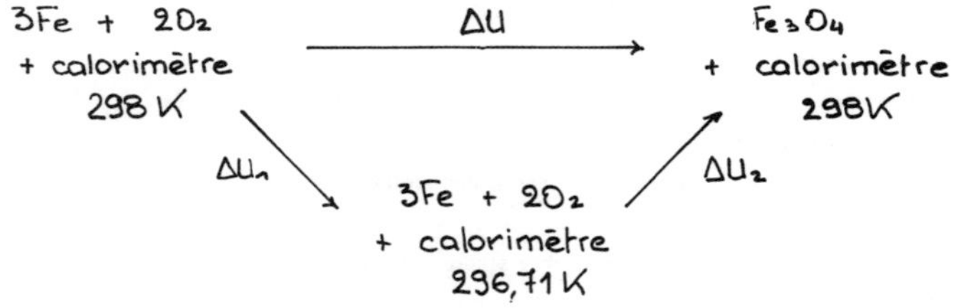

$\Delta U = \Delta U_1 + \Delta U_2$

$\Delta U_2 = 0$ car le système ne reçoit ni travail ni chaleur.

$\Delta U_1 = C(296,71 - 298) = -6,64$ kJ

$$\Longrightarrow \boxed{\Delta U = -6,64 \text{ kJ}}$$

3) L'enthalpie de formation d'une mole de Fe_3O_4 à 298 K est donc :

$\Delta H = \Delta U - 2RT$ $\Longrightarrow$ $\boxed{\Delta H = -11{,}60\,kJ}$

B) Précipitation de $Fe(OH)_2$

1) Les ions Fe^{2+} constituent un acide faible peu dilué donc peu dissocié :

$pH = \frac{1}{2}(pKa_1 + pC)$ $\Longrightarrow$ $\boxed{pH = 5{,}25}$

On vérifie que $[Fe^{2+}] \gg [FeOH^+]$ et $h \gg \omega$

2)

a) On fait l'hypothèse qu'en début de précipitation, le pH est suffisamment faible (inférieur à $pK_1 = 9{,}49$) pour que les ions Fe^{2+} soient beaucoup plus abondants que les ions $FeOH^+$

$[Fe^{2+}]\,\omega^2 = Ks$ et $[Fe^{2+}] = 10^{-1}$ M

$\Longrightarrow$ $\omega = 10^{-7}$ $\Longrightarrow$ $\boxed{pH = 7}$

L'hypothèse de départ était donc justifiée.

b) Ecrivons la relation d'électroneutralité :

$[NH_4^+] + h + 2[Fe^{2+}] + [FeOH^+] = [Cl^-] + \omega$

Or $h = \omega$ et $2([Fe^{2+}] + [FeOH^+])$ $[Cl^-] = 2.10^{-1}$ M

$\Longrightarrow$ $[NH_4^+] = [FeOH^+]$

$[FeOH^+] = [Fe^{2+}]\frac{K_1}{h} = \frac{10^{-1} \times 3{,}2.10^{-10}}{10^{-7}} = 3{,}2\,.10^{-4}$ M

$[NH_3] = [NH_4^+]\frac{K_2}{h} = \frac{3.2.10^{-4} \times 6{,}3.10^{-10}}{10^{-7}} = 2.10^{-6}$ M

Il a donc fallu ajouter $3{,}22.10^{-4}$ moles d'ammoniaque pour observer le début de la précipitation de $Fe(OH)_2$.

c) Détermination de la teneur en fer d'un minerai

1) Les réactions d'oxydo reduction et de précipitation qui se produisent sont les suivantes :

$$2Fe^{3+} + Sn^{2+} \longrightarrow 2Fe^{2+} + Sn^{4+}$$

$$2Hg^{2+} + Sn^{2+} \longrightarrow 2Hg^{+} + Sn^{4+}$$

$$2Hg^{+} + 2Cl^{-} \longrightarrow Hg_2Cl_2$$

$$6Fe^{2+} + Cr_2O_7^{2-} + 14H_3O^{+} \longrightarrow 6Fe^{3+} + 2Cr^{3+} + 21\,H_2O$$

2) Il faut oxyder l'excès d'ions Sn II pour ne pas les doser par le dichromate en même temps que le fer.

3) Le nombre d'ions Fe^{2+} oxydés par le dichromate est n_1 :

$n_1 = 6\,n(Cr_2O_7^{2-}) = 6 \times 0{,}1.10^{-3} \times 24 = 1{,}44.10^{-2}$

$\Longrightarrow \quad m_1 = 1{,}44.10^{-2} \times 55{,}9 = 0{,}80\,g$

Ce qui représente un pourcentage en masse du minerai de 38 %.

4) Le nombre initial de moles d' Etain II était n_o :

$n_o = 20.10^{-3} \times 0{,}5 = 10^{-2}$

Les ions Fe^{3+} en ont oxydé n :

$n = \frac{1}{2} n_1 = 7{,}2.10^{-3}$

Il en reste donc n' à oxyder par le Mercure II :

$n' = n_o - n = 2{,}8.10^{-3}$

qui le seront par $n_2 = 2n'$ moles d' ions Mercure II

$\boxed{n_2 = 5{,}6.10^{-3}}$

II) Thermodynamique : chauffage d' une école.

A)

1)

a) Pendant dt la variation de température de l' école est dT :

$$CdT = -aC(T - T_{ext})dt \Longrightarrow \boxed{\frac{dT}{dt} + a(T - T_{ext}) = 0}$$

b) la solution de cette équation différentielle est :

$$\ln \frac{T - T_{ext}}{T_1 - T_{ext}} = -at \Longrightarrow \boxed{T = T_{ext} + (T_1 - T_{ext})e^{-at}}$$

c) Au bout de 3 heures, la température vaut :

$$T_3 = 263 + 30\,e^{-7{,}9.10^{-5} \times 3 \times 3600} \Longrightarrow \boxed{T_3 = 275{,}8\,K}$$

2)

a) $CdT = (\mathcal{P} - aC(T - T_{ext})dt \Longrightarrow \boxed{dt = \frac{CdT}{\mathcal{P} - a(T - T_{ext})}}$

b) $t = \frac{1}{a} \ln \frac{\mathcal{P} - aC(T_2 - T_{ext})}{\mathcal{P} - aC(T - T_{ext})} \Longrightarrow \boxed{T = T_{ext} + \frac{\mathcal{P}}{aC} - \left[\frac{\mathcal{P}}{aC} - (T_2 - T_{ext})\right]e^{-at}}$

c) La température est 293 K lorsque :

$$t_2 = \frac{1}{7{,}9.10^{-5}} \ln \frac{210.10^{-3} - 7{,}9.10^{-5} \times 7{,}6.10^{7}(275 - 263)}{210.10^{-3} - 7{,}9.10^{-5} \times 7{,}6.10^{7}(293 - 263)} = 19363\,s$$

$$\Longrightarrow \boxed{t_2 = 5h23mn}$$

B) Représentons le cycle dans le diagramme de Clapeyron :

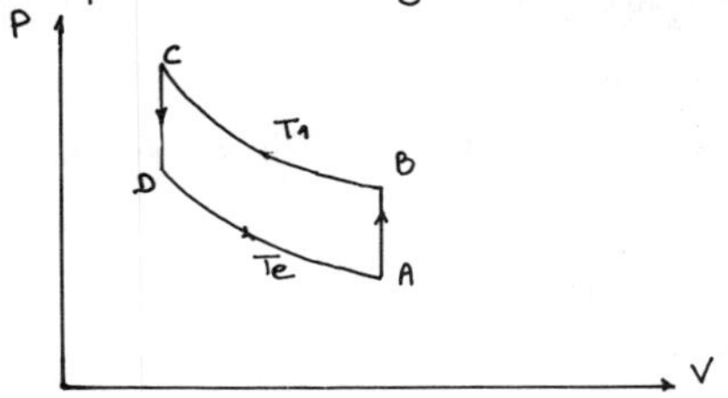

1)

a) Les quantités de chaleur reçues par l'air sont :

$$Q_{AB} = nC_v(T_1 - T_{ext}) = \frac{P_AV_A}{R} C\left(\frac{T_1}{T_{ext}} - 1\right) \Longrightarrow \boxed{Q_{AB} = 40\,kJ}$$

$$Q_{BC} = \frac{P_AV_A}{T_{ext}} T_1 \ln\frac{V_c}{V_A} \Longrightarrow \boxed{Q_{BC} = -203{,}4\,kJ}$$

$$Q_{CD} = nC_v(T_{ext} - T_1) = -Q_{AB} \Longrightarrow \boxed{Q_{CD} = -40\,kJ}$$

$$Q_{DA} = P_AV_A \ln\frac{V_A}{V_c} \Longrightarrow \boxed{Q_{DA} = 182{,}6\,kJ}$$

b) Les travaux reçues par l'air sont :

$W_{AB} = W_{CD} = 0$ Car les transformations sont isochores

$W_{BC} = -Q_{BC} = 203{,}4\,kJ$
$W_{DA} = -Q_{DA} = -182{,}6\,kJ$ Car les transformations sont isothermes.

c) Les variations d'entropie s'écrivent :

$$\Delta S_{AB} = nC_v \ln\frac{T_1}{T_{ext}} = \frac{P_AV_A}{R\,T_{ext}} C_v \ln\frac{T_1}{T_{ext}} \Longrightarrow \boxed{\Delta S_{AB} = 143{,}9\,JK^{-1}}$$

$$\Delta S_{BC} = \frac{Q_{BC}}{T_1} \Longrightarrow \boxed{\Delta S_{BC} = -694\,JK^{-1}}$$

$$\Delta S_{CD} = nC_v \ln\frac{T_{ext}}{T_1} = -\Delta S_{AB} \Longrightarrow \boxed{\Delta S_{CD} = -143{,}9\,JK^{-1}}$$

$$\Delta S_{DA} = \frac{Q_{DA}}{T_{ext}} = -\Delta S_{BC} \Longrightarrow \boxed{\Delta S_{DA} = 694\,JK^{-1}}$$

d) Le coefficient de performance de la pompe peut s'exprimer uniquement à partir des températures T_1 et T_{ext} :

$$\eta = \frac{-\frac{P_AV_A}{T_{ext}} T_1 \ln\frac{V_c}{V_A}}{P_AV_A \frac{T_1}{T_{ext}} \ln\frac{V_c}{V_A} - P_AV_A \ln\frac{V_A}{V_c}} \Longrightarrow \boxed{\eta = \frac{T_1}{T_1 - T_{ext}} = 9{,}77}$$

2)

a) La puissance thermique consommée par l'école compense exactement les fuites thermiques :

$$\mathcal{P}_{Th} = \frac{d|Q_{BC}|}{dt} = aC(T_1 - T_{ext})$$

La puissance mécanique nécessaire pour fournir cette puissance thermique vaut : $\mathcal{P}_m = \dfrac{\mathcal{P}_{th}}{\eta}$ $\Longrightarrow$ $\boxed{\mathcal{P}_m = \dfrac{aC(T_1 - T_{ext})^2}{T_1} = 18{,}44\ kW}$

b) Le travail utilisé en une heure est $W = 3600\,\mathcal{P}_m$. Il correspond à une consommation de gazole :

$q_v = \dfrac{Q}{Q_e}$ $\Longrightarrow$ $\boxed{q_v = \dfrac{1}{Q_e}\,\dfrac{3600\,\mathcal{P}_m}{r} = 6{,}70\ l\,h^{-1}}$

c) Dans le moteur Diesel, le fluide thermique fournit $|W|$ à l'extérieur, $|Q_f|$ à la source froide et reçoit Q_c de la source chaude.

$Q_c = q'_v\,Q_e$

La chaleur récupérée est $0{,}6|Q_f|$ soit :

$Q_f = -W - Q_c = |W| - Q_c < 0 \implies |Q_f| = Q_c - |W| \implies 0{,}6|Q_f| = 0{,}6(q'_v Q_e - |W|)$

La chaleur fournie par la pompe à chaleur est : $Q_{pc} = \eta|W|$

La somme de ces deux chaleurs compense les fuites thermiques pendant une heure : $0{,}6(q'_v Q_e - |W|) + \eta|W| = 3600\,aC(T_1 - T_{ext})$

Or dans le moteur Diesel $|W| = r\,q'_v\,Q_e$

$\implies q'_v Q_e\big((\eta - 0{,}6)r + 0{,}6\big) = 3600\,aC(T_1 - T_{ext})$

$\Longrightarrow$ $\boxed{q'_v = \dfrac{aC(T_1 - T_{ext})}{Q_e((\eta - 0{,}6)r + 0{,}6)} = 5{,}86\ l\,h^{-1}}$

Cette récupération de chaleur a donc permis d'améliorer le rendement global de l'installation.

III) Electrostatique.

A) Distribution circulaire de charges

1)

a) Tous les éléments de longueur du cercle sont équidistants du point M sur l'axe zz' :

$V = \dfrac{\lambda\,2\pi R}{4\pi\varepsilon_0}\,\dfrac{1}{\sqrt{R^2 + z^2}}$ $\Longrightarrow$ $\boxed{V = \dfrac{\lambda R}{2\varepsilon_0}\,\dfrac{1}{\sqrt{R^2 + z^2}}}$

Par symétrie, le champ $\vec{E}(M)$ est porté par l'axe $\vec{Oz}$, donc

$\bar{E} = -\dfrac{\partial V}{\partial z}$ $\Longrightarrow$ $\boxed{\bar{E} = \dfrac{\lambda}{2\varepsilon_0}\,\dfrac{Rz}{(R^2 + z^2)^{3/2}}}$

b) Le potentiel est continu. Il possède un maximum en $z = 0$.

La norme de E passe par un maximum pour $z = \pm\dfrac{R}{\sqrt{2}}$

$\dfrac{dE}{dz} = \dfrac{\lambda R}{2\varepsilon_0}\,\dfrac{R^2 - 2z^2}{(R^2 + z^2)^{5/2}}$

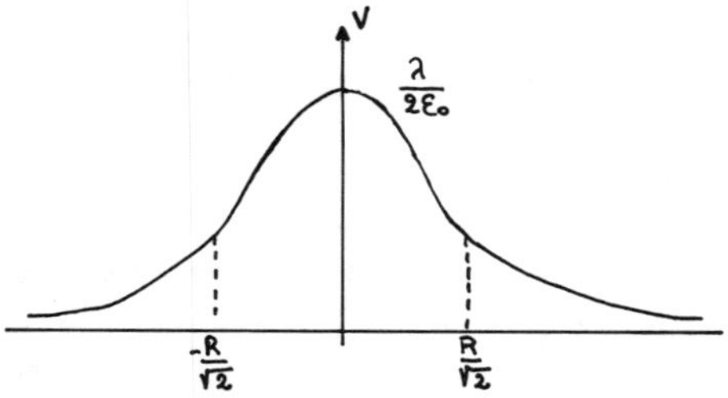

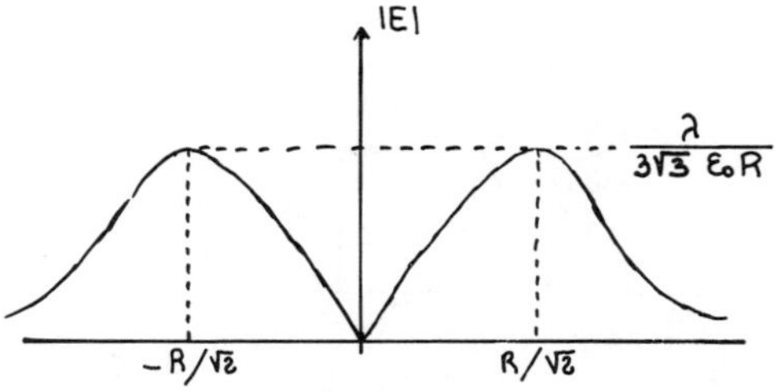

2)

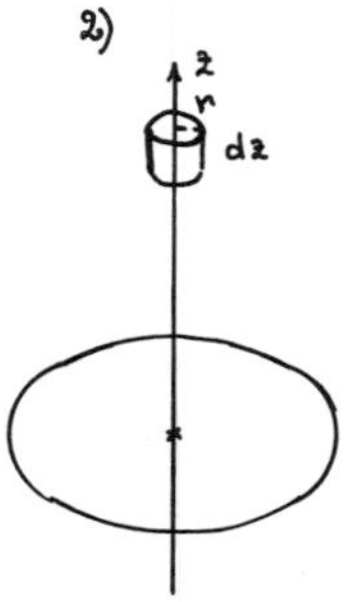

Le flux de $\vec{E}$ à travers un cylindre de hauteur dz et de rayon r est nul car le cylindre ne contient aucune charge.

$$\Psi = 0 = \pi r^2 \left[E_z(z+dz) - E_z(z) \right] + 2\pi r\, dz\, E_r$$

$$\Longrightarrow \quad r\,\frac{\partial E_z}{\partial z}\,dz + 2\,E_r\,dz = 0$$

$$\Longrightarrow \quad \boxed{E_r = -\frac{r}{2}\frac{\partial E_z}{\partial z}}$$

B) Equilibre d'une spire pesante et chargée

1)

a) La résultante algébrique des forces appliquées à m est :

$$\bar{F} = \frac{q\lambda R}{2\varepsilon_0}\,\frac{z}{(R^2+z^2)^{3/2}} - m\|\vec{g}\|$$

Pour qu'elle puisse s'annuler, il faut que mg soit inférieur à la valeur maximale de qE soit $\frac{q\lambda}{3\sqrt{3}\,\varepsilon_0 R}$.

$$\boxed{m_{max} = \frac{q\lambda}{3\sqrt{3}\,\varepsilon_0 R g}}$$

b)

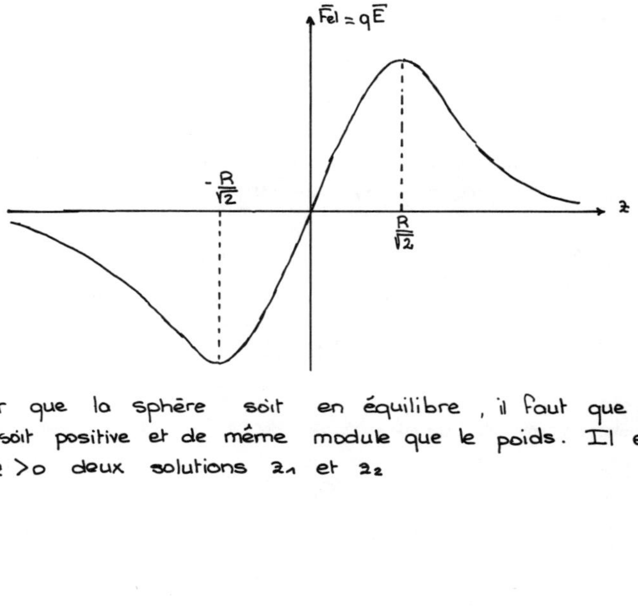

c) Pour que la sphère soit en équilibre, il faut que la force électrique soit positive et de même module que le poids. Il existe donc pour $z > 0$ deux solutions z_1 et z_2

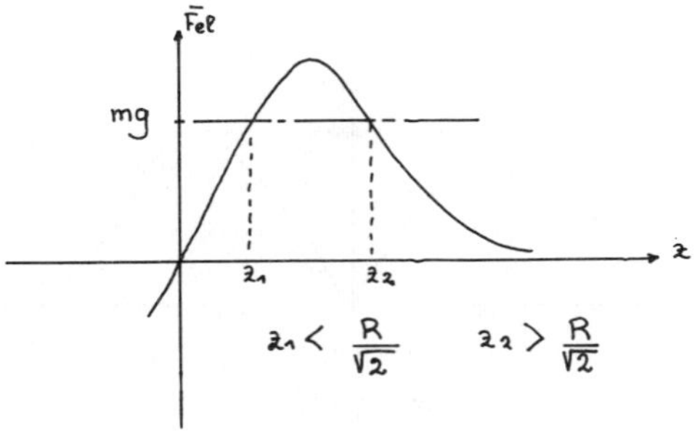

En z_1, si la masse m descend, la force électrique diminue donc m continue de descendre : l'équilibre est instable.

En z_2, si m descend, la force électrique augmente et m remonte ; si m monte, la force électrique diminue donc m redescend : l'équilibre est donc stable.

2)

a) dans la position d'équilibre $z_e = z_2$:

$$-mg + \frac{\lambda q R}{2\varepsilon_0} \frac{z_e}{(R^2 + z_e^2)^{3/2}} = 0$$

Hors de cette position, l'accélération de la particule est donnée par :

$$m\ddot{x} = -mg + \frac{\lambda q R}{2\varepsilon_0} \frac{z_e + x}{(R^2 + (z_e + x)^2)^{3/2}}$$

$$\boxed{m\ddot{x} = \frac{\lambda q R}{2\varepsilon_0}\left[\frac{z_e + x}{(R^2 + (z_e + x)^2)^{3/2}} - \frac{z_e}{(R^2 + z_e^2)^{3/2}}\right]}$$

b) Si les oscillations sont de faible amplitude, on peut faire un développement au voisinage de z_e du terme entre crochets :

$$m\ddot{x} \sim \frac{\lambda q R}{2\varepsilon_0}\left(\frac{df}{dz}\right)_{z = z_e} x \qquad \text{avec} \quad f = \frac{z}{(R^2 + z^2)^{3/2}}$$

$$= \frac{\lambda q R}{2\varepsilon_0}\, x\, \frac{-2z_e^2 + R^2}{(R^2 + z_e^2)^{5/2}}$$

$$\boxed{\ddot{x} = -\omega_0^2 x \quad \text{avec } \omega_0^2 = \frac{\lambda q R}{2\varepsilon_0} \frac{2z_e^2 - R^2}{(R^2 + z_e^2)^{5/2}}}$$

On retrouve la condition de stabilité de l'équilibre $z_e > \frac{R}{\sqrt{2}}$

c) La loi de mouvement est :

$$\boxed{x = x_0 \cos \omega_0 t}$$

3)

a) Soit $\bar{F}_1$ la force exercée par la première distribution en H et $\bar{F}_2$ la force exercée par la deuxième sur m :

$$\bar{F}_1 = \frac{\lambda q R}{2\varepsilon_0} \frac{L}{(R^2 + L^2)^{3/2}} \qquad \bar{F}_2 = -\frac{\lambda' q R}{2\varepsilon_0} \frac{L}{(R^2 + L^2)^{3/2}}$$

La masse m est en équilibre si : $\bar{F}_1 + \bar{F}_2 - mg = 0$

$$\Longrightarrow \frac{qRL}{2\varepsilon_0 (R^2 + L^2)^{3/2}} (\lambda - \lambda') - mg = 0 \Longrightarrow \boxed{\lambda - \lambda' = \frac{mg\, 2\varepsilon_0 (R^2 + L^2)^{3/2}}{qRL}}$$

b) Le champ en M au voisinage de H ($z = L + x$) est :

$$E = \frac{\lambda R}{2\varepsilon_0}\left[\frac{L + x}{(R^2 + (L + x)^2)^{3/2}} + \frac{L - x}{(R^2 + (L - x)^2)^{3/2}}\right]$$

Posons $f(z) = \dfrac{z}{(R^2 + z^2)^{3/2}}$ et faisons-en un développement au voisinage de $z = L$. Le terme entre crochets s'écrit :

$$f(L) + x f'(L) + \frac{x^2}{2} f''(L) + f(L) - x f'(L) + \frac{x^2}{2} f''(L) + o(x^3)$$

$$= 2f(L) + x^2 f''(L) + o(x^3)$$

Pour que E varie le moins possible, il faut que $f''(L)$ soit nul, donc :

$$f''(z) = \frac{z(9R^2 - 6z^2)}{(R^2 + z^2)^{7/2}} \Longrightarrow \boxed{L = \sqrt{\frac{3}{2}}\, R}$$

Circuits électrocinétiques et électroniques

Philippe Denève

Ce recueil d'exercices et de problèmes s'adresse aux élèves des classes préparatoires scientifiques et aux étudiants du premier cycle de l'enseignement supérieur qui abordent l'étude de l'électronique et en particulier celle de l'amplificateur opérationnel.

Il nous a paru utile de rappeler au début de cet ouvrage quelques notions essentielles et indispensables à la résolution des exercices.

Les problèmes qui suivent (dont un certain nombre sont extraits des sujets proposés récemment aux concours d'entrée aux Grandes Écoles Scientifiques) ont été sélectionnés :

– pour leur aspect pratique : ils peuvent conduire facilement à la réalisation de petits montages simples ;

– pour leur aspect formateur : des solutions claires et détaillées permettent aux étudiants de s'habituer aux méthodes de calcul qui régissent l'étude des circuits électrocinétiques et électroniques.

La plupart des exercices peuvent, en principe, être résolus aussi bien par des élèves de Mathématiques Supérieures que par des élèves de Mathématiques Spéciales. Les énoncés et les quelques rappels en début d'ouvrage ont été conçus pour cela. Toutefois, et bien qu'une classification ne soit pas toujours évidente, certains exercices plus difficiles ou faisant trop appel aux notions définies en seconde année de préparation (la rétroaction par exemple) ont été signalés par un astérisque.

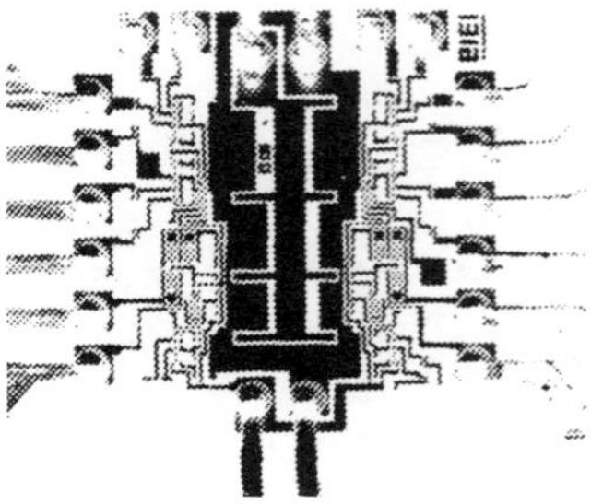

QUELQUES RAPPELS DE COURS
1. Lois de base ou lois de Kirchoff – 2. Les dipôles – 3. Théorèmes fondamentaux – 4. Les quadripôles – 5. L'amplificateur opérationnel – 6. La rétroaction

EXERCICES ET PROBLÈMES
I. Circuits électrocinétiques et électroniques ne contenant pas d'amplificateurs opérationnels
II. Circuits électroniques contenant un ou plusieurs amplificateurs opérationnels

256 pages 17,5 x 26 – ISBN 2-7298-8878-0 – 1988

Électronique-1
Circuits électriques, électroniques, et amplificateur opérationnel idéal

Christian Grossetête

Ce livre s'adresse aux étudiants des classes préparatoires aux Grandes Ecoles Scientifiques (classes de Mathématiques Supérieures et Mathématiques Spéciales) ainsi qu'aux étudiants du premier cycle universitaire.

La partie des nouveaux programmes de Physique des classes de Mathématiques Supérieures et Spéciales concernant les circuits électriques linéaires et les circuits électroniques est traitée en deux volumes. Un troisième volume, comprenant des exercices d'application tirés pour la plupart des oraux de concours et des sujets (ou partie de sujets) d'écrit, tous résolus, devra permettre à l'étudiant d'acquérir une plus grande maîtrise des concepts utilisés en électronique et électrocinétique.

La partie traitée dans ce premier volume correspond essentiellement au programme des classes de Mathématiques Supérieures. Toutefois, les concepts de signal, source, opérateur et charge, ainsi que la définition des opérateurs "multiplication par une constante" idéaux, au programme des classes de Mathématiques Spéciales, sont introduits dès le premier volume.

272 pages 17,5 x 26 - ISBN 2-7298-8741-5 - 1987

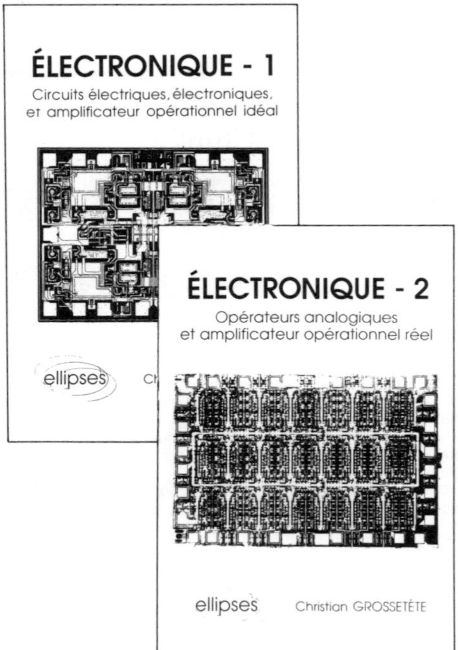

Électronique-2
Opérateurs analogiques et amplificateur opérationnel réel

Christian Grossetête

Ce deuxième volume constitue un ensemble cohérent regroupant trois aspects différents et complémentaires.

Un aspect théorique : toute la partie du programme des classes de Mathématiques Spéciales introduisant "le formalisme et les concepts de base qui sont essentiels pour *modéliser* un circuit électronique dans le double objectif de sa *conception* et de son *analyse*" est traitée dans le détail, les quelques approfondissements jugés nécessaires sont exposés sans formalisme excessif.

Un aspect expérimental : plus de la moitié de cet ouvrage est consacrée à la *pratique de l'amplificateur opérationnel,* "afin de favoriser une prise de conscience de la nature des problèmes techniques tels qu'ils se posent réellement et des moyens, tant théoriques que pratiques, mis en œuvre afin de les maîtriser" ; le rôle formateur joué par les *travaux pratiques* devant être important, tous les montages proposés pourront être réalisés expérimentalement ; un appendice regroupant dans un seul et même chapitre tout ce qui a trait *aux mesures électriques et électroniques* permet de s'y référer à tout moment.

Un aspect "exercices d'application résolus" : la règle d'entrée dans les écoles étant celle des concours, *les circuits analysés avec détail dans cet ouvrage regroupent tous les exemples classiques d'application que l'étudiant pourra rencontrer dans les exercices ou problèmes où l'analyse de situations physiques trouve sa place, et peuvent ainsi constituer une excellente préparation à l'écrit, à l'oral, comme à l'épreuve de travaux pratiques de ces concours.*

288 pages 17,5 x 26 - ISBN 2-7298-8767-9 - 1987

DOUAI 88 — Vibrographe - Simulation d'une self - Pluies acides : pH, précipitation, Cinétique, Cristal de NH4Cl.

I - CHIMIE

. *Les parties A , B et C sont indépendantes.*

PLUIES ACIDES

Les polluants à l'origine de l'acidification des pluies sont essentiellement le dioxyde de soufre SO_2 et le dioxyde d'azote NO_2 provenant de l'activité humaine et, principalement, de la combustion du charbon et des dérivés du pétrole.

A.- ACIDITE DE L'EAU DES NUAGES

A.-1°/ En absence de pollution

Dans ce cas, l'acidité des nuages est celle d'une solution aqueuse en équilibre avec les gaz atmosphériques et, en particulier, avec le dioxyde de carbone CO_2 .

Les seuls équilibres à considérer sont :

(1) $CO_{2(gaz)} \rightleftharpoons CO_{2(dissous)}$ $\qquad K_1 = \dfrac{[CO_2]_{dissous}}{P_{CO_2}} = 2,28.10^{-2}$

$[CO_2]_{dissous}$ = concentration en CO_2 dissous dans l'eau du nuage (en $mol.\ell^{-1}$)

P_{CO_2} = pression partielle de CO_2 dans l'air (en bar).

(2) $CO_{2(dissous)} + H_2O \rightleftharpoons H_2CO_3$ $\qquad K_2 = 5.10^{-3}$

(3) $H_2CO_3 + H_2O \rightleftharpoons HCO_3^- + H_3O^+$ $\qquad K_3 = 1,58.10^{-4}$

(4) $HCO_3^- + H_2O \rightleftharpoons CO_3^{2-} + H_3O^+$ $\qquad K_4 = 5,6.10^{-11}$

(5) $2H_2O \rightleftharpoons H_3O^+ + OH^-$ $\qquad K_e = 10^{-14}$

Les valeurs des constantes d'équilibre sont données à la température du nuage qui demeure constante. La concentration en H_2O est constante et prise en compte, s'il y a lieu, dans les constantes d'équilibre.

La pression atmosphérique est toujours égale à 1 bar. L'air contient 0,03 % de CO_2 (pourcentage volumique) et tous les gaz sont considérés comme étant parfaits.

La concentration totale de CO_2 et des espèces qui en dérivent dans l'eau du nuage est : $[CO_2]_{tot} = 9.10^{-6}\ mol.\ell^{-1}$.

Montrer que $P_{CO_2} = 3.10^{-4}$ bar et calculer le pH de l'eau du nuage dans ces conditions.

A.-2°/ En présence de pollution du nuage par SO_2 et NO_2

2°/a) L'ozone O_3 présent dans les hautes couches de l'atmosphère est à l'origine de la formation du peroxyde de dihydrogène H_2O_2 qui, en solution dans l'eau des nuages, réagit avec le SO_2 gazeux provenant de l'activité humaine pour former de l'acide sulfurique H_2SO_4 entièrement dissous dans l'eau.

Ecrire la réaction de H_2O_2 sur SO_2 .

2°/b) L'ozone réagit également avec NO_2 gazeux pour former du dioxygène O_2 et du pentaoxyde de diazote N_2O_5 gazeux ; ce dernier réagit ensuite avec l'eau du nuage pour former de l'acide nitrique HNO_3 entièrement dissous dans cette eau.

Ecrire les réactions correspondant à ces transformations.

2°/c) En considérant que les transformations précédentes de SO_2 et de NO_2 sont totales, établir la relation entre la concentration molaire h en ions H_3O^+ dans l'eau du nuage et les nombres de moles d'ions SO_4^{2-} et NO_3^-, dissous par litre d'eau de ce nuage.

Données :

- *La pression atmosphérique est égale à 1 bar et le pourcentage volumique de CO_2 dans l'air est constant et égal à 0,03 % .*
- *H_2SO_4 sera considéré comme un acide fort pour ses deux acidités.*
- *HNO_3 est un acide fort.*

2°/d) Calculer la valeur du pH de l'eau de ce nuage si :

$$[SO_4^{2-}] = 1{,}95.10^{-5}\ mol.\ell^{-1} \quad et \quad [NO_3^-] = 6{,}75.10^{-7}\ mol.\ell^{-1} .$$

B.- POLLUTION DES SOLS PAR LES PLUIES ACIDES

L'acidification des sols par les eaux de pluie peut entraîner la libération d'ions $A\ell^{3+}$ à partir des minéraux du sol. Cet ion peut devenir, à partir d'une certaine concentration, toxique pour les racines des plantes.

On considère un kilogramme de sol contenant 17 mg d'aluminium sous forme d'hydroxyde $A\ell(OH)_3$ dont le produit de solubilité à la température de l'expérience est $K_s = 10^{-32}$. La constante de l'équilibre de dissociation de l'eau est de 10^{-14} .

B.-1°/ Calculer la solubilité (en $mol.\ell^{-1}$) de $A\ell(OH)_3$ dans l'eau pure.

B.-2°/ Déterminer le volume d'eau pure nécessaire à la dissolution de 99 % de l'aluminium présent dans 1 kg du sol considéré.

Donnée : masse molaire de l'aluminium : 27 $g.mol^{-1}$.

B.-3°/ On met en contact 1 kg de ce sol avec un litre d'eau pure à laquelle on ajoute goutte à goutte un acide fort, le volume restant pratiquement constant.

3°/a) Expliquer l'incidence de l'apport d'acide sur la solubilité de $A\ell(OH)_3$.

3°/b) Quel est le pH de la solution obtenue lorsque 99 % de l'aluminium présent initialement sont dissous ?

C_1.- CINETIQUE DE LA DECOMPOSITION DE N_2O_5

Le pentaoxyde de diazote N_2O_5 gazeux se transforme dans un récipient de volume constant et à température constante en dioxyde d'azote NO_2 gazeux et en dioxygène O_2 gazeux.

La pression de N_2O_5 ($P_{N_2O_5}$ en millibars) mesurée en fonction du temps (t en minutes) est :

$t_{(mn)}$	0	10	20	40	60	80
$P_{N_2O_5}$(mbar)	458	339	251	138	76	43

Montrer que ces valeurs sont compatibles avec une cinétique du premier ordre en N_2O_5 et calculer la constante de vitesse k .

C_2.- NH_4Cl A L'ETAT SOLIDE

Le chlorure d'ammonium NH_4Cl est l'un des composés constituant les poussières atmosphériques.

La maille d'un cristal de NH_4Cl est un cube d'arête a , les centres des ions chlorures Cl^- sont aux sommets du cube et un ion ammonium NH_4^+ est au centre du cube.

On suppose que les ions sont des sphères de rayons R_A pour l'anion et R_C pour le cation.

Données :

. *Le cation est tangent aux anions et* $\dfrac{R_C}{R_A} = 0,8$.

. *masse volumique du chlorure d'ammonium :* $\rho = 1,53.10^3$ kg.m^{-3} .

. *masses molaires de* N : 14 g.mol^{-1}

de H : 1 g.mol^{-1}

de Cl : 35,5 g.mol^{-1} .

. *nombre d'Avogadro :* $\mathcal{N} = 6,022.10^{23}$ mol^{-1} .

C_2.-1°/ Déterminer le nombre d'ions de chaque sorte par maille.

C_2.-2°/ Calculer l'arête a et en déduire les valeurs des rayons ioniques R_A et R_C .

II - MECANIQUE

ETUDE D'UN VIBROGRAPHE

Soit le vibrographe schématisé ci-dessous.

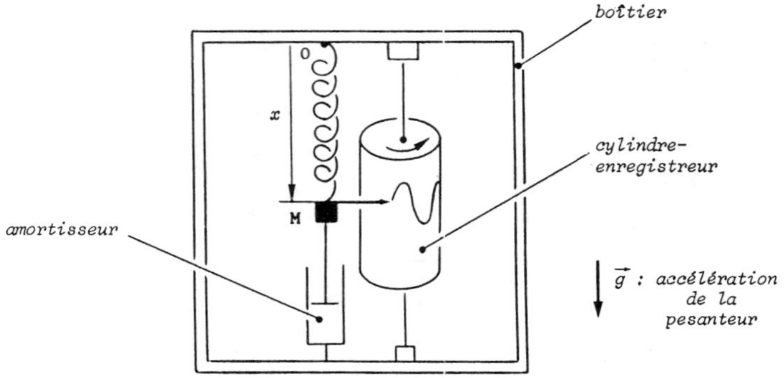

Le point matériel pesant M , de masse m , est suspendu au boîtier par l'intermédiaire d'un ressort de longueur à vide ℓ_o et de raideur k . Ce point M ne peut se mouvoir que verticalement.

On note x l'abscisse de M le long d'un axe vertical descendant dont l'origine O appartient au boîtier.

Un amortisseur exerce sur le point M une force de frottement $\vec{F}$ égale à :

$$\vec{F} = -f\vec{v} \quad ,$$

f étant une constante positive et $\vec{v}$ la vitesse de M par rapport au boîtier.

Un cylindre permet d'enregistrer les variations de x en fonction du temps t .

A.- OSCILLATIONS LIBRES AMORTIES

Le boîtier est initialement fixe par rapport à un référentiel galiléen.

A.- 1°/ Déterminer l'abscisse x_e correspondant à la position d'équilibre du point M .

A.- 2°/ a) Déterminer l'équation différentielle vérifiée par x (fonction du temps t) lorsque le point M est en mouvement.

A.- 2°/ b) On pose :

$$\omega_o^2 = \frac{k}{m} \quad ; \quad Q = \frac{m\,\omega_o}{f} \quad ; \quad X = x - x_e \quad .$$

Déterminer l'équation différentielle vérifiée par X , les coefficients de cette équation différentielle dépendant seulement de ω_o et de Q .

A.- 3°/ On donne :

$$\omega_o = 1{,}80 \text{ rad.s}^{-1} \quad ; \quad Q = 1/2 \quad .$$

Les conditions initiales sont :

$$\text{pour } t = 0 \quad , \quad X = 0 \quad \text{et} \quad \frac{dX}{dt} = V_o \qquad (V_o > 0) \quad .$$

A.- 3°/ a) Déterminer X en fonction de t .

A.- 3°/ b) Calculer l'instant t_1 pour lequel X passe par un maximum.

B.- OSCILLATIONS FORCEES

Q n'est plus égal à 1/2 .

Le boîtier du vibrographe est maintenant fixé sur une machine-outil animée, par rapport à un référentiel (R) galiléen, d'un mouvement de translation rectiligne (suivant la verticale), sinusoïdal, défini par :

$$z = z_m \cos \omega t \quad ,$$

z_m étant une constante et ω la pulsation.

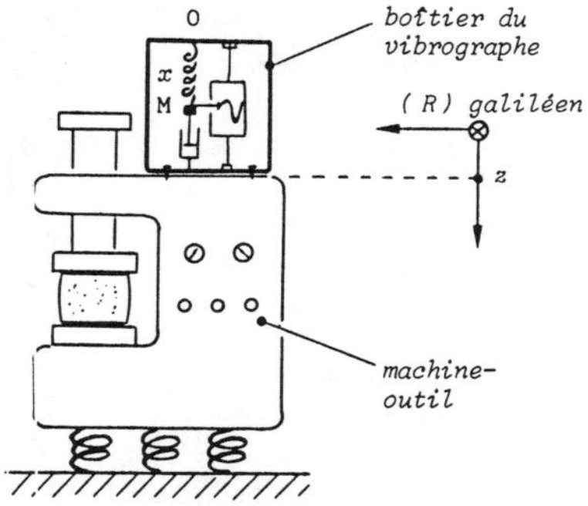

Figure dans un plan vertical

B.- 1°/ a) En raisonnant par rapport à un référentiel lié au boîtier du vibrographe, déterminer l'équation différentielle vérifiée par x fonction de t .

B.- 1°/ b) Montrer que cette équation différentielle se met sous la forme suivante (ω_o , Q et X ayant été définis précédemment) :

$$\frac{d^2X}{dt^2} + \frac{\omega_o}{Q}\frac{dX}{dt} + \omega_o^{\,2} X = z_m \omega^2 \cos \omega t$$

B.- 2°/ a) Déterminer quelle est, en régime forcé, l'amplitude X_m (des oscillations du point M par rapport au boîtier), en fonction de Q , z_m et $u = \omega / \omega_o$.

B.- 2°/ b) Montrer que, lorsque u varie, X_m ne passe par un maximum que si Q est supérieur à une certaine valeur que l'on déterminera.

B.- 2°/ c) Cette condition étant remplie, déterminer la valeur maximale X_{max} de X_m .

B.- 3°/ Tracer la courbe représentant le rapport X_m / z_m en fonction de u pour $Q = 0{,}7$ puis pour $Q = 4$.

B.- 4°/ En régime forcé, on appelle ϕ le retard de phase des oscillations du point M (relativement au boîtier) par rapport aux oscillations de la machine-outil (relativement au référentiel (R) galiléen).

B.- 4°/ a) Déterminer $\cos \phi$ et $\tan \phi$ en fonction de u et de Q .

B.- 4°/ b) Montrer que, si la pulsation ω est beaucoup plus grande que ω_o , alors le point M est quasiment fixe par rapport au référentiel (R) galiléen.

III - ELECTRICITE

SELF VIRTUELLE

1°/ Pour des raisons d'encombrement et de prix, on souhaite remplacer une bobine d'inductance L par un montage utilisant un amplificateur opérationnel supposé parfait. Ce montage est schématisé ci-dessous, un générateur délivrant une tension sinusoïdale, de pulsation ω :

$$u(t) = u_m \cos \omega t$$

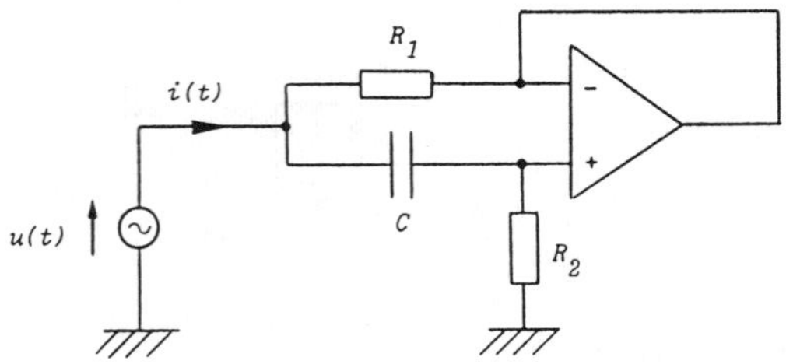

Montrer, en utilisant les représentations complexes $\underline{u}(t)$ de $u(t)$ et $\underline{i}(t)$ de $i(t)$, que l'impédance d'entrée $\underline{Z}_1 = \underline{u}(t) / \underline{i}(t)$ du montage peut s'exprimer sous la forme :

$$\underline{Z}_1 = \frac{a + j\,b\,\omega}{1 + j\,d\,\omega}$$

où a, b et d sont des constantes réelles à déterminer.

2°/ On peut modéliser une bobine d'inductance L par le schéma ci-contre. Elle est branchée aux bornes d'un générateur de tension sinusoïdale, de pulsation ω.

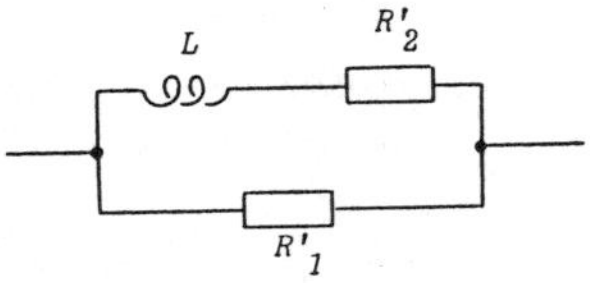

2°/ a) Déterminer l'impédance complexe $\underline{Z}_2$ de cette bobine.

2°/ b) Montrer que, lorsque $R'_1 >> R'_2$, l'impédance $\underline{Z}_2$ peut se mettre sous la forme :

$$\underline{Z}_2 = \frac{a' + j\,b'\omega}{1 + j\,d'\omega}$$

où a', b' et d' sont des constantes réelles à déterminer.

3°/ Avec l'hypothèse $R'_1 >> R'_2$, exprimer R_1, R_2 et C en fonction de R'_1, R'_2 et L, pour que le montage utilisant l'amplificateur opérationnel soit équivalent au modèle de la bobine quelle que soit la pulsation ω.

I) Chimie : pluies acides

On notera dans tout le problème $[H_3O^+] = h$ et $[OH^-] = \omega$

A) Acidité de l' eau des nuages

1) En l'abscence de pollution

La pression et la température de l' air et de CO_2 étant les mêmes avant le mélange, leurs volumes sont proportionnels au nombre de moles:

$$P_{CO_2} = \frac{n_{CO_2}}{n_{air} + n_{CO_2}} P = \frac{V_{CO_2}}{V_{air} + V_{CO_2}} P = 3.10^{-4} P$$

$$\Longrightarrow \boxed{P = 3.10^{-4}\,bar}$$

On néglige la deuxième acidité de H_2CO_3 et ω devant h.

$[CO_{2}d] = K_1 P_{CO_2}$

$\Longrightarrow [H_2CO_3] = K_2 [CO_2 d] = K_1 K_2 P_{CO_2}$

$h \sim [HCO_3^-] \Longrightarrow K_3 = \dfrac{h^2}{[H_2CO_3]}$

$\Longrightarrow h = \sqrt{K_1 K_2 K_3 P_{CO_2}}$

$$\Longrightarrow \boxed{pH = 5{,}9}$$

2) En présence de pollution par SO_2 et NO_2 :

a) La réaction de H_2O_2 sur SO_2 est la suivante :

$$H_2O_2 + SO_2 \longrightarrow H_2SO_4$$

b) Celles de NO_2 et N_2O_5 sont :

$$2NO_2 + O_3 \longrightarrow O_2 + N_2O_5$$

$$N_2O_5 + H_2O \longrightarrow 2\,HNO_3$$

c) La rélation d'électroneutralité s'écrit : $h = [HCO_3^-] + [NO_3^-] + 2[SO_4^{2-}] + \omega$

or $[HCO_3^-] = \dfrac{K_3 [H_2CO_3]}{h} = \dfrac{K_1 K_2 K_3 P_{CO_2}}{h}$

$\Longrightarrow h^2 - h([NO_3^-] + 2[SO_4^{2-}]) - K_1 K_2 K_3 P_{CO_2} = 0$

$\Longrightarrow h = 1{,}18.10^{-3} \Longrightarrow \boxed{pH = 2{,}9}$

B) Pollution du sol par les pluies acides

1) Le produit de solubilité étant très faible, on peut supposer que l'apport de $Al(OH)_3$ dissout ne modifie à peu près pas le pH de l'eau.
Ceci revient à négliger $[Al^{3+}]$ devant h.

$\omega \sim 10^{-7} \Longrightarrow [Al^{3+}] = \dfrac{K_s}{\omega^3} = 10^{-11} \ll 10^{-7}$

$$\Longrightarrow \boxed{s = 10^{-11}\,mol\,l^{-1}}$$

2) Le volume d'eau nécessaire à la dissolution de 99 % de l'aluminium est énorme :

$V = 0{,}99 \times \dfrac{17.10^{-3}}{27} \cdot \dfrac{1}{10^{-11}}$ $\qquad \boxed{V = 7{,}3.10^{7}\,l}$

3)

a) L'acide apporte des ions H_3O^+ qui consomment des ions OH^- ; ceci favorise la dissolution de l'hydroxyde $Al(OH)_3$

b) La concentration en Al^{3+} est alors :

$[Al^{3+}] = 0{,}99 \times \dfrac{17.10^{-3}}{27} = 7{,}3.10^{-4}\,M$

Le précipité étant toujours présent, le produit de solubilité est atteint. On en déduit la concentration en OH^- :

$$\omega^3 = \frac{K_s}{[Al^{3+}]} \Longrightarrow h = K_e\left(\frac{K_s}{[Al^{3+}]}\right)^{+1/3} = 4,2.10^{-5}$$

$$\Longrightarrow \boxed{pH = 4,38}$$

c)

C₁) Cinétique de la décomposition de N_2O_5

Si la cinétique est d'ordre 1, la pression partielle de N_2O_5 varie selon la loi :

$$\frac{dP}{dt} = -kP \Longrightarrow \frac{dP}{P} = -k dt \Longrightarrow \ln\frac{P}{P_0} = -kt$$

Le calcul de $\frac{1}{t}\ln\frac{P}{P_0}$ pour toutes les valeurs de t donne $-0,03$.

Donc la cinétique est du premier ordre et $k = 0,03\ mn^{-1}$

C₂) NH_4Cl à l'état solide

1) Chaque ion Cl^- appartient à huit cubes contigus. et il y a huit ions Cl^- dans chaque cube. Ceci représente un ion Cl^- par maille, ainsi qu'un ion NH_4^+.

2) Le volume d'un cube est : $V = \frac{1}{\rho}\frac{M}{\mathcal{N}} = 5,48.10^{-29}\ m^3$

Donc l'arête mesure $a = V^{1/3} = 6,58.10^{-10}\ m$

$$\boxed{a = 6,58\ \text{Å}}$$

Les ions NH_4^+ et Cl^- sont en contact sur la grande diagonale du cube, donc :

$$\left.\begin{array}{l} 2(R_A + R_C) = a\sqrt{3} \\ \text{Or } \dfrac{R_C}{R_A} = 0,8 \end{array}\right\} \Longrightarrow \left\{\begin{array}{l} R_A = \dfrac{a\sqrt{3}}{2(1+0,8)} = 1,83.10^{-10}\ m \\ R_C = 0,8 R_A \end{array}\right. \qquad \boxed{\begin{array}{l} R_A = 1,83\ \text{Å} \\ R_C = 1,46\ \text{Å} \end{array}}$$

II) Mécanique : étude d'un vibrographe

A) Oscillations libres amorties :

1) A l'équilibre, la tension du ressort et le poids ont une résultante nulle :

$$\vec{T} + m\vec{g} = \vec{0} \Longrightarrow \boxed{x_e = \frac{mg}{k} + l_0}$$

2)

a) La relation fondamentale de la dynamique :

$$\vec{P} + \vec{T} + \vec{F} = m\frac{d\vec{v}}{dt}$$

se projette sur l'axe (Ox) en : $mg - k(x - l_0) - f\dfrac{dx}{dt} = m\dfrac{d^2x}{dt^2}$

Or $mg - k(x_e - l_0) = 0 \Longrightarrow -k(x - x_e) - f\dot{x} = m\ddot{x}$

soit $\boxed{m\ddot{x} + f\dot{x} + k(x - x_e) = 0}$

b) L' équation différentielle de X s' écrit :

$$\boxed{\ddot{X} + \frac{\omega_0}{Q}\dot{X} + \omega_0^2 X = 0}$$

3)

a) L' équation caractéristique associée est :

$$r^2 + \frac{\omega_0}{Q} r + \omega_0^2 = 0$$

$$\Delta = \frac{\omega_0^2}{Q^2} - 4\omega_0^2 = 4\omega_0^2 - 4\omega_0^2 = 0$$

$$\Longrightarrow \quad X = (At + B)\, e^{-\omega_0 t}$$

A $t = 0$: $X = 0 \Longrightarrow B = 0$; $\dot{X} = V_0 \Longrightarrow A = V_0$ $\Longrightarrow$ $\boxed{X = V_0 t e^{-\omega_0 t} = V_0 t e^{-1{,}80 t}}$

b) Le maximum de X est atteint lorsque $\dot{X} = 0$

$$\dot{X} = V_0(1 - \omega_0 t)\, e^{-\omega_0 t} \quad \Longrightarrow \quad \boxed{t_1 = \frac{1}{\omega_0} = 0{,}55 \text{ s}}$$

B) Oscillations forcées :

1)

a) Le référentiel lié au boîtier du vibrographe est animé d'un mouvement sinusoïdal par rapport au référentiel du laboratoire, supposé galiléen. Le réfentiel du boîtier n' est donc pas galiléen. Il faut tenir compte des forces d' inertie :

$$\vec{P} + \vec{T} + \vec{F} + \vec{fe} = m\frac{d\vec{v}}{dt}$$

et $\vec{fe} = -m\vec{a_e} \Longrightarrow fe = m\, z_m\, \omega^2 \cos\omega t$

$$\Longrightarrow mg - k(x - l_0) - f\dot{x} + m z_m \omega^2 \cos\omega t = m\ddot{x}$$

$$\Longrightarrow \boxed{\ddot{x} + \frac{f}{m}\dot{x} + \frac{k}{m}(x - x_e) = z_m \omega^2 \cos\omega t}$$

b) $\boxed{\ddot{X} + \frac{\omega_0}{Q}\dot{X} + \omega_0^2 X = z_m \omega^2 \cos\omega t}$

2)

a) A cette équation on associe l' équation complexe où $X = X_m \cos(\omega t + \varphi)$ est remplacé par $\underline{X} = X_m e^{j(\omega t + \varphi)}$:

$$\left[-\omega^2 + j\frac{\omega_0\omega}{Q} + \omega_0^2\right] X_m e^{j\varphi} = z_m \omega^2$$

$$\Longrightarrow \quad X_m = \frac{z_m \omega^2}{\sqrt{(\omega_0^2 - \omega^2)^2 + \frac{\omega_0^2\omega^2}{Q^2}}}$$

$$\Longrightarrow \quad \boxed{X_m = z_m \frac{u^2}{\sqrt{(1-u^2)^2 + \frac{u^2}{Q^2}}}}$$

b) la fonction $\frac{1}{X_m^2}$, plus facile à étudier que X_m, passe par un minimum lorsque X_m connaît un maximum.

$$\frac{1}{X_m^2} = \frac{1}{\mathcal{Z}_m^2}\,\frac{(1-u^2)^2 + u^2/Q^2}{u^4} = \frac{1}{\mathcal{Z}_m^2}\left(\frac{1}{u^4} - \frac{2}{u^2} + \frac{1}{Q^2u^2} + 1\right)$$

$$\frac{d}{du}\left(\frac{1}{X_m^2}\right) = \frac{2u}{\mathcal{Z}_m^2}\left(-\frac{2}{u^6} + \frac{2}{u^4} - \frac{1}{Q^2u^4}\right)$$

Elle s'annule en u_1 pour lequel X_m est maximal, tel que :

$$\frac{2}{u_1^2} = 2 - \frac{1}{Q^2}$$

, ce qui n'est possible que si :

$$\boxed{Q > \frac{1}{\sqrt{2}}}$$

c) $$X_{max} = \mathcal{Z}_m\,\frac{2}{\sqrt{\left(1-\frac{2}{2-\frac{1}{Q^2}}\right)^2 + \frac{2}{\left(2-\frac{1}{Q^2}\right)Q^2}}} \times \frac{1}{2-\frac{1}{Q^2}}$$

$$\Longrightarrow \quad \boxed{X_{max} = \mathcal{Z}_m\,\frac{2Q^2}{\sqrt{4Q^2-1}}}$$

3) Quelque soit Q, X_m est nul pour $u = 0$ et tend vers 1 lorsque u tend vers l'infini. Il vaut Q lorsque $u = 1$, soit $\omega = \omega_0$.

u	0	0,5	1	1,016	2	∞	
$\frac{X_m}{\mathcal{Z}_m}$	0	0,24	0,7		0,96	1	$Q = 0,7$
$\frac{X_m}{\mathcal{Z}_m}$	0	0,33	4	4,03	1,31	1	$Q = 4$

la résonnance n'a lieu que dans le deuxième cas.

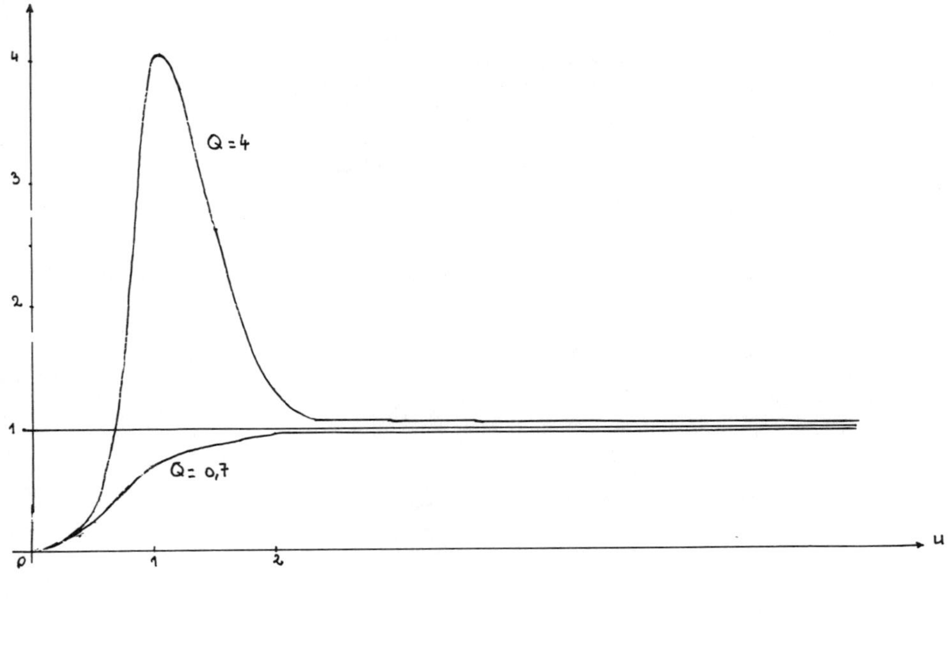

4)

a) ψ étant le retard de phase de X , $\varphi = -\psi$. L' équation complexe de X_m donne φ car le deuxième membre est réel.

$$\left[\omega_0^2 - \omega^2 + j\frac{\omega_0\omega}{Q}\right] e^{j\varphi} \text{ est réel.}$$

$$\Longrightarrow \omega_0^2 - \omega^2 + j\frac{\omega_0\omega}{Q} = e^{j\psi}\sqrt{(\omega_0^2-\omega^2)^2 + \left(\frac{\omega_0\omega}{Q}\right)^2}$$

$$\Longrightarrow \cos\psi + j\sin\psi = \frac{\omega_0^2 - \omega^2 + j\frac{\omega\omega_0}{Q}}{\sqrt{(\omega_0^2-\omega^2)^2 + \left(\frac{\omega_0\omega}{Q}\right)^2}} = \frac{1-u^2 + j\frac{u}{Q}}{\sqrt{(1-u^2)^2 + \frac{u^2}{Q^2}}}$$

d'où

$$\boxed{\cos\psi = \frac{1-u^2}{\sqrt{(1-u^2)^2 + \frac{u^2}{Q^2}}}}$$

et

$$\boxed{\tan\psi = \frac{u}{Q(1-u^2)}}$$

b) Quand ω devient beaucoup plus grand que ω_0 , u tend vers l'infini . Nous avons déjà vu que X_m tend vers z_m. De plus $\cos\psi$ tend vers -1 et $\tan\psi$ vers 0 , donc ψ tend vers π

Le mouvement de M par rapport au boîtier a la même amplitude que celle du boîtier par rapport au sol et il est en opposition de phase avec lui . Donc M est immobile par rapport au sol.

III) Electricité : self virtuelle.

1)

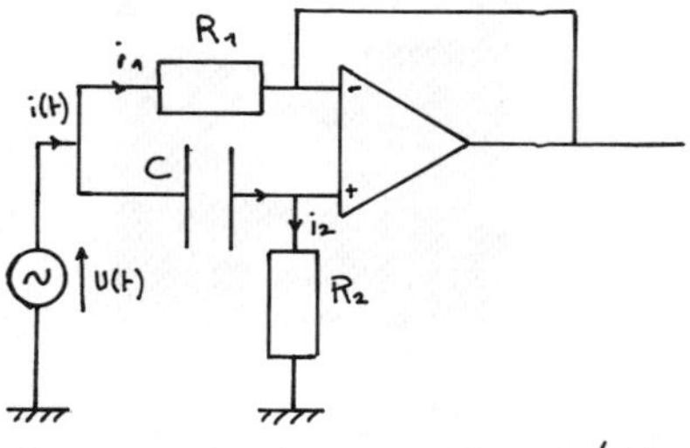

L' amplificateur est parfait et travaille en régime linéaire . La différence de potentiel entre les deux bornes d' entrée est donc nulle :

$$\left.\begin{array}{l} R_2\,\underline{i_2} = \underline{u} - R_1\,\underline{i_1} \\ \underline{u} = \left(\frac{1}{jC\omega} + R_2\right)\underline{i_2} \end{array}\right\} \Longrightarrow \underline{i_2} = \frac{jC\omega}{1+jR_2C\omega}\,\underline{u}$$

$$\Longrightarrow \underline{i_1} = \frac{\underline{u}}{R_1}\left(1 - \frac{jR_2C\omega}{1+jR_2C\omega}\right) = \frac{\underline{u}}{R_1}\,\frac{1}{1+jR_2C\omega}$$

Or $\underline{i} = \underline{i_1} + \underline{i_2} = \frac{\underline{u}}{1+jR_2C\omega}\left(\frac{1}{R_1} + jC\omega\right) = \underline{u}\,\frac{1+jR_1C\omega}{R_1 + jR_1R_2C\omega}$

$$\Longrightarrow \boxed{\underline{z_1} = \frac{R_1 + jR_1R_2C\omega}{1 + jR_1C\omega}}$$

ainsi $a = R_1$ $b = R_1R_2C$ $d = R_1C$

2)

a) L' impédance complexe de cette bobine est :

$$\boxed{\underline{z_2} = \frac{R_1'(R_2' + jL\omega)}{R_1' + R_2' + jL\omega}}$$

b) si $R_1' >> R_2'$, on peut négliger au dénominateur R_2' devant R_1' et diviser numérateur et dénominateur par R_1' :

$$\boxed{Z_2 \simeq \frac{R_2' + jL\omega}{1 + j\,\frac{L\omega}{R_1'}}}$$

ainsi $\quad a' = R_2' \qquad b' = L\omega \qquad d' = \dfrac{L\omega}{R_1'}$

3) Dans ces conditions, l'impédance des deux montages est la même si :

$a' = a \Longrightarrow$

$b' = b \Longrightarrow$

$d' = d \Longrightarrow \dfrac{L}{R_1'} = R_1 C \Longrightarrow$

$$\boxed{\begin{array}{c} R_2' = R_2 \\ L = R_1 R_2 C \\ R_1' = R_2 \end{array}}$$

ENAC 90 — Glissement d'un point et d'une chaîne sur un plan incliné – Compressions d'un gaz parfait, d'un mélange air-vapeur d'eau – Electrostatique : potentiel de Yukawa.

PREMIER PROBLEME

MECANIQUE

- 1ère Partie -

On considère un plan incliné faisant un angle α avec l'horizontale et on étudie le mouvement sur ce plan incliné d'un objet assimilé à un point matériel pouvant glisser sur ce plan.

Soit un axe de référence Ox parallèle au plan incliné. L'objet est lâché du repos à $t = 0$ en $x = 0$. On désigne par g l'accélération de la pesanteur.

I.1. - **a)** En supposant que le glissement a lieu sans frottement, déterminer la vitesse v en fonction de la distance x parcourue et des grandeurs constantes g et α.

b) Application numérique : $\alpha = \frac{\pi}{6}$; $g = 10 \text{ m s}^{-2}$; calculer la vitesse v_1 pour une distance parcourue $x_1 = 2,5$ m.

I.2. - En réalité, on constate que pour $x_1 = 2,5$ m , la vitesse est $v_1' = 4,5 \text{ m s}^{-1}$. On suppose donc qu'il y a eu des frottements, c'est-à-dire que la réaction $\vec{R}$ du plan sur l'objet se décompose en une composante normale au plan $\vec{N}$ et une composante tangentielle au plan $\vec{T}$, $\vec{T}$ étant de sens opposé à la vitesse. En supposant que le module T de cette force de frottement est constant :

I.2. **a)** Exprimer T en fonction de m, v_1 , v_1' et x_1 .

b) Application numérique : aux valeurs précédentes, on ajoute : $m = 1$kg. Calculer le module T de la force de frottement.

I.3. - En fait la force de frottement $\vec{T}$ varie avec la vitesse et peut s'écrire : $\vec{T} = - k \vec{v}$ où k est un coefficient positif constant.

a) Déterminer $v(t)$. (on posera $\tau = \frac{m}{k}$)

b) Déterminer $x(t)$.

c) Déterminer $x(v)$.

d) Chercher une expression approchée de $x(v)$ au 3ème ordre, en considérant que $\frac{vk}{mg \sin\alpha} \ll 1$. (on rappelle que si $u \ll 1$ alors $\mathrm{Ln}\,(1 - u) \simeq - u - \frac{u^2}{2} - \frac{u^3}{3}$; on pourra négliger les termes d'ordre supérieur à u^3).

e) En déduire k en fonction de m, g, α, v_1 et v'_1 .

f) Application numérique : calculer k et vérifier que l'approximation du I.3.d était justifiée.

- 2ème Partie -

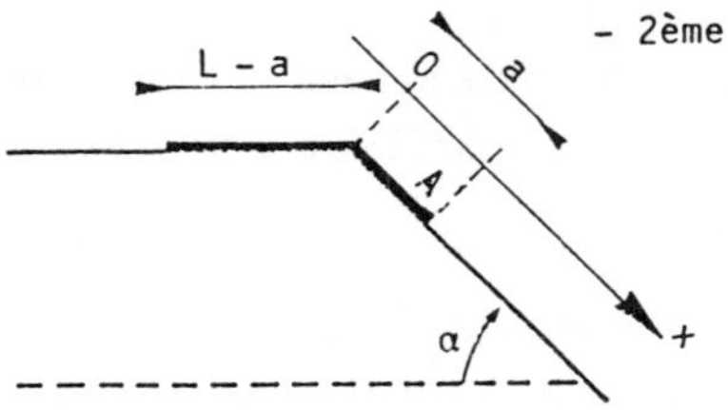

Le plan incliné considéré fait suite à un plan horizontal comme l'indique la figure, et l'origine O de l'axe Ox coïncide avec le sommet du plan incliné. L'objet considéré est une chaîne pouvant glisser sans frottement sur le plan horizontal et sur le plan incliné. On désigne par x l'abscisse de l'extrémité A de la chaîne sur le plan incliné. Celle-ci est lâchée du repos à t = 0 quand son extrémité **A** a sur le plan incliné une abscisse $x_o = a$. La longueur totale de la chaîne est L et sa masse m est répartie uniformément sur toute sa longueur (la figure ci-contre correspond à l'instant t = 0).

II.1. - Calculer la vitesse v de la chaîne quand x = L (c'est-à-dire quand le dernier maillon quitte le plan horizontal).

II.2. - Application numérique : $\alpha = \frac{\pi}{6}$; $g = 10\ \mathrm{m\,s^{-2}}$; L = 1 m ; a = 10 cm. Calculer v pour x = L = 1 m.

DEUXIEME PROBLEME

THERMODYNAMIQUE

On considère un cylindre droit, dont la base a une surface $s = 100\ \mathrm{cm}^2$, fermé par un piston mobile sans frottement et de masse négligeable. On désigne par h la hauteur de ce cylindre ; ses parois sont parfaitement perméables à la chaleur et il est placé dans un thermostat de température constante $T_o = 373$ K.

Les 2 parties de ce problème sont indépendantes. Pour chacune des questions, on cherchera d'abord une expression littérale en fonction des données, puis on fera l'application numérique.

- 1ère Partie -

Le gaz enfermé dans le cylindre est de l'air considéré comme un gaz parfait. Dans l'état initial la pression est $P_o = 10^5\ P_a$ et la hauteur du cylindre est $h_o = 20$ cm.

I.1. – On comprime très progressivement le gaz jusqu'à ce que la pression finale soit $P_1 = 2.10^5\ P_a$. La transformation étant considérée comme quasi statique et réversible.

a) Déterminer la hauteur h_1 du cylindre dans l'état final..

b) Calculer le travail W_1 et la chaleur Q_1 reçus par le gaz.

c) Calculer la variation d'entropie ΔS_1 du gaz.

I.2. – A partir du même état initial (P_o , h_o) et le cyclindre étant toujours en contact thermique avec le thermostat, on comprime brusquement le gaz, la pression passant ainsi instantanément à la valeur $P_1 = 2.10^5\ P_a$. La transformation est alors irréversible. Quand l'état d'équilibre final est atteint :

a) Déterminer la hauteur h_2 du cylindre.

b) Calculer le travail W_2 et la chaleur Q_2 reçus par le gaz.

c) Calculer la variation d'entropie ΔS_2 du gaz. Montrer qu'elle peut être considérée comme la somme de deux termes : un terme d'échange $\Delta S_{2\ \text{éch.}}$ et un terme de création $\Delta S_{2\ cr.}$. Calculer ces deux termes. Que pensez-vous de leur signe ? Comparer avec la question I.1.c.

- 2ème Partie -

On enferme maintenant dans ce cylindre, toujours en contact avec le thermostat à $T_o = 373$ K , un mélange équimolaire d'air et de vapeur d'eau, tous les deux considérés comme des gaz parfaits, sous une pression totale $2P_o = 2.10^5\ P_a$. La hauteur initiale du cylindre est $h_o = 20$ cm. On donne :

. pression d'équilibre liquide - vapeur de l'eau à 373 K : $P_o = 10^5\ P_a$

. masse molaire de l'eau $M_o = 18$ g

. chaleur latente de vaporisation de l'eau à 373 K :

$$L_o = 2.250\ .\ 10^3\ \text{J kg}^{-1}$$

. volume massique de l'eau liquide négligeable devant celui de la vapeur

. $R = 8,32\ \text{J K}^{-1}\ \text{mol}^{-1}$ constante des gaz parfaits.

On augmente très progressivement la pression jusqu'à la valeur finale : $3\ P_o = 3.10^5\ P_a$.

II.1. – Déterminer les pressions partielles P_{af} et P_{vf} de l'air et de la vapeur d'eau, ainsi que la hauteur h_3 du cylindre dans l'état final.

II.2. – Par rapport à la masse d'eau totale, quelle proportion se trouve sous forme vapeur dans l'état final ?

II.3. – Quelle aura été la variation d'énergie interne ΔU du contenu du cylindre lors de cette transformation ?

TROISIEME PROBLEME

ELECTRICITE

Chaque point M de l'espace étant repéré par la distance r à un point fixe O, il existe en tout point M un potentiel électrostatique :

$$V(r) = \frac{e}{4\pi\varepsilon_0}\,\frac{1}{r}\,\exp\left(-\frac{r}{a_0}\right)$$

où : $\frac{1}{4\pi\varepsilon_0} = 9.10^9$ S. I.

$e = 1,6 \cdot 10^{-19}$ C

$a_0 = 0,53$ Å (constante positive, homogène à une longueur).

On se propose dans ce problème de déterminer la distribution de charge qui crée ce potentiel.

III.1. – Déterminer le champ électrostatique $\vec{E}$ en tout point M de l'espace (direction, sens, module).

III.2. – Calculer, en utilisant le théorème de Gauss, la charge $q(r)$ contenue dans une sphère de centre O et de rayon r.

III.3. – En déduire en faisant tendre r vers l'infini ou vers O :

a) quelle est la charge totale Q contenue dans tout l'espace ;

b) qu'il y a en O une charge ponctuelle que l'on déterminera.

III.4. – Montrer qu'en plus de la charge ponctuelle concentrée en O, il existe dans tout l'espace une distribution volumique de charges $\rho(r)$, non uniforme, que l'on déterminera.

III.5. – Vue la symétrie sphérique de V(r) et de $\rho(r)$ on désigne par dq la charge élémentaire contenue dans le volume élémentaire $d\tau$ compris entre les sphères de rayon r et r + dr.

a) Calculer dq.

b) Montrer que l'expression $\frac{dq}{dr}$ passe par un minimum pour une certaine valeur de r que l'on déterminera. Quelle interprétation physique pouvez-vous donner de ce résultat ? (on fera attention au signe de ce minimum).

III.6. – Déduire du principe de superposition que le potentiel V(r) peut être considéré comme la somme algébrique de deux termes $V_1(r)$ et $V_2(r)$ où $V_1(r)$ est le potentiel créé en tout point M de l'espace par la charge ponctuelle placée en O.

Exprimer $V_1(r)$ et $V_2(r)$ et donner la signification physique de $V_2(r)$.

III.7. – On cherche à déterminer l'énergie potentielle électrostatique E_p de ce système :

a) Montrer, par une discussion physique brève (10 lignes maximum) et sans chercher à faire de démonstration, que E_p peut s'écrire comme la somme de deux termes, dont on explicitera la signification physique E_{p_1} et E_{p_2}. On donne :

$$E_{p_1} = \iiint_{\text{espace}} V_1(r)\,dq \quad ; \quad E_{p_2} = \frac{1}{2}\iiint_{\text{esp.}} V_2(r)\,dq.$$

b) Calculer E_{p_1}, E_{p_2} et en déduire E_p.

c) Application numérique : calculer E_p en Joule et en eV. On donne : $1\ \text{eV} = 1,6.10^{-19}\ \text{J}$.

MECANIQUE

I.

1)

a) Le théorème de l'énergie cinétique appliqué à m s'écrit:

$$\Delta E_c = W(\vec{P}+\vec{R}) \Rightarrow \frac{1}{2}mv^2 = mgx\sin\alpha$$

$$\Rightarrow \boxed{v = \sqrt{2gx\sin\alpha}}$$

b) A.N. $\boxed{v_1 = 5\ \text{m.s}^{-1}}$

2)

a) La réaction normale $\vec{R}$ ne travaille pas mais la composante tangentielle $\vec{T}$ fournit un travail négatif :

$$\Delta E_c = W(\vec{P}) + W(\vec{T}) = mgx\sin\alpha - Tx \Rightarrow \frac{1}{2}mv_1'^2 = \frac{1}{2}mv_1^2 - Tx_1$$

$$\Rightarrow \boxed{T = \frac{m(v_1^2 - v_1'^2)}{2x_1}}$$

b) A.N. $\boxed{T = 0{,}475 \text{ N}}$

3)

a) L'équation différentielle du mouvement est :

$$m\ddot{x} = mg\sin\alpha - kv \Rightarrow \frac{dv}{dt} + \frac{1}{\tau}v = g\sin\alpha \Rightarrow v = Ve^{-t/\tau} + g\tau\sin\alpha$$

$$\Rightarrow \boxed{v = g\tau\sin\alpha\,(1 - e^{-t/\tau})}$$

b) L'intégration entre 0 et t de v(t) donne :

$$\boxed{x(t) = g\tau\sin\alpha\left[t + \tau(e^{-t/\tau} - 1)\right]}$$

c) On peut tirer t de l'expression de v :

$$t = \tau \ln\frac{g\tau\sin\alpha}{g\tau\sin\alpha - v} \Rightarrow \boxed{x = g\tau^2\sin\alpha\left[\ln\frac{g\tau\sin\alpha}{g\tau\sin\alpha - v} - \frac{v}{g\tau\sin\alpha}\right]}$$

d) Le rapport $\frac{v}{g\sin\alpha\,\tau}$ est petit devant 1, on peut donc faire un développement limité à l'ordre 3 de l'expression précédente :

$$\ln\frac{1}{1 - v/g\tau\sin\alpha} = -\ln\left[1 - \frac{v}{g\tau\sin\alpha}\right] \sim \frac{v}{g\tau\sin\alpha} + \frac{v^2}{2(g\tau\sin\alpha)^2} + \frac{v^3}{3(g\tau\sin\alpha)^3}$$

$$\Rightarrow x \sim g\tau^2\sin\alpha\left[\frac{v^2}{2(g\tau\sin\alpha)^2} + \frac{v^3}{3(g\tau\sin\alpha)^3}\right]$$

$$\boxed{x \sim \frac{v^2}{g\sin\alpha}\left[\frac{1}{2} + \frac{v}{3g\tau\sin\alpha}\right]}$$

e) Au point d'abscisse x_1 :

$$x_1 = \frac{v_1^2}{2g\sin\alpha} = \frac{v_1'^2}{2g\sin\alpha}\left[1 + \frac{2v_1'}{3g\tau\sin\alpha}\right] \Rightarrow \tau = \frac{2}{3}\,\frac{v_1'^3}{g\sin\alpha\,(v_1^2 - v_1'^2)} = \frac{m}{k}$$

$$\Rightarrow \boxed{k = \frac{3}{2}mg\sin\alpha\,\frac{v_1^2 - v_1'^2}{v_1'^3}}$$

f) A.N. $\boxed{k = 0{,}39 \text{ N.m}^{-1}\text{s}}$

$$\frac{vk}{mg\sin\alpha} < \frac{4{,}5 \times 0{,}39}{5} = 0{,}35$$

L'approximation est justifiée car $\ln(1 - 0{,}35) = -0{,}43$ et le développement limité au 3me ordre donne exactement la même valeur.

II.

1) On applique le théorème de l'énergie mécanique au système formé par la chaîne complète entre t et t+dt :

$$d(E_c + E_p) = 0 \quad \text{et} \quad dE_c = mv\,dv$$

La variation d'energie potentielle est la même que si l'on avait transporté un morceau de chaîne horizontale de longueur dm à l'extrémité inférieure, la faisant ainsi descendre de $x \sin\alpha$:

$$dE_p = -gx \sin\alpha \, dm \quad \text{avec} \quad dm = \lambda dx$$

$$\Rightarrow mv\frac{dv}{dt} - \lambda g \sin\alpha \, x \frac{dx}{dt} = 0 \Rightarrow L\frac{dv}{dt} - g\sin\alpha \, x = 0 \Rightarrow \ddot{x} = \frac{g\sin\alpha}{L} x$$

La solution de cette équation différentielle peut s'écrire :

$$x = A\operatorname{ch}\omega t + B\operatorname{sh}\omega t \quad \text{avec} \quad \omega = \sqrt{\frac{g\sin\alpha}{L}}$$

Les conditions initiales ($x_0 = a$ et $\dot{x}_0 = 0$) donnent :

$$x = a\operatorname{ch}\omega t \Rightarrow \dot{x} = a\omega\operatorname{sh}\omega t = a\sqrt{\frac{g\sin\alpha}{L}}\sqrt{\frac{x^2}{a^2} - 1}$$

$$\Rightarrow \boxed{v(L) = \sqrt{\frac{g\sin\alpha}{L}}\sqrt{L^2 - a^2}}$$

2) A.N. $\boxed{v(L) = 2{,}21 \text{ m}\cdot\text{s}^{-1}}$

THERMODYNAMIQUE

I.

1)

a) La transformation est isotherme :

$$P_0V_0 = P_1V_1 \Rightarrow h_1 = h_0\frac{P_0}{P_1} \Rightarrow \boxed{h_1 = 10 \text{ cm}}$$

b) Dans une étape élémentaire de la transformation :

$$\delta W = -PdV = nRT_0\frac{dP}{P} = P_0h_0S\frac{dP}{P}$$

Le travail total reçu est donc :

$$W_1 = P_0h_0S \ln\frac{P_1}{P_0} = 200\ln 2 = 138{,}63 \text{ J}$$

Le gaz étant parfait, son énergie interne ne dépend que de sa température ; elle ne varie donc pas au cours de cette transformation. La chaleur reçue est, d'après le premier principe, l'opposé du travail reçu :

$$Q_1 = -W_1 \Rightarrow \boxed{Q_1 = -138{,}63 \text{ J}}$$

c) La variation élémentaire d'entropie du gaz est :

$$dS = nC_p\frac{dT}{T} - nR\frac{dP}{P} \Rightarrow \Delta S_1 = -nR\ln\frac{P_1}{P_0} = -\frac{P_0h_0S}{T_0}\ln\frac{P_1}{P_0} = \frac{Q_1}{T_0}$$

$$\Rightarrow \boxed{\Delta S_1 = 0{,}37 \text{ J}\cdot\text{K}^{-1}}$$

2)

a) La température et la pression finales du gaz étant les mêmes que celles de la première expérience, la hauteur finale ne change pas :

$h_2 = h_1 \quad \Rightarrow \quad \boxed{h_2 = 10 \text{ cm}}$

b) Le travail W_2 est le travail des forces extérieures de pression, toujours égales à P_1S au cours de cette transformation :

$W_2 = -P_1(V_2 - V_0) = P_1S(h_0 - h_2) = 200 \text{ J}$

Il est bien sûr supérieur à W_1. La variation d'énergie interne du gaz étant nulle :

$Q_2 = -W_2 \quad \Rightarrow \quad \boxed{Q_2 = -200 \text{ J}}$

c) La variation d'entropie du système est la même que dans le premier processus car l'entropie est une fonction d'état et les états extrèmes sont identiques :

$\Delta S_2 = \Delta S_1 = -0{,}37 \text{ J}\cdot\text{K}^{-1}$

Cette variation d'entropie est la somme d'une variation d'échange :

$\Delta S_{2\,éch} = \dfrac{Q_2}{T_0} = -0{,}54 \text{ J}\cdot\text{K}^{-1}$

et d'une variation d'entropie de création :

$\Delta S_{2\,cr} = \dfrac{Q_1}{T_0} - \dfrac{Q_2}{T_0} = 0{,}17 \text{ J}\cdot\text{K}^{-1}$

Cette création d'entropie est due à l'irréversibilité de la transformation ; elle est, comme toujours, positive.

II.

1) Dans l'état initial, toute l'eau est à l'état vapeur, mais elle se trouve à la limite de la liquéfaction. Pendant la compression, une partie de l'eau se liquéfie, donc la pression partielle de l'eau reste égale à la pression de vapeur saturante P_0.

$P_{vf} = P_0 \Rightarrow P_{af} = 3P_0 - P_0 = 2P_0$

L'air se comporte comme un gaz parfait qui subit une compression isotherme :

$P_{af} h_3 S = P_{ai} h_0 S \Rightarrow h_3 = h_0 \dfrac{P_{ai}}{P_{af}} = \dfrac{h_0}{2}$

$$\boxed{h_3 = \frac{h_0}{2}}$$

2) La vapeur d'eau suit à peu près la loi des gaz parfaits ; on peut donc calculer la masse de vapeur d'eau dans l'état final :

$Sh_3P_{vf} = n_{vf}RT_0 = Sh_3P_0 \;;\quad Sh_0P_0 = n_{vi}RT_0 \Rightarrow \dfrac{m_{vf}}{m_0} = \dfrac{n_{vf}}{n_{vi}} = \dfrac{h_3}{h_0} = \dfrac{1}{2}.$

$$\boxed{m_{vf} = \frac{m_0}{2}}$$

3) D'après le premier principe, la variation d'énergie interne du système est la somme du travail reçu et de la chaleur reçue. D'autre part, la transformation étant isotherme, la variation d'énergie interne de l'air est nulle. Calculons donc le travail de compression isobare de l'eau et la chaleur de liquéfaction des $\frac{n_0}{2}$ moles d'eau :

$W = -P_0(h_3 - h_0)S = \dfrac{P_0h_0S}{2} = 100 \text{ J}$

$Q = -mL_0 = -\dfrac{P_0h_0S}{2RT_0} M_0L_0 = -1305 \text{ J}$

$$\boxed{\Delta U = -1205 \text{ J}}$$

ELECTRICITE

Ce potentiel, appelé potentiel de Yukawa, est un modèle de l'atome.

III.

1) Le champ $\vec{E}$ dérive du potentiel V :

$$\vec{E} = -\vec{\nabla}V = -\frac{dV}{dr}\vec{u} \quad (\vec{u} \text{ vecteur unitaire radial})$$

$$\Rightarrow \boxed{\vec{E} = \frac{e}{4\pi\varepsilon_0}\cdot\frac{1}{r^2}\cdot\left(1+\frac{r}{a_0}\right)e^{-r/a_0}\vec{u}}$$

Ce champ est radial. Il est dirigé du centre O vers l'extérieur.

2) Considérons le flux de $\vec{E}$ sortant de la sphère de centre O et de rayon r. D'après le théorème de Gauss :

$$\Psi = \frac{q(r)}{\varepsilon_0} = 4\pi r^2 E(r) = \frac{e}{\varepsilon_0}\left(1+\frac{r}{a_0}\right)e^{-r/a_0}$$

$$\Rightarrow \boxed{q(r) = e\left(1+\frac{r}{a_0}\right)e^{-r/a_0}}$$

3)

a) Si $r \to \infty$ $q(r) \to 0$ la charge totale dans l'espace est donc nulle (comme celle de l'atome).

b) Si $r = 0$ $q(r) = e$ la charge centrale est +e (comme celle du noyau d'hydrogène)

4) Soit dq la charge contenue entre les sphères de rayon r et r+dr

$$dq = 4\pi r^2\rho(r)dr = e\left[\frac{1}{a_0} - \frac{1}{a_0}\left(1+\frac{r}{a_0}\right)\right]e^{-r/a_0}dr$$

$$\Rightarrow \boxed{\rho(r) = -\frac{e}{4\pi}\cdot\frac{1}{ra_0^2}e^{-r/a_0}}$$

5)

a) $$\boxed{dq = -e\frac{r}{a_0^2}e^{-r/a_0}dr}$$

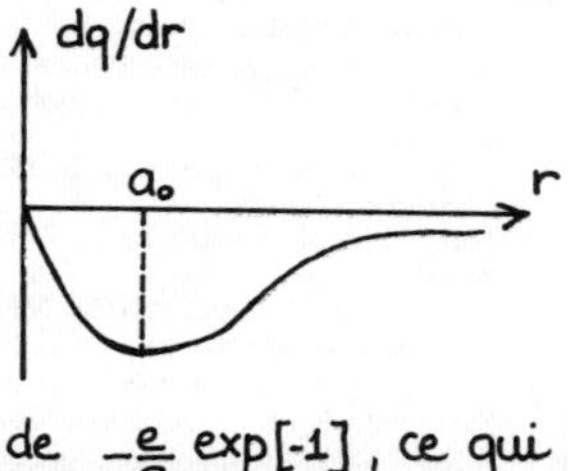

b) Posons $\frac{dq}{dr} = f(r)$

$$f'(r) = -\frac{e}{a_0^2}\left[1-\frac{r}{a_0}\right]e^{-r/a_0}$$

$f'(r)$ s'annule pour $r = a_0$. $\frac{dq}{dr}$ passe alors par un minimum de $-\frac{e}{a_0}\exp[-1]$, ce qui signifie que la densité de charge négative est maximale au voisinage de la sphère de rayon a_0.

6) Le potentiel en un point est la somme des potentiels créés par toutes les charges sources. Donc V(r) peut être considéré comme la somme de $V_1(r)$ créé par la charge +e en O et $V_2(r)$ créé par la distribution $\rho(r)$ répartie dans tout l'espace.

$$V_1(r) = \frac{e}{4\pi\varepsilon_0}\cdot\frac{1}{r} > 0$$

$$V_2(r) = \frac{e}{4\pi\varepsilon_0}\cdot\frac{1}{r}\left(e^{-r/a_0}-1\right) < 0$$

7)

a) E_{p1} est l'énergie potentielle de la charge du nuage dans le champ créé par la charge +e en O. E_{p2} est l'énergie propre d'interaction du nuage. Si cette distribution était discrète, l'énergie potentielle s'écrirait :

$$E_p = \frac{1}{2}\sum_i q_i V_i$$

Cette expression, transposée à la distribution continue $\rho(r)$, devient :

$$\boxed{E_{p2} = \frac{1}{2} \iiint_{esp.} V_2(r)\, dq}$$

b) $E_{p1} = \int_0^{\infty} -\frac{e^2}{4\pi\varepsilon_0 a_0^2} e^{-r/a_0} dr = -\frac{e^2}{4\pi\varepsilon_0 a_0}$

$E_{p2} = -\frac{1}{2}\int_0^{\infty} \frac{e^2}{4\pi\varepsilon_0 a_0^2}\left(e^{-r/a_0} - 1\right) e^{-r/a_0} dr = \frac{e^2}{16\pi\varepsilon_0 a_0}$

$\Rightarrow \boxed{E_p = -\frac{3e^2}{16\pi\varepsilon_0 a_0}}$ énergie négative d'un système lié

ENAC 89 — Conduction électrique et thermique – Oscillateur mécanique – Filtre passe bande du deuxième ordre à A.O.

PREMIER PROBLEME
CONDUCTION ELECTRIQUE ET THERMIQUE

Les deux parties 1 et 2 du problème sont totalement indépendantes.

1. On considère deux électrodes cylindriques coaxiales de rayon respectif r_1 et r_2 (avec $r_2 > r_1$), de même hauteur h, plongeant dans un électrolyte de conductibilité σ. On désignera toujours par r la distance d'un point quelconque à l'axe des deux cylindres. On maintient entre les deux électrodes une différence de potentiel constante de sorte qu'un régime permanent s'établit caractérisé par l'intensité constante i du courant électrique. On supposera que le potentiel de l'électrode de rayon r_1 est supérieur à celui de l'électrode de rayon r_2.

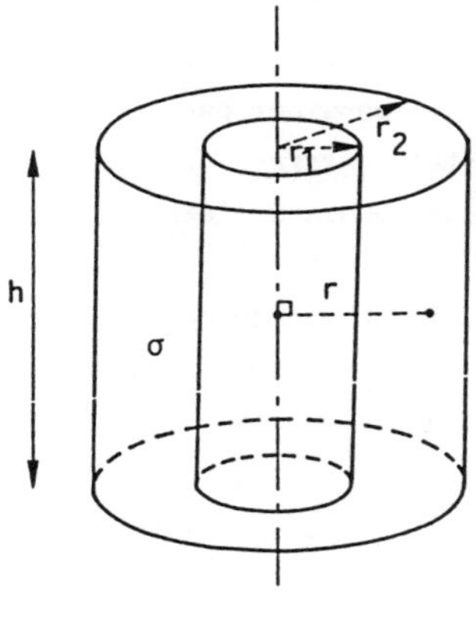

1.1. Déterminer la densité de courant j entre les deux électrodes. (On précisera d'abord la direction et le sens du vecteur $\vec{j}$, puis on exprimera son module en fonction de i, r et h).

1.2. Déterminer le champ électrique $\vec{E}$ (direction, sens et module) entre les deux électrodes.

1.3. Déterminer la différence de potentiel $V_1 - V_2$ entre les deux électrodes en fonction de h, r_1, r_2, σ et i.

1.4. En déduire la résistance R de la quantité d'électrolyte contenue entre les deux électrodes.

1.5. Déterminer la puissance P dissipée par effet Joule entre les deux électrodes.

1.6. a) Quelle est, localement, la puissance $\frac{dP}{d\tau}$ dissipée par effet Joule ($d\tau$ désignant le volume élémentaire) ?

b) Retrouver à partir de cette expression locale la puissance P dissipée entre les deux électrodes.

1.7. a) Quelle est la puissance P_r dissipée par effet Joule dans un cylindre de rayon r et de hauteur h $(r_1 < r < r_2)$?

b) Donner l'allure de la courbe $P_r(r)$ pour $r_1 \leqslant r \leqslant r_2$.

2. On considère maintenant un cylindre de rayon r_1 et de longueur h formé d'un matériau conducteur dont la conductibilité électrique est σ .

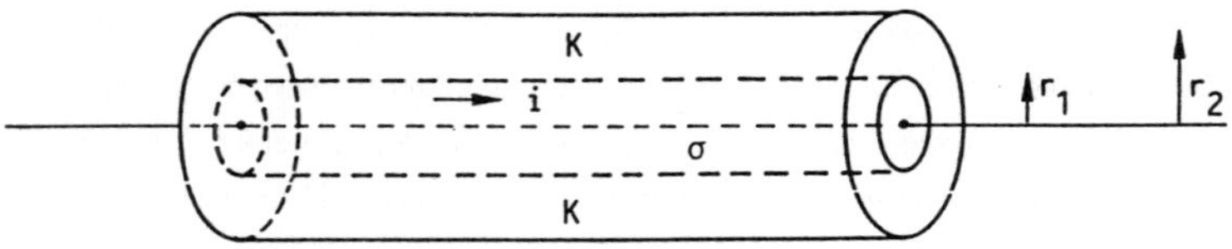

Ce conducteur est entouré d'une gaine cylindrique coaxiale considéré comme un isolant électrique parfait et de conductivité thermique K .

La paroi externe de la gaine dont le rayon est r_2 est maintenu à une température constante T_2 tandis qu'un courant i constant parcourt le conducteur parallèlement à son axe. Le régime est stationnaire.
On désignera par r la distance d'un point quelconque à l'axe.

2.1. Déterminer la densité de courant j à l'intérieur du conducteur ; (on précisera d'abord la direction et le sens du vecteur $\vec{j}$, puis on exprimera son module en fonction de i et de r_1).

2.2. Déterminer le champ électrique $\vec{E}$ (direction, sens et module) à l'intérieur du conducteur.

2.3. Quelle est la différence de potentiel $V_A - V_B$ entre les deux extrémités du conducteur.

2.4. En déduire la résistance R du conducteur.

2.5. Quelle est la puissance P dissipée par effet Joule dans le conducteur ?

2.6. Déterminer la densité $j_Q(r)$ du flux thermique dans la gaine à une distance r de l'axe telle que $r_1 < r < r_2$. (On précisera d'abord la direction et le sens du vecteur $\vec{j}_Q$, puis on exprimera son module en fonction de i, σ , r_1 et r).

2.7. a) Quelle est la loi de température $T(r)$ dans la gaine ?

b) Déterminer la température T_1 à la surface extérieure du conducteur (pour $r = r_1$).

c) Donner l'allure de la courbe $T(r)$ pour $r_1 < r < r_2$.

2.8. Le conducteur a lui-même une conductivité thermique K'.

a) Déterminer la puissance P_r dissipée par effet Joule dans un cylindre de rayon $r < r_1$ et de longueur h.

b) Déterminer dans le conducteur, donc pour $r < r_1$, la densité $j_Q(r)$ du flux thermique.

c) Tracer l'allure de la courbe $j_Q(r)$ pour r variant de 0 à r_2. Y a-t-il continuité en $r = r_1$? Justifier physiquement votre réponse.

d) Déterminer la loi de température $T(r)$ dans le conducteur.

e) En déduire la température T_o sur l'axe du conducteur.

f) Donner l'allure de la courbe $T(r)$ pour $0 < r < r_2$; comparer et commenter les courbes $j_Q(r)$ et $T(r)$ en particulier pour $r = 0$ et pour $r = r_1$.

2.9. Application numérique :

On donne :

$r_1 = 0{,}5$ cm ; $r_2 = 2$ cm ; $i = 100$ A

$\sigma = 10^6\ (\Omega\ m)^{-1}$; $K = 20\ W\ m^{-1}\ K^{-1}$; $K' = 150\ W\ m^{-1}\ K^{-1}$.

Calculer $T_1 - T_2$; puis $T_o - T_2$.

DEUXIEME PROBLEME

OSCILLATIONS MECANIQUES

On considère deux solides A_1 et A_2 assimilés à des points matériels de masse m_1 et m_2 pouvant glisser sans frottement sur un plan horizontal et reliés entre eux par un ressort de raideur k et de longueur au repos r_o.

Le système est immobile par rapport à un référentiel lié au laboratoire. On écarte alors les deux solides à $t = 0$ de sorte que

$\overline{A_1 A_2} = b$ $(b > r_o)$ et on les lâche sans vitesse initiale.

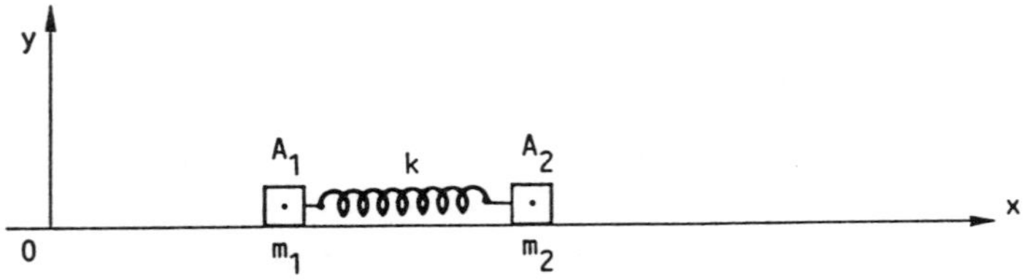

1. Soit xoy un repère galiléen lié au laboratoire, x_1 et x_2 les abscisses de A_1 et A_2.

   a) Déterminer l'abscisse x_c du centre de masse C du système, en fonction de x_1 et x_2.

   b) Déterminer la vitesse V_c de ce centre de masse en fonction des vitesses V_1 et V_2 de A_1 et A_2.

   c) Que peut-on dire des variations de V_c dans le temps ? (indiquer les raisons de votre réponse). En déduire une relation entre V_1 et V_2.

2. a) On désigne par $\vec{W}$ la vitesse relative de A_2 par rapport à A_1. Exprimer $\vec{W}$ en fonction de $\vec{V_1}$ et $\vec{V_2}$.

   b) Exprimer les quantités de mouvement $\vec{P_1}$ et $\vec{P_2}$ de A_1 et A_2 par rapport au repère xoy en fonction de $\vec{W}$ et de $\mu = \dfrac{m_1 m_2}{m_1 + m_2}$. (masse réduite du système).

   c) Soit $\vec{f_1}$ la force exercée par le ressort sur A_1 et $\vec{f_2}$ la force exercée par le ressort sur A_2. Que peut-on dire de $\vec{f_1} + \vec{f_2}$ et pourquoi ?

3. a) Montrer que l'étude du mouvement du système pourra se déduire de celui d'une particule fictive M de masse μ, soumise à la force $\vec{f_2}$, située à une distance r du centre de masse C telle que : $r = \overline{CM} = \overline{A_1 A_2}$. (Le résultat pourra être admis pour la suite du problème).

   b) En déduire l'équation différentielle vérifiée par r.

   c) Déterminer l'expression de r (t). On tiendra compte des conditions initiales indiquées au début du problème, et on posera $\omega^2 = k/\mu$.

   d) En déduire les expressions de x_1 et x_2 en fonction du temps. (On prendra 0 confondu avec le centre de masse C).

e) Que peut-on dire des phases de A_1 et A_2 ?

4. Application numérique : On admettra que ce système peut servir de modèle pour représenter une molécule H Cl . On donne les masses atomiques de H et de Cl : 1 et 35,5 ; le nombre d'Avogadro $\mathcal{N} = 6 . 10^{23}$ ainsi que la fréquence d'oscillation de la molécule, soit $N = 9 . 10^{13}\ s^{-1}$. En déduire la force d'intéraction entre les deux atomes quand leur distance est :
$r = r_o + 0,3$ Å .

5. Le système (A_1 - ressort - A_2) est maintenant placé sur un plan incliné faisant l'angle α avec l'horizontal , dans le champ $\vec{g}$ de la pesanteur. Il n'y a pas de frottement entre A_1 , A_2 et le plan incliné. On considèrera $m_1 = m_2 = m$ et on repèrera le mouvement par rapport à un axe ox parallèle au plan incliné ; on prendra comme conditions initiales : pour $t = 0$, $x_1 = 0$, $V_1 = V_2 = 0$, A_1 étant retenu dans cette position et A_2 étant en équilibre sous l'action de la force de pesanteur et de la force élastique.

a) Déterminer x_{2o} , expression de x_2 pour $t = 0$.

b) Le système étant abandonné à lui-même à $t = 0$, écrire le système d'équations différentielles couplées vérifiées par x_1 et x_2 .

c) En déduire l'équation différentielle vérifiée par x_c abscisse du centre de masse du système, et l'équation différentielle vérifiée par $r = \overline{A_1 A_2}$.

d) En déduire l'équation horaire x_c (t) .

e) En déduire l'équation horaire r (t) ; on posera $\omega^2 = 2\ k/m$.

f) Application numérique : Calculer
- l'énergie cinétique du système pour $t = T = \frac{2\pi}{\omega}$;
- le travail des poids de A_1 et A_2 depuis $t = 0$ jusqu'à T ;
- le travail des forces f_1 et f_2 exercées par le ressort sur A_1 et A_2 . Que remarquez-vous ? Justifier votre réponse.

TROISIEME PROBLEME

CIRCUITS ELECTRIQUES

Dans tout le problème :

- On associera à toute grandeur sinusoïdale de la forme $x = X \sqrt{2} \cos (\omega t + \phi)$, une grandeur complexe $\overline{X} = X e^{j\phi}$ où X est la valeur efficace et ϕ la phase de la grandeur physique x .

- e est la force électromotrice d'un générateur alternatif, de fréquence $N = \frac{\omega}{2\pi}$ et r est sa résistance interne.

- v_e et v_s sont respectivement les tensions d'entrée et de sortie du circuit.

Les parties 1, 2 et 3 sont indépendantes. La partie 4 est indépendante des parties 1 et 3 .

1. On considère le circuit de la figure (1).

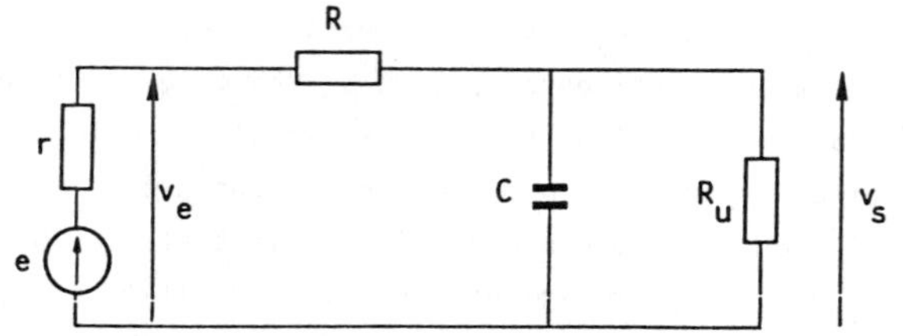

Circuit 1

1.1. a) Déterminer la fonction de transfert complexe $\overline{H} = \frac{\overline{v_s}}{\overline{v_e}}$ du circuit en fonction de R, C, R_u et de la pulsation ω .

b) Que devient $\overline{H}$ si la sortie est ouverte (c'est-à-dire si $R_u \to \infty$) ?

1.2. Déterminer le gain G ; l'exprimer en fonction de ω et de la quantité $\omega_o = \frac{1}{RC}$ dans le cas où $R_u \to \infty$.

1.3. Tracer la courbe $G(\omega)$; on déterminera les points remarquables.

1.4. Déterminer la pulsation de coupure à -3 dB soit ω_c , et mettre en évidence le point correspondant sur la courbe du 1.3.

1.5. Que représente physiquement un tel circuit ? Quel est son inconvénient ?

2. On considère maintenant le circuit de la figure 2.

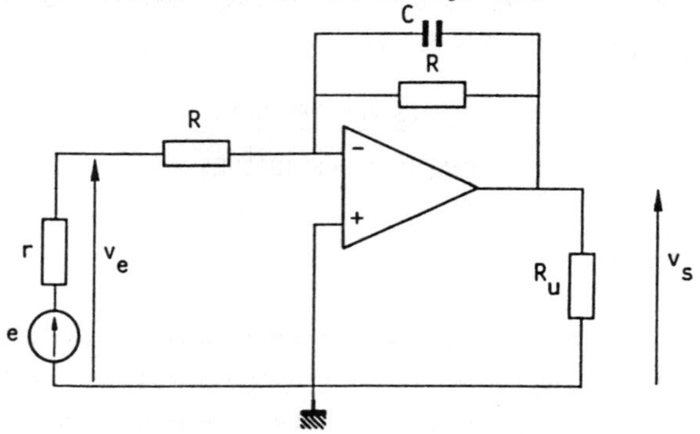

Circuit 2

L'amplificateur opérationnel est idéal et son gain μ est infini.

2.1. Déterminer la fonction de transfert complexe $\overline{H}$ en fonction de ω et de la quantité $\omega_o = \frac{1}{RC}$.

2.2. Déterminer le gain G et l'exprimer en fonction de ω et ω_o .

2.3. Que constatez-vous ? Quel avantage présente ce circuit par rapport au circuit 1 ?

3. On considère toujours le circuit 2 précédent, mais l'amplificateur opérationnel, tout en gardant les autres caractéristiques d'un A.O. idéal, a maintenant un gain μ fini.

3.1. Déterminer la nouvelle fonction de transfert complexe $\overline{H}$.

3.2. Déterminer le gain G et l'exprimer en fonction de ω , ω_o et μ .

3.3. Que devient G si $\mu \to \infty$? Quelles sont les conséquences physiques d'un gain μ fini ?

3.4. Déterminer en fonction de ω_o et μ la nouvelle pulsation de coupure ω_c à - 3 dB.

3.5. Application numérique : On donne $R = 10\ k\,\Omega$; $C = 4\ nF$; $\mu = 10^5$. Déterminer ω_o , ω_c ainsi que les fréquences correspondantes et G_{Max} .

4. On considère toujours le circuit 2, et l'amplificateur opérationnel est à nouveau un A.O. idéal avec un gain μ infini comme dans la partie 2.

4.1. Si $\omega >> \omega_o$, montrer que le circuit se comporte en fait comme un intégrateur. Que signifie cette expression en alternatif ?

4.2. Si l'on n'est plus en alternatif, v_e étant alors une tension a priori quelconque, déterminer l'équation différentielle instantanée reliant v_e et v_s .

4.3. On considère le cas où la tension d'entrée v_e est constante.

a) Déterminer la solution $v_s(t)$ de cette équation différentielle. (On pourra considérer que $v_s = 0$ à $t = 0$).

b) Montrer que l'on peut avoir soit un inverseur, soit un intégrateur selon que le produit RC est très petit ou très grand.

c) On donne pour v_e une tension en créneau. Tracer l'allure des deux courbes $v_e(t)$ et $v_s(t)$ l'une sous l'autre avec la même échelle de temps dans le cas où RC est très grand.

Premier problème : Conduction électrique et thermique

1)

1) L' intensité du courant est le flux du vecteur courant $\vec{J}$:

$i = \vec{J}\cdot 2\pi r h \vec{u} \Longrightarrow \boxed{\vec{J} = \frac{i}{2\pi r h}\vec{u}}$ $\vec{u}$ vecteur unitaire radial

2) D' après la loi d' Ohm :

$\vec{J} = \sigma \vec{E} \Longrightarrow \boxed{\vec{E} = \frac{i}{2\pi\sigma r h}\vec{u}}$

3) La différence de potentiel entre deux points est l' opposé de la circulation de $\vec{E}$: $dV = -\vec{E}\cdot d\vec{r} = -\vec{E}\cdot dr\,\vec{u}$ $\quad dV = -\frac{i}{2\pi\sigma h}\frac{dr}{r}$

$$\Longrightarrow \boxed{V_1 - V_2 = \frac{i}{2\pi h\sigma}\ln\frac{r_2}{r_1}}$$

4) $R = \frac{V_1 - V_2}{i} \Longrightarrow \boxed{R = \frac{1}{2\pi h\sigma}\ln\frac{r_2}{r_1}}$

5) La puissance dissipée par effet Joule dans tout le conducteur est :

$P = Ri^2 \Longrightarrow \boxed{P = \frac{i^2}{2\pi h\sigma}\ln\frac{r_2}{r_1}}$

6)

a) La densité volumique de puissance dissipée par effet Joule est :

$\frac{dP}{d\tau} = \sigma E^2 \Longrightarrow \boxed{\frac{dP}{d\tau} = \frac{i^2}{(2\pi h)^2\sigma\, r^2}}$

b) $d\tau = h\,2\pi r\,dr \Longrightarrow dP = \frac{i^2}{2\pi h\sigma}\frac{dr}{r}$

$\Longrightarrow \boxed{P = \frac{i^2}{2\pi h\sigma}\ln\frac{r_2}{r_1}}$ on retrouve bien l'expression du 1.5)

7)

a) Dans un cylindre de rayon r , la puissance dissipée est :

$P_r = \int_0^r \frac{i^2}{2\pi h\sigma}\frac{dx}{x} \Longrightarrow \boxed{P_r = \frac{i^2}{2\pi h\sigma}\ln\frac{r}{r_1}}$

b)

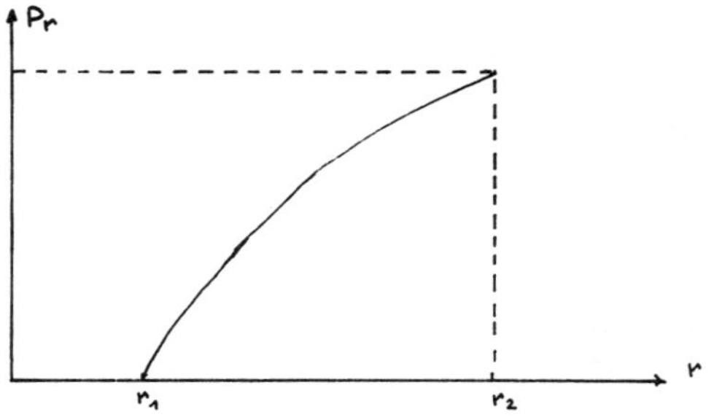

2)

1) Le courant est axial, selon le vecteur $\vec{x}$.

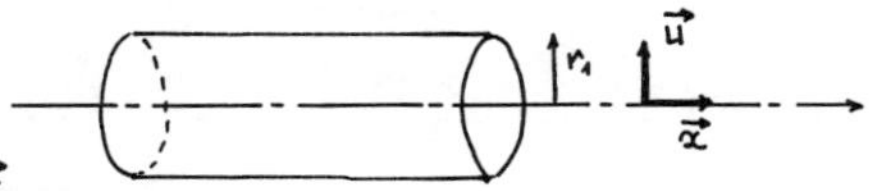

Le vecteur $\vec{j}$ a donc la direction et le sens de $\vec{x}$
Son flux à travers une section du conducteur est i :

$i = \vec{j} \cdot \pi r_1^2 \, \vec{x} \quad \Longrightarrow \quad \boxed{\vec{j} = \frac{i}{\pi r_1^2} \vec{x}}$

2) $\vec{E} = \frac{\vec{j}}{\sigma} \quad \Longrightarrow \quad \boxed{\vec{E} = \frac{i}{\pi \sigma r_1^2} \vec{x}}$

3) $V_A - V_B = \vec{E} \cdot h\vec{x} \quad \Longrightarrow \quad \boxed{V_A - V_B = \frac{hi}{\pi \sigma r_1^2}}$

4) $R = \frac{V_A - V_B}{i} \quad \Longrightarrow \quad \boxed{R = \frac{h}{\pi \sigma r_1^2}}$ (formule usuelle de la résistance d' un conducteur cylindrique)

5) $P = Ri^2 \quad \Longrightarrow \quad \boxed{P = \frac{hi^2}{\pi \sigma r_1^2}}$

6) Toute la puissance dissipée par effet Joule dans le conducteur est évacuée latéralement dans la gaine. Le vecteur $\vec{j_q}$ est donc radial, dirigé vers l'extérieur de la gaine :

$P = j_q \, 2\pi r h = \frac{hi^2}{\pi \sigma r_1^2} \quad \Longrightarrow \quad \boxed{\vec{j_q} = \frac{1}{2\sigma} \left(\frac{i}{\pi r_1} \right)^2 \frac{1}{r} \vec{u}}$

7)

a) D'après la loi de Fourier :

$j_q = -K \frac{dT}{dr} \quad \Longrightarrow \quad \frac{dT}{dr} = -\frac{1}{2K\sigma} \left(\frac{i}{\pi r_1} \right)^2 \frac{1}{r}$

$$\boxed{T(r) = T_2 - \frac{1}{2K\sigma} \left(\frac{i}{\pi r_1} \right)^2 \ln \frac{r}{r_2}}$$

b) $\boxed{T_1 = T(r_1) = T_2 - \frac{1}{2K\sigma} \left(\frac{i}{\pi r_1} \right)^2 \ln \frac{r_1}{r_2}}$

c)

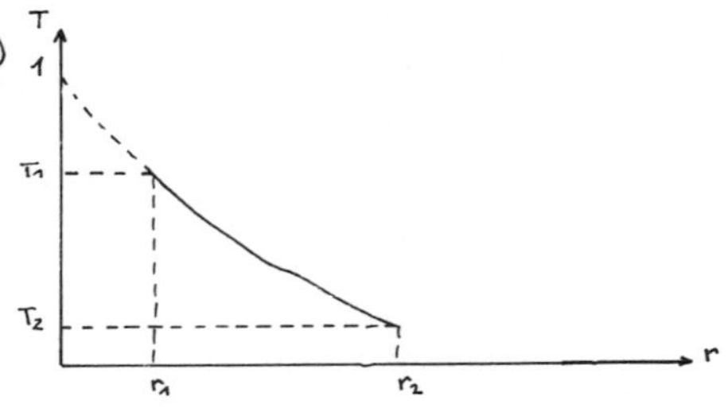

8)

a) La densité volumique de puissance est :

$$\frac{dP}{d\tau} = \sigma E^2 = \frac{1}{\sigma}\left(\frac{i}{\pi r_1}\right)^2 \Longrightarrow P(r) = \pi r^2 h \frac{dP}{d\tau}$$

$$\Longrightarrow \boxed{P(r) = \frac{h}{\sigma\pi}\left(\frac{i}{r_1}\right)^2\left(\frac{r}{r_1}\right)^2}$$

b) La puissance dissipée par effet Joule dans le cylindre de rayon r est évacuée par conduction thermique :

$$P_r = j_q\, 2\pi r h \Longrightarrow \boxed{j_q = \frac{1}{2\sigma}\left(\frac{i}{\pi r_1^2}\right)^2 r}$$

c)

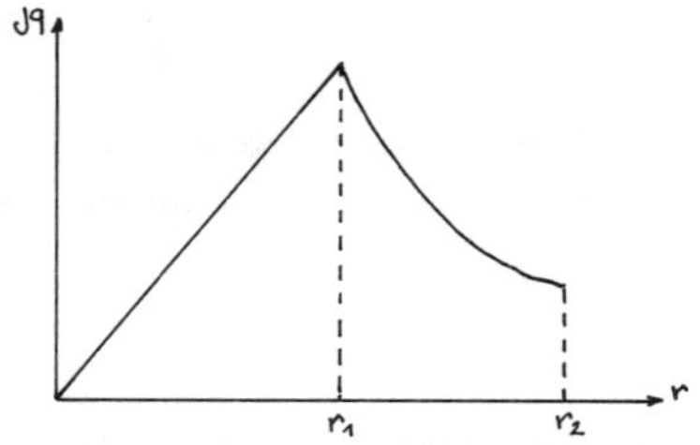

La courbe est continue en r_1 car toute la puissance est évacuée par la gaine

d) D'après la loi de Fourier, pour $r < r_1$:

$$j_q = -K'\frac{dT}{dr} = \frac{1}{2\sigma}\left(\frac{i}{\pi r_1^2}\right)^2 r$$

$$\Longrightarrow \boxed{T = T_1 - \frac{1}{2\sigma K'}\left(\frac{i}{\pi r_1^2}\right)^2 \frac{1}{2}\left[r^2 - r_1^2\right]}$$

e)

$$\boxed{T_0 = T_1 + \frac{1}{\sigma K'}\left(\frac{i}{2\pi r_1}\right)^2}$$

f)

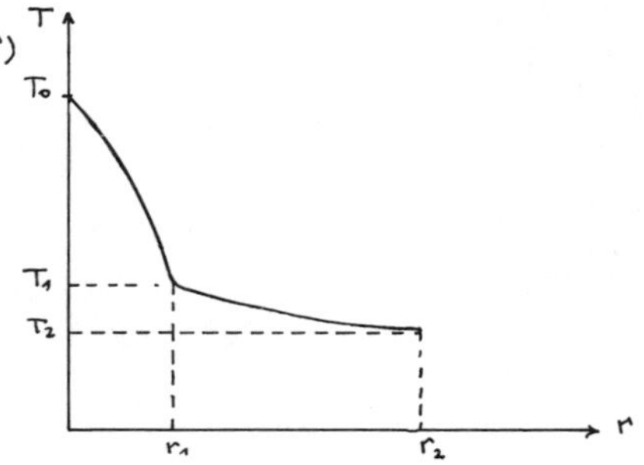

On observe une modification de pente à la jonction entre le conducteur et la gaine, la variation de T étant plus rapide dans le conducteur que dans la gaine.

En $r = 0$, la température est maximale et la densité de flux thermique est nulle.

9) A.N. $T_1 - T_2 = 1{,}40\ K$ $T_0 - T_2 = 2{,}15\ K$

Deuxième problème : Oscillations mécaniques

1)

a) D'après la définition du centre de masse :

$$x_c = \frac{m_1 x_1 + m_2 x_2}{m_1 + m_2}$$

b) En dérivant la relation précédente par rapport au temps, on obtient :

$$V_c = \frac{m_1 V_1 + m_2 V_2}{m_1 + m_2}$$

c) Le système A_1A_2 est isolé, donc le mouvement de son centre de gravité est rectiligne et uniforme dans le référentiel du laboratoire considéré comme galiléen. V_c est constante. Comme le système a été lâché sans vitesse initiale, V_c est nulle.

$$m_1 V_1 = -m_2 V_2$$

2)

a) $$\vec{W} = \vec{V_2} - \vec{V_1}$$

b) $\vec{P_1} = m_1 \vec{V_1}$ or $\vec{V_2} = -\frac{m_1}{m_2}\vec{V_1} \Longrightarrow \vec{W} = -\vec{V_1}\left(1 + \frac{m_1}{m_2}\right)$

$\Longrightarrow \vec{V_1} = -\frac{m_2}{m_1+m_2}\vec{W} \Longrightarrow \vec{P_1} = -\frac{m_1 m_2}{m_1+m_2}\vec{W} = -\vec{P_2}$

$$\Longrightarrow \vec{P_2} = -\vec{P_1} = \mu\vec{W}$$

c) $\vec{f_1}$ et $\vec{f_2}$ sont des forces intérieures au système A_1A_2 - ressort. Elles sont colinéaires, opposées et de même module. Leur résultante est nulle.

3)

a) D'après la relation fondamentale de la dynamique :

$\vec{f_2} = m_2 \frac{d\vec{V_2}}{dt} = \frac{d\vec{P_2}}{dt} \Longrightarrow$ $$\vec{f_2} = \frac{d}{dt}(\mu\vec{W})$$

$\vec{f_2}$ ne dépend que de la position relative des deux particules. Par conséquent, l'équation précédente permet de déterminer la vitesse relative et la position relative de A_1 et A_2, c'est-à-dire la vitesse $\vec{W}$ et la position $\vec{r} = \vec{r_2} - \vec{r_1}$ du mobile fictif de masse $\mu = \frac{m_1 m_2}{m_1+m_2}$ situé à $\vec{r}$ du centre de masse C.

b) $\vec{f_2} = -k(r - r_0) \Longrightarrow$ $$\mu\frac{d^2r}{dt^2} = -k(r - r_0)$$

c) $\frac{d^2r}{dt^2} + \omega^2 r = \omega^2 r_0 \Longrightarrow r = r_0 + \alpha\cos\omega t + \beta\sin\omega t$

$$\left.\begin{array}{l} r(0) = r_0 + b \Longrightarrow \alpha = b \\ w(0) = \dot{r}(0) = 0 \Longrightarrow \beta = 0 \end{array}\right\} \Longrightarrow \boxed{r = r_0 + b\cos\omega t}$$

d) $x_1 = -\dfrac{m_2}{m_1+m_2}\, r \implies \boxed{x_1 = \dfrac{-m_2}{m_1+m_2}\left(r_0 + b\cos\omega t\right)}$

$x_2 = \dfrac{m_1}{m_1+m_2}\, r \implies \boxed{x_2 = \dfrac{m_1}{m_1+m_2}\left(r_0 + b\cos\omega t\right)}$

e) A_1 et A_2 vibrent en opposition de phase.

4) $\mu = \dfrac{m_1 m_2}{m_1+m_2} = \dfrac{35{,}5}{36{,}5} = 0{,}97$ uma $= \dfrac{0{,}97.10^{-3}}{6.10^{23}}$ kg $= 1{,}62\,.10^{-27}$ kg

$\omega^2 = 4\pi^2 N^2 = \dfrac{k}{\mu} \implies k = \mu 4\pi^2 N^2 = 518{,}36 \ \mathrm{Nm^{-1}}$

$|F| = k(r - r_0) = 1{,}55\,.10^{-8}$ N

5)

a)

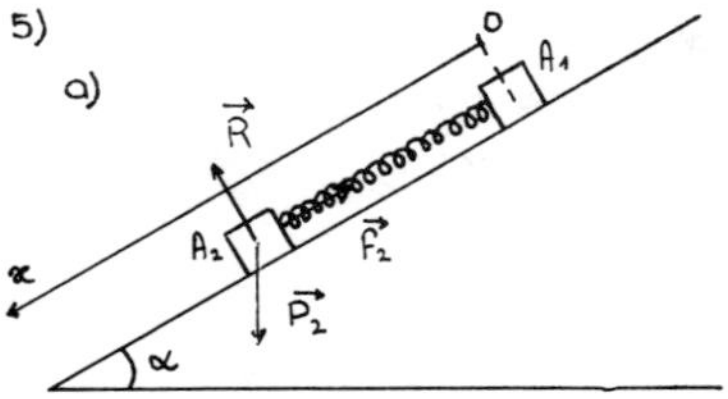

A l'équilibre de A_2 :

$\vec{P_2} + \vec{R} + \vec{f_2} = \vec{0}$

En projetant sur $\vec{Ox}$:

$mg\sin\alpha - k(x_{20} - r_0) = 0$

$\implies \boxed{x_{20} = r_0 + \dfrac{mg\sin\alpha}{k}}$

b) $$\boxed{\begin{aligned} m\frac{d^2x_1}{dt^2} &= mg\sin\alpha + k(x_2 - x_1 - r_0) \\ m\frac{d^2x_2}{dt^2} &= mg\sin\alpha - k(x_2 - x_1 - r_0) \end{aligned}}$$

c) $x_c = \dfrac{x_1+x_2}{2} \implies m\dfrac{d^2x_c}{dt^2} = \dfrac{2}{2}\, mg\sin\alpha \implies \boxed{\dfrac{d^2x_c}{dt^2} = g\sin\alpha}$

$r = x_2 - x_1 \implies \boxed{m\dfrac{d^2r}{dt^2} = 2k(r - r_0)}$

d) $x_c = \dfrac{x_{20}}{2} + \dfrac{1}{2} g\sin\alpha\, t^2 \implies \boxed{x_c = \dfrac{r_0}{2} + \dfrac{mg\sin\alpha}{2k} + \dfrac{1}{2} g\sin\alpha\, t^2}$

e) $r(t) = r_0 + \alpha'\cos\omega t + \beta'\sin\omega t$

$r(0) = x_{20}$ et $\dot{r}(0) = 0 \implies \boxed{r(t) = r_0 + \dfrac{mg}{k}\sin\alpha\cos\omega t}$

f) $x_1 = x_c - \dfrac{r}{2} = \dfrac{1}{2} g\sin\alpha\left[\dfrac{m}{k}(1 - \cos\omega t) + t^2\right]$

$x_2 = x_c + \dfrac{r}{2} = r_0 + \dfrac{1}{2} g\sin\alpha\left[\dfrac{m}{k}(1 + \cos\omega t) + t^2\right]$

$\implies \dot{x}_1 = g\sin\alpha\left[\sqrt{\dfrac{m}{2k}}\sin\omega t + t\right] \implies \dot{x}_1(T) = g\sin\alpha\, T$

$\dot{x}_2 = g\sin\alpha\left[-\sqrt{\dfrac{m}{2k}}\sin\omega t + t\right] \implies \dot{x}_2(T) = g\sin\alpha\, T$

$\Longrightarrow * \; E_c = m\dot{x}_1^2 = mg^2 \sin^2\alpha \, T^2 \quad \Longrightarrow \quad \boxed{E_c = \dfrac{2m^2 g^2 \sin^2\alpha \, \pi^2}{k}}$

$* \; W_{1P} = mg\sin\alpha \; x_1(T) = \dfrac{1}{2} mg^2 \sin^2\alpha \, T^2$

$\Longrightarrow \quad \boxed{W_{1P} = \dfrac{(\pi mg\sin\alpha)^2}{k}}$

$W_{2P} = mg\sin\alpha \, (x_2(T) - x_{20}) \quad \Longrightarrow \quad \boxed{W_{2P} = \dfrac{(\pi mg\sin\alpha)^2}{k}}$

$* \; f_1 = kr \Longrightarrow \delta W_{f_1} = kr\,dx_1 = k\left(r_0 + \dfrac{mg\sin\alpha}{k}\cos\omega t\right)\left[g\sin\alpha\left(t + \sqrt{\dfrac{m}{2k}}\sin\omega t\right)\right] dt$

$\Longrightarrow \quad W_{f_1} = kr_0 x_1(T)$

$\Longrightarrow \quad \boxed{W_{f_1} = r_0 mg\sin\alpha \, \pi^2}$

$f_2 = -kr \Longrightarrow \delta W_{f_2} = -kr\,dx_2 = -k\left(r_0 + \dfrac{mg\sin\alpha}{k}\cos\omega t\right)\left[g\sin\alpha\left(t - \sqrt{\dfrac{m}{2k}}\sin\omega t\right)\right] dt$

$\Longrightarrow \quad W_{f_2} = -kr_0(x_2(T) - x_{02})$

$\Longrightarrow \quad \boxed{W_{f_2} = -r_0 mg\sin\alpha \, \pi^2}$

On remarque que ces deux travaux sont opposés. Ce n'est pas surprenant car :

$\delta W_{f_1} + \delta W_{f_2} = -kr(dx_2 - dx_1) = -kr\,dr$

$\Longrightarrow \quad W_{f_1} + W_{f_2} = -\dfrac{1}{2}k(r^2(T) - r^2(0)) = 0$

troisième problème : circuits électriques

1)

1)

a) L'impédance équivalente au dipôle $R_u // C$ est $\bar{Z}$:

$$\bar{Z} = \frac{R_u}{1 + jR_uC\omega}$$

On se trouve ici en face d'un diviseur de tension :

$\bar{H} = \dfrac{\bar{V_s}}{\bar{V_e}} = \dfrac{\bar{Z}}{R + \bar{Z}} \quad \Longrightarrow \quad \boxed{\bar{H} = \dfrac{R_u}{R_u + R(1 + jR_uC\omega)}}$

b) En sortie ouverte : $\boxed{\bar{H} = \dfrac{1}{1 + jRC\omega}}$

2) Le gain est le module de la fonction de transfert :

$G = \dfrac{1}{\sqrt{1 + R^2C^2\omega^2}} \quad \Longrightarrow \quad G_{dB} = -10\log(1 + R^2C^2\omega^2)$

Soit : $\boxed{G = \dfrac{1}{\sqrt{1 + \dfrac{\omega^2}{\omega_0^2}}}} \quad \Longrightarrow \quad \boxed{G_{dB} = -10\log\left(1 + \dfrac{\omega^2}{\omega_0^2}\right)}$

3)

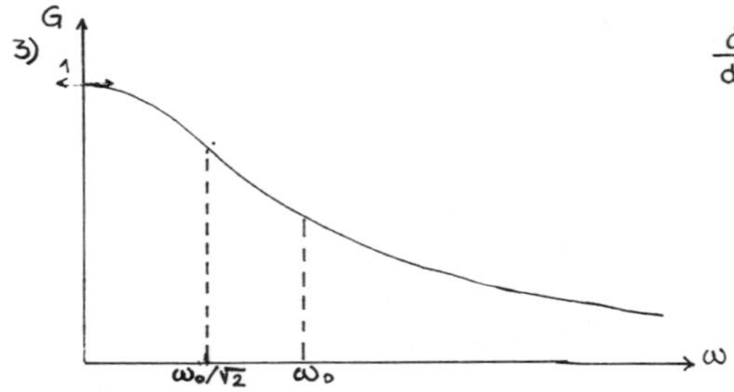

$$\frac{dG}{d\omega} = \frac{-\omega}{\omega_0^2}\,\frac{1}{\left(1+\frac{\omega^2}{\omega_0^2}\right)^{3/2}}$$

$$\frac{d^2G}{d\omega^2} = \frac{-1}{\omega_0^2}\,\frac{1-2\frac{\omega^2}{\omega_0^2}}{\left(1+\frac{\omega^2}{\omega_0^2}\right)^{5/2}}$$

$\Longrightarrow$ Point d'inflexion en $\omega = \frac{\omega_0}{\sqrt{2}}$

4) A la pulsation de coupure à -3dB : $G(\omega_c) = \frac{G_{max}}{\sqrt{2}} = \frac{1}{\sqrt{2}}$

$$\Longrightarrow \boxed{\omega_c = \omega_0}$$

5) Un tel circuit est un filtre passe-bas. Il présente l'inconvénient d'avoir un gain qui dépend de la résistance de charge R_u.

2)

1) L'entrée inverseuse est au même potentiel que l'entrée non inverseuse, c'est-à-dire 0. Tout le courant qui passe dans la première résistance R passe dans le dipôle C//R d'impédance $\overline{Z}$:

$\overline{I} = \frac{\overline{V_e}}{R}$ et $\overline{V_s} = -\overline{Z}\,\overline{I} = \frac{\frac{-R}{1+jCR\omega}}{R}\,\overline{V_e} = \frac{-\overline{V_e}}{1+jRC\omega}$

$$\Longrightarrow \boxed{\overline{H} = \frac{-1}{1+jRC\omega}}$$

2) $G = \frac{1}{\sqrt{1+R^2C^2\omega^2}}$ $\Longrightarrow$ $\boxed{G = \frac{1}{\sqrt{1+\frac{\omega^2}{\omega_0^2}}}}$

3) Le gain de ce circuit est indépendant de R_u et est identique au gain du circuit précédent en circuit ouvert. L'avantage de ce circuit est que G ne dépend pas de R_u.

3)

1)

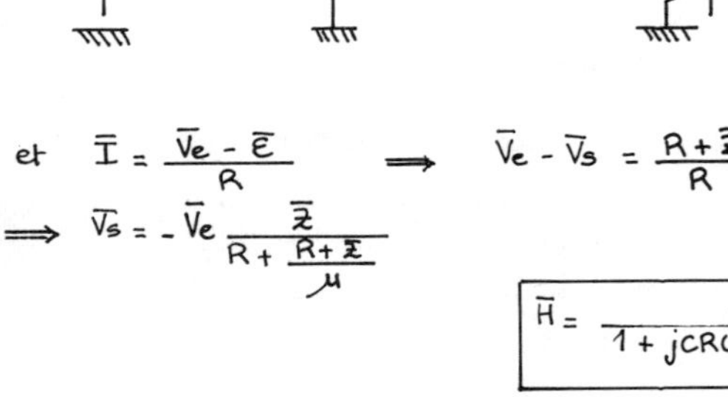

Si le gain de l'A.O. est fini, la différence de potentiel entre les deux entrées n'est pas nulle. Appelons-là $\overline{\varepsilon}$:

$\overline{V_s} = \mu\overline{\varepsilon}$

D'autre part :

$\overline{V_e} - \overline{V_s} = (R+\overline{Z})\,\overline{I}$

et $\overline{I} = \frac{\overline{V_e}-\overline{\varepsilon}}{R}$ $\Longrightarrow$ $\overline{V_e} - \overline{V_s} = \frac{R+\overline{Z}}{R}\left(\overline{V_e} - \frac{\overline{V_s}}{\mu}\right)$

$\Longrightarrow$ $\overline{V_s} = -\overline{V_e}\,\frac{\overline{Z}}{R+\frac{R+\overline{Z}}{\mu}}$

$$\boxed{\overline{H} = \frac{-1}{1+jCR\omega+\frac{2+jCR\omega}{\mu}}}$$

2) $$G = \frac{1}{\sqrt{\left(1+\frac{2}{\mu}\right)^2 + \frac{\omega^2}{\omega_0^2}\left(1+\frac{1}{\mu}\right)^2}}$$

3) Si μ tend vers l'infini, on retrouve les résultats de la question 2). Un gain μ fini diminue le gain du quadripôle. D'autre part, le gain μ dépend en général de la fréquence.

4) A la fréquence nulle, le gain est maximum et vaut $\frac{1}{1+\frac{2}{\mu}}$.

A ω_c : $G = \frac{1}{\left(1+\frac{2}{\mu}\right)\sqrt{2}}$

$$\Longrightarrow \quad 2\left(1+\frac{2}{\mu}\right)^2 = \left(1+\frac{2}{\mu}\right)^2 + \frac{\omega_c^2}{\omega_0^2}\left(1+\frac{1}{\mu}\right)^2$$

$$\Longrightarrow \quad 1+\frac{2}{\mu} = \frac{\omega_c}{\omega_0}\left(1+\frac{1}{\mu}\right)$$

$$\Longrightarrow \quad \boxed{\omega_c = \omega_0 \frac{2+\mu}{1+\mu} > \omega_0}$$

5) AN : $\omega_0 = \frac{1}{RC} = 2{,}5.10^4 \text{ rads}^{-1} \Longrightarrow N_0 = 3{,}98 \text{ kHz}$

$\omega_c = \omega_0 \frac{1+\frac{2}{\mu}}{1+\frac{1}{\mu}} \sim \omega_0\left(1+\frac{1}{\mu}\right) = 25\,000{,}25 \text{ rads}^{-1}$ (!) $\Longrightarrow N_c \sim 3{,}98 \text{ kHz}$

$G_{max} = \frac{1}{1+\frac{2}{\mu}} = 1 - 8.10^{-5}$

4)

1) A fréquence très élevée, $\bar{H} \sim -\frac{\omega_0}{j\omega}$.

Le filtre réalise donc l'intégration du signal tout en le multipliant par $-\omega_0$

2)

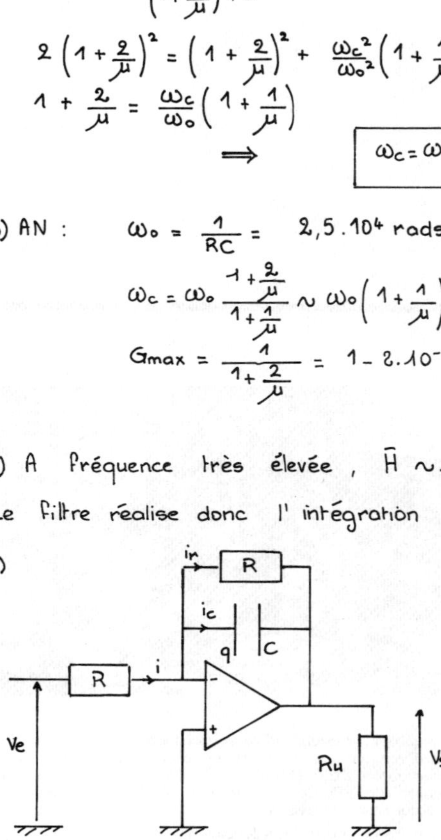

$V_e(t) = R\,i(t)$

$V_s(t) = -R\,i_r(t) = -\frac{q(t)}{C}$

et $i = i_R + i_c$

or $i_c = \dot{q} = -C\frac{dV_s}{dt}$

$$\Longrightarrow \quad \frac{V_e(t)}{R} = -\frac{V_s(t)}{R} - C\frac{dV_s(t)}{dt}$$

$$\Longrightarrow \quad \boxed{V_e(t) = -V_s(t) - \frac{1}{\omega_0}\frac{dV_s(t)}{dt}}$$

3)

a) $\frac{\dot{V}_s}{\omega_0} + V_s = -V_e \quad \Longrightarrow \quad \boxed{V_s(t) = V_e\left(e^{-\omega_0 t} - 1\right)}$

b) Si RC est très petit $\frac{\dot{V}_s}{\omega_0}$ est négligeable devant V_s donc $V_s \sim -V_e$

On a donc réalisé un inverseur.

Si RC est très grand, V_s est négligeable devant $\frac{\dot{V}_s}{\omega_0}$ donc $V_e \sim -\frac{dV_s}{dt}$

d'où $V_s = -\int V_e\,dt$. On a ainsi réalisé un intégrateur

c) Si Ve est une tension en créneaux, le signal intégré est en dents de scie :

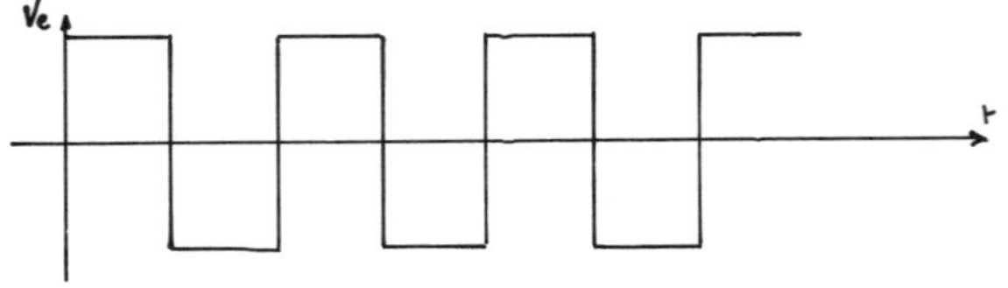

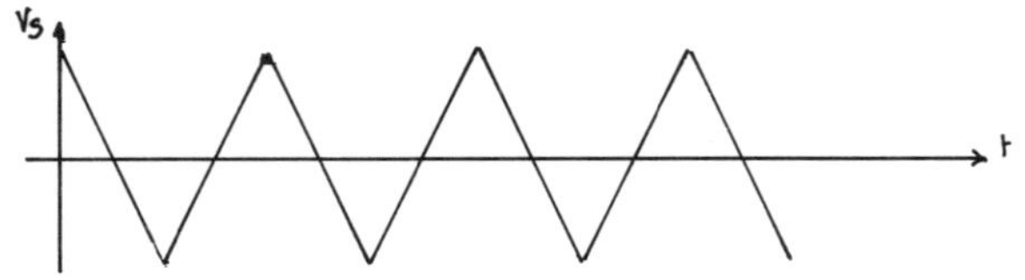

ENAC 88 — Satellite terrestre – Electrostatique : champ d'un cylindre chargé – Circuit RC en régime transitoire.

PREMIER PROBLEME - MECANIQUE

Ce problème comporte deux parties indépendantes, dans la mesure où l'on admet la formule de Binet établie dans la première partie.

1 - On considère un point matériel S de masse m soumis à une force centrale $\vec{F}$; on désignera par O le centre de force.

1.1. Montrer que le moment cinétique $\vec{\sigma_o}$ par rapport à O est constant.

1.2. En déduire que le mouvement de la particule sera plan.

1.3. On repère alors la position de S par des coordonnées polaires (r,θ) dans le plan du mouvement ; soit $\vec{i}$, $\vec{j}$, $\vec{k}$ 3 vecteurs unitaires orhtonormés ($\vec{i}$ radial, $\vec{j}$ orthoradial). Exprimer la norme v de la vitesse en fonction de r, θ et de leurs dérivées par rapport au temps $\dot{r} = \frac{dr}{dt}$; $\dot{\theta} = \frac{d\theta}{dt}$.

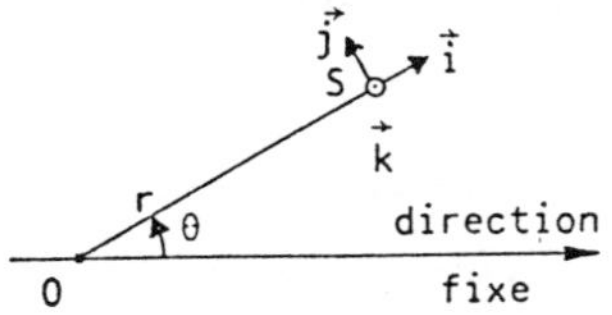

1.4. On pose $C = \frac{\sigma_o}{m}$. Calculer C en fonction de r et $\dot{\theta}$.

1.5. On pose $u = \frac{1}{r}$ montrer que : $v^2 = C^2 \left[\left(\frac{du}{d\theta}\right)^2 + u^2\right]$ (formule de Binet)

2 - S est en fait le centre de gravité d'un satellite artificiel qui décrit une orbite elliptique dont le centre de la terre O est un foyer. On considèrera le point O comme fixe ; on négligera toute influence éventuelle due à la rotation de la Terre ; et la seule force considérée sera la force de gravitation entre la Terre et le satellite.

2.1. Que peut-on dire dans ces conditions du système Terre-satellite ? Que peut-on en déduire pour l'énergie mécanique E ?

2.2. On désigne par G la constante de gravitation universelle et par M la masse de la terre ; donner sans démonstration l'expression E_p de l'énergie potentielle d'intéraction entre le satellite et la Terre, en fonction de G, M, m et r.

2.3. En utilisant la formule de Binet établie en 1.5., montrer que l'énergie mécanique E du système peut s'écrire sous la forme :

$$E = E_1(r) + \frac{1}{2} m C^2 \left(\frac{du}{d\theta}\right)^2$$

où $E_1(r)$ est une fonction de la seule variable r.

Déterminer $E_1(r)$.

2.4. Tracer l'allure de la courbe $E_1(r)$ pour r variant de 0 à l'infini.

(On étudiera les valeurs aux bornes et l'on précisera l'existence éventuelle d'un extremum).

2.5. Montrer que $E - E_1(r) \geqslant 0$ et en déduire par une discussion graphique que pour avoir une trajectoire fermée (r partout fini) il faut $E < 0$.

2.6. Soit, dans ces conditions, r_1 et r_2 les racines de l'équation $E_1(r) - E = 0$. Que représentent r_1 et r_2 pour le satellite ? Exprimer la longueur 2a du grand axe de sa trajectoire elliptique en fonction de $r_1 + r_2$, puis en fonction de E, m, M et G. En déduire l'expression de E en fonction de G, M, m et 2a.

2.7 On pose $r = R + z$ où R est le rayon de la Terre et z l'altitude du satellite. On désigne respectivement par L et ℓ les altitudes de l'apogée A et du périgée P de sorte que :

$$2a = L + \ell + 2R$$

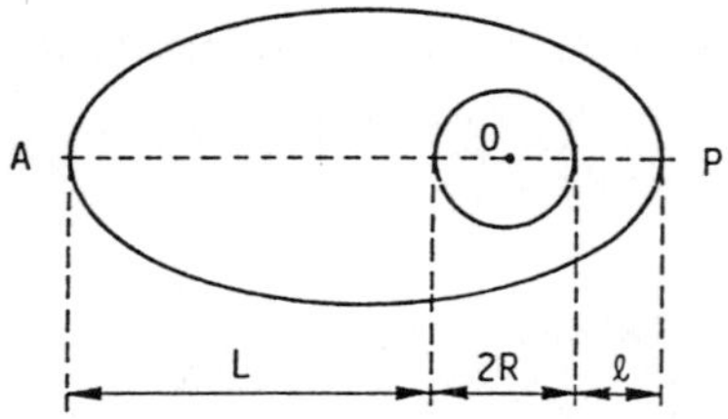

Déduire de ce qui précède :

a) l'expression de E en fonction de G, M, m, R, L et ℓ.

b) l'expression de la vitesse v du satellite en fonction de G, M, R, L, ℓ et de son altitude z.

2.8. Application numérique : on donne $G = 6{,}67.10^{-11}$ S.I. $M = 5{,}99.10^{24}$ kg $R = 6\ 370$ km. On considère un satellite pour lequel $L = 4\ 500$ km ; $\ell = 450$ km ; calculer sa vitesse v pour une altitude $z = 3\ 000$ km.

DEUXIEME PROBLEME - ELECTROSTATIQUE

Ce problème comporte 3 parties. La partie 2 est indépendante de la partie 1.

1 - Soit un cylindre droit de rayon R, d'axe ox, de hauteur $h \gg R$ de sorte qu'on le considèrera comme infini et qu'on négligera les effets de bords. Ce cylindre est chargé uniformément en surface avec une densité superficielle de charge σ.

1.1. Déterminer l'expression du champ électrostatique $\vec{E}$ créé en tout point de l'espace à la distance r de l'axe. (On distinguera les cas $r < R$ et $r > R$).

1.2. Donner l'allure de la courbe E(r).

Qu'observe-t-on pour $r = R$ et quelle est la valeur de E en un point de l'axe ($r = o$) ?

2 - On considère maintenant un anneau de centre O, de rayon R, d'axe ox. Il porte la charge q répartie uniformément sur son pourtour.

2.1. Montrer que l'axe ox est une ligne de champ.

2.2. Déterminer l'expression du potentiel V en un point M quelconque de l'axe ox.

2.3. En déduire l'expression du champ E créé en M.
L'exprimer en fonction de q, R, ε_o et de l'angle θ défini sur la figure ci-dessous.

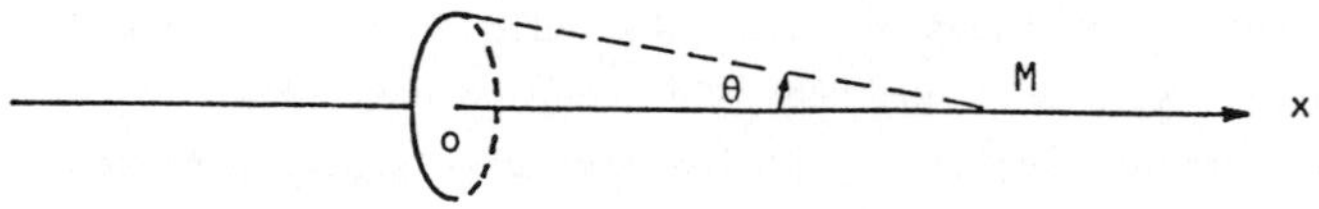

2.4. Retrouver le résultat de E sans passer par le potentiel.

2.5. Tracer l'allure des courbes V(x) et E(x).

3 - On considère à nouveau un cylindre droit de rayon R d'axe ox comme au 1 mais sa hauteur h ne peut plus être considérée comme infinie. Il est toujours chargé en surface avec une densité superficielle σ uniforme.

3.1. Déterminer l'expression du champ électrostatique $\vec{E}$ créé en un point M de l'axe ox, en fonction des angles θ_1 et θ_2 définis sur la figure ci-dessous : (le point M pouvant être n'importe où sur l'axe ox).

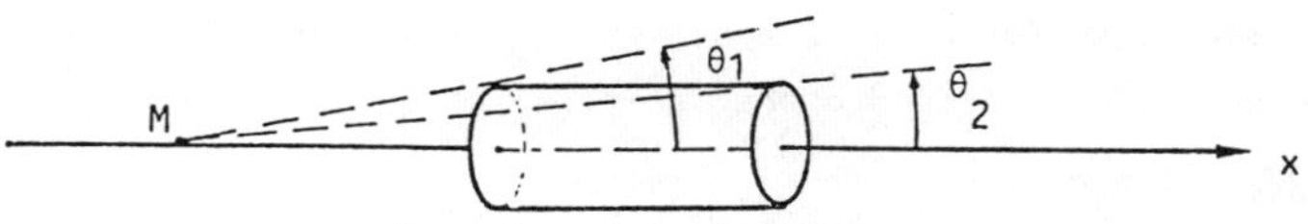

3.2. En faisant tendre h vers l'infini (M est alors nécessairement à l'intérieur du cylindre), retrouve-t-on un résultat conforme au 1.2. ?

3.3. On donne $\frac{1}{4\pi\varepsilon_o} = 9.10^9$; R = 10 cm ; h = 30 cm ; Q = 1 nC, Q étant la charge totale portée par le cylindre. Calculer le champ $\vec{E}$ en un point M situé sur l'axe, à l'intérieur du cylindre, à 10 cm de la face 1. (On précisera son sens et son intensité).

TROISIEME PROBLEME - ELECTROCINETIQUE

On considère le circuit suivant :

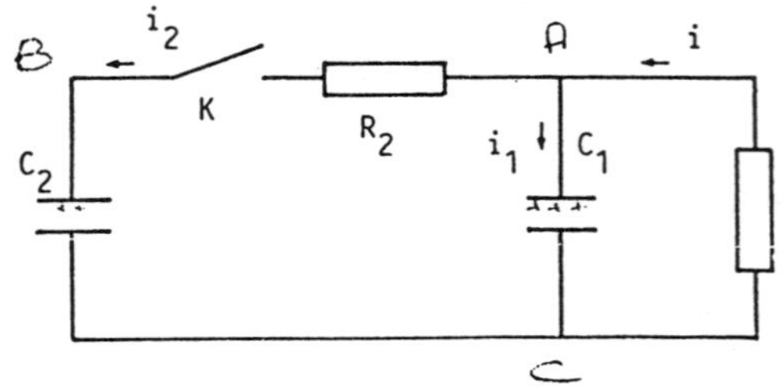

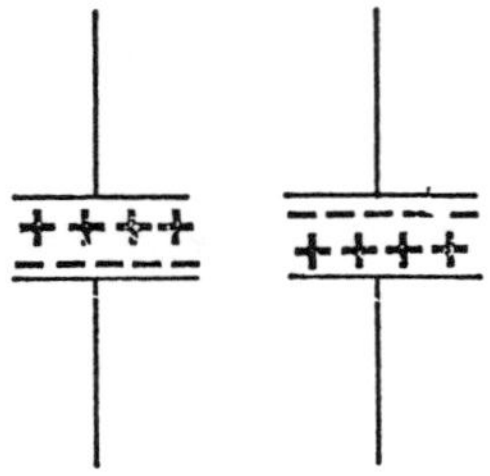

q > o q < o

soit q_1 la charge de condensateur C_1 et q_2 la charge du condensateur C_2. On respectera les sens algébriques des courants indiqués sur le schéma, ce qui ne préjuge pas de leur sens physique réel. De même, on considèrera q_1 et q_2 comme des quantités algébriques (positives si les armatures supérieures sont chargées positivement, et négatives dans le cas contraire).

Pour $t < 0$ on donne $q_1 = q_{1_o} = 0$ et $q_2 = q_{2_o} > 0$ et on ferme l'interrupteur à $t = 0$.

1°) Indiquer, sans calculs, vers quelles valeurs limites vont tendre au bout d'un certain temps (théoriquement infini) q_1, q_2, i_1, i_2 et i ?

2°) Ecrire les relations différentielles algébriques définissant respectivement i_1 et i_2 à partir de q_1 et q_2, ainsi que la relation algébrique entre i, i_1 et i_2.

3°) Ecrire la loi des mailles respectivement pour la maille de gauche et pour la maille de droite et en déduire deux équations différentielles couplées en q_1 et q_2.

4°) En éliminant entre ces deux équations q_2 et ses dérivées, écrire l'équation différentielle du second ordre vérifiée par q_1.

5°) On pose $\tau = R_2C_1 = RC_1 = R_2C_2$.

5.a) Donner l'expression de q_1 en fonction du temps t, de deux constantes A et B qui dépendent des conditions initiales et des quantités :

$$\alpha_1 = \frac{3 + \sqrt{5}}{2\tau} \quad ; \quad \alpha_2 = \frac{3 - \sqrt{5}}{2\tau}$$

5.b) En déduire $\frac{dq_1}{dt}$ puis (en se reportant aux équations du 3°) $\frac{dq_2}{dt}$ en fonction des mêmes grandeurs.

5.c) Montrer, en l'appliquant pour $t = o$, que l'une des équations de 3°) permet d'écrire très simplement l'expression de $\left(\frac{dq_2}{dt}\right)_{t=o}$ en fonction de τ et de q_{2_o}.

5.d) En déduire les expressions de A et B et donner l'expression de q_1 en fonction du temps t ainsi que des grandeurs : q_{2_0}, τ, α_1, α_2.

6°) Soit U_1 la tension aux bornes du condensateur C_1.

6.a) Donner l'allure de la courbe $U_1(t)$.

(On étudiera les valeurs aux bornes et l'on précisera l'existence éventuelle d'un extremum). Le résultat est-il conforme aux prévisions du 1°) ?

6.b) Application numérique : on donne $R = 10^6\ \Omega$ et $C_1 = 100\ \mu F$. Pour quelle valeur de t, la tension U_1 sera-t-elle maximum ?

Premier problème : Mécanique

1)

1) Le moment cinétique est défini par : $\vec{\sigma_o} = \vec{OM} \wedge \vec{p}$

La dérivation par rapport au temps donne :

$$\frac{d\vec{\sigma_o}}{dt} = \frac{d\vec{OM}}{dt} \wedge \vec{p} + \vec{OM} \wedge \frac{d\vec{p}}{dt} = \vec{v} \wedge m\vec{v} + \vec{OM} \wedge \vec{F} = \vec{0}$$

$\vec{\sigma_o}$ est donc constant

2) $\vec{\sigma_o}$ est localement orthogonal au plan tangent à la trajectoire. Il est constant, donc la trajectoire est plane, orthogonale à $\vec{\sigma_o}$.

$$v = \sqrt{\dot{r}^2 + r^2\dot{\theta}^2}$$

3)

4) $$\frac{\vec{\sigma_o}}{m} = r\vec{\imath} \wedge (\dot{r}\vec{\imath} + r\dot{\theta}\vec{\jmath}) = r^2\dot{\theta}\,\vec{k} \implies C = r^2\dot{\theta}$$

5) $$\dot{r} = \frac{dr}{dt} = \frac{dr}{d\theta}\frac{d\theta}{dt} = -\frac{1}{u^2}\frac{du}{d\theta}\frac{C}{r^2} = -C\frac{du}{d\theta}$$

$$r\dot{\theta} = \frac{C}{r} = Cu.$$

$$V^2 = \dot{r}^2 + r^2\dot{\theta}^2 \implies v^2 = C^2\left[\left(\frac{du}{d\theta}\right)^2 + u^2\right]$$

2)

1) Le système Terre - Satellite est un système isolé. L'énergie mécanique est constante.

2) $$E_p = -\frac{GMm}{r}$$

3) $$E = E_p + E_c = -\frac{GMm}{r} + E_c = -GMmu + \frac{1}{2}mC^2u^2 + \frac{1}{2}mC^2\left(\frac{du}{d\theta}\right)^2$$

$$\boxed{E = E_1(r) + \frac{1}{2}mC^2\left(\frac{du}{d\theta}\right)^2}$$

avec $E_1(r) = m\left[-GMu + \frac{C^2u^2}{2}\right]$ $\boxed{E_1(r) = m\left[\frac{-GM}{r} + \frac{C^2}{2r^2}\right]}$

4)

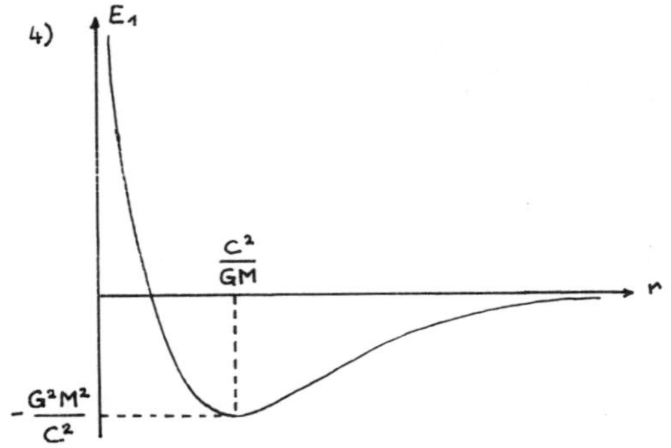

$r \to 0$ $E_1(r) \to +\infty$

$r \to +\infty$ $E_1(r) \to 0$

5) $E - E_1(r) = \frac{1}{2}mC^2\left(\frac{du}{d\theta}\right)^2 \geqslant 0$

L'énergie E, constante, peut être représentée sur le graphe de $E_1(r)$ par une droite horizontale. Pour que la trajectoire soit fermée, il faut au moins que r reste fini, donc que toutes les valeurs de r accessibles soient comprises entre 0 et r_{max}. Les valeurs accessibles sont telles que E_1 soit inférieure à E. La droite E ne coupe la courbe en deux points r_{min} et r_{max} que si E est négative.

6) r_1 est la distance minimale du satellite à la Terre r_2 sa distance maximale.

$$r_1 + r_2 = 2a.$$

L'équation de r est : $2Er^2 + 2GMmr - mC^2 = 0 \Rightarrow r_1 + r_2 = 2a = \frac{-GMm}{E}$ $(E<0)$

$$\Longrightarrow \boxed{2a = \frac{-GMm}{E}}$$

$$\Longrightarrow \boxed{E = -\frac{GMm}{2a}}$$

7)a) L'énergie E vaut : $\boxed{E = \frac{-GMm}{L+\ell+2R}}$

b) $E = \frac{1}{2}mv^2 - \frac{GMm}{R+z}$ $\boxed{v = \sqrt{2GM\left[\frac{1}{R+z} - \frac{1}{2R+L+\ell}\right]}}$

8) A.N. : $\underline{v = 6{,}33 \ \mathrm{kms^{-1}}}$

Deuxième problème : Electrostatique

1)

1) Le champ créé par la distribution cylindrique est radial. On choisit donc une surface de Gauss cylindrique coaxiale à la distribution. A travers cette surface, le flux de $\vec{E}$ est Ψ :

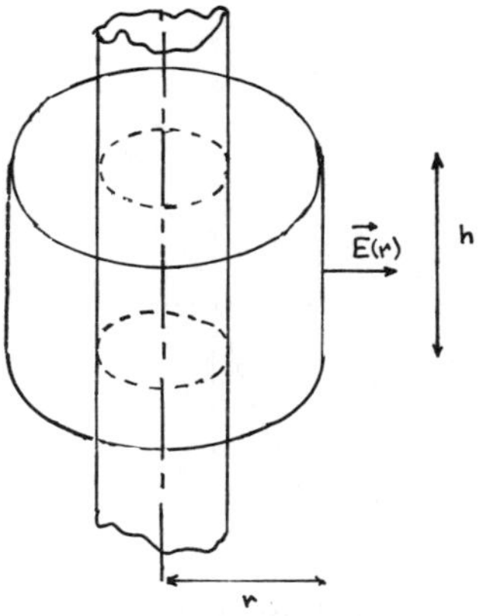

si $r > R$: $\Psi = 2\pi r h E(r) = \dfrac{2\pi R h \sigma}{\varepsilon_0}$

$$\Longrightarrow \quad E = \frac{\sigma}{\varepsilon_0}\frac{R}{r}$$

si $r < R$: La charge intérieure au cylindre de Gauss est nulle, donc E est nul

$$\boxed{r > R : E = \frac{\sigma}{\varepsilon_0}\frac{R}{r} \quad ; \quad r < R : E = 0}$$

2) La courbe $E(r)$ présente une discontinuité de $\dfrac{\sigma}{\varepsilon_0}$ à la traversée de la surface chargée du cylindre.

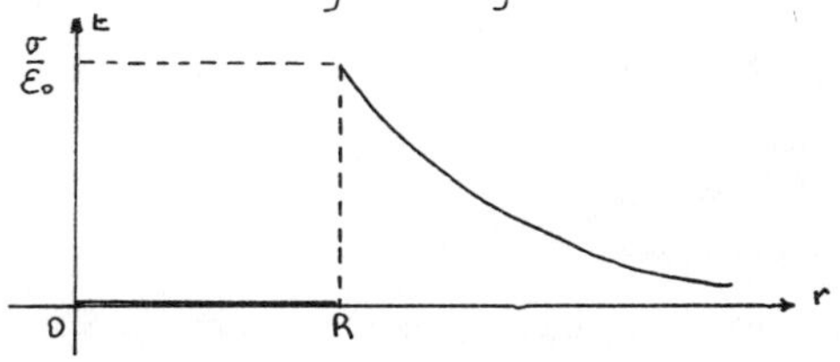

En un point de l'axe, le champ est nul.

2)

1) La distribution de charges étant symétrique de révolution autour de l'axe $\overrightarrow{Ox}$, le champ $\vec{E}$ possède la même symétrie. En tout point de l'axe, il est donc dirigé selon $\overrightarrow{Ox}$. Cet axe constitue donc une ligne de champ.

2) Le potentiel en $M(x)$ est :

$$\boxed{V = \frac{q}{4\pi\varepsilon_0 (x^2+R^2)^{1/2}}}$$

3) On en déduit E, mesure algébrique de $\vec{E}$ sur $\overrightarrow{Ox}$:

$$E = -\frac{dV}{dx} = \frac{q}{4\pi\varepsilon_0}\frac{x}{(x^2+R^2)^{3/2}} \Longrightarrow \boxed{E = \frac{q}{4\pi\varepsilon_0 R^2}\sin^2\theta\cos\theta}$$

4) Le champ élémentaire créé par une longueur $d\ell$ de l'anneau n'est pas dirigé selon $\overrightarrow{Ox}$. Il faut donc le projeter pour obtenir sa contribution au champ total :

$$\overrightarrow{dE} = \frac{dq}{4\pi\varepsilon_0}\frac{\vec{u}}{R^2+x^2}$$

$$dE_x = \frac{dq}{4\pi\varepsilon_0}\frac{\cos\theta}{R^2+x^2}$$

$$\Longrightarrow E = \frac{q}{4\pi\varepsilon_0} \times \frac{\cos\theta}{R^2/\sin^2\theta}$$

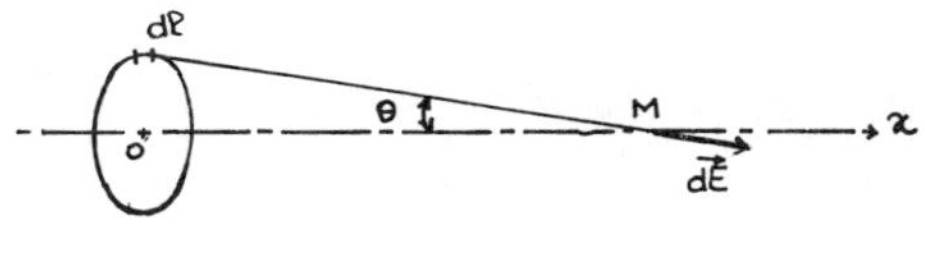

$$\Longrightarrow \quad \boxed{E = \frac{q}{4\pi\varepsilon_0 R^2}\sin^2\theta\cos\theta}$$

5)

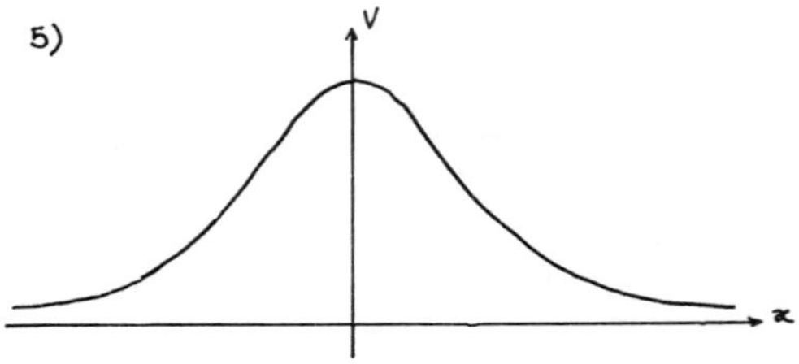

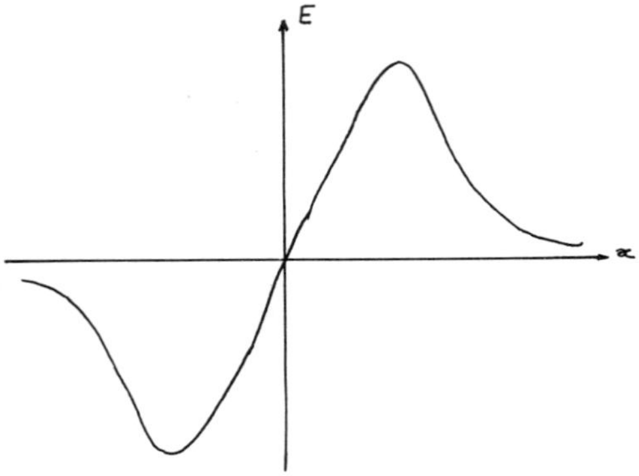

3)

1) Le cylindre peut être découpé en anneaux de longueur dx, créant chacun en M (à gauche du cylindre selon le schéma) le champ dE :

$$dE = -\frac{\sigma\, 2\pi R\, dx}{4\pi\varepsilon_0 R^2}\sin^2\theta\cos\theta$$

or $dx = -R(1+\cot g^2\theta)\,d\theta$ $\Longrightarrow$ $dE = \frac{\sigma}{2\varepsilon_0}\cos\theta\, d\theta$

homogène à une longueur

$$\boxed{E = \frac{\sigma}{2\varepsilon_0}(\sin\theta_2 - \sin\theta_1)}$$

2) si h tend vers l'infini, θ_1 tend vers π et θ_2 vers 0, donc le champ E tend vers 0, ce qui est conforme à la question 1)2).

3) $x_1 = 10$ cm $\Longrightarrow \sin\theta_1 = \frac{10}{\sqrt{200}} = \frac{1}{\sqrt{2}}$

$x_2 = 20$ cm $\Longrightarrow \sin\theta_2 = \frac{1}{\sqrt{5}}$

$E = \frac{Q}{4\pi\varepsilon_0 Rh}(\sin\theta_2 - \sin\theta_1)$ homogénéité vérifiée $\frac{\text{Coulomb}}{4\pi\varepsilon_0\ m^2}$

$\Longrightarrow$ $E = -78\ \text{V m}^{-1}$

Le champ est dirigé vers les x négatifs.

Troisième problème : Electrocinétique

1) En régime continu, les condensateurs se comportent comme des coupe-circuits. Si t tend vers l'infini, i_1 et i_2 tendent donc vers 0. Donc i, qui est leur somme, tend aussi vers 0. La tension aux bornes de C_1 étant alors nulle, q_1 tend vers 0, de même que q_2.

2) $$\boxed{\dot q_1 = i_1\ ;\ \dot q_2 = i_2\ ;\ i = i_1 + i_2}$$

3) Les deux équations de maille sont :

$R_2 i_2 + \frac{q_2}{C_2} - \frac{q_1}{C_1} = 0 \Longrightarrow R_2\dot q_2 + \frac{q_2}{C_2} - \frac{q_1}{C_1} = 0$ (1)

$R i + \frac{q_1}{C_1} = 0 \Longrightarrow R(\dot q_1 + \dot q_2) + \frac{q_1}{C_1} = 0$ (2)

4) De (2) on tire : $\dot q_2 = -\frac{q_1}{RC_1} - \dot q_1 \Longrightarrow \ddot q_2 = -\frac{\dot q_1}{RC_1} - \ddot q_1$

Puis de (1) dérivé une fois : $R_2\left(\frac{-\dot q_1}{RC_1} - \ddot q_1\right) + \frac{1}{C_2}\left(\frac{-q_1}{RC_1} - \dot q_1\right) - \frac{\dot q_1}{C_1} = 0$

$$\Longrightarrow \boxed{\tau^2 \ddot{q}_1 + 3\tau \dot{q}_1 + q_1 = 0} \qquad (3)$$

5)

a) L' équation caractéristique de (3) est : $\tau^2 r^2 + 3\tau r + 1 = 0$

de racines : $\alpha_1 = \dfrac{-3+\sqrt{5}}{2\tau}$ et $\alpha_2 = \dfrac{-3-\sqrt{5}}{2\tau}$

Donc :

$$\boxed{q_1 = A e^{\alpha_1 t} + B e^{\alpha_2 t}}$$

b) On en déduit $\dot{q}_1$ et $\dot{q}_2$:

$$\dot{q}_2 = -\frac{q_1}{\tau} - \dot{q}_1 \Longrightarrow \boxed{\begin{array}{l} \dot{q}_1 = A\alpha_1 e^{\alpha_1 t} + B\alpha_2 e^{\alpha_2 t} \\ \dot{q}_2 = -\left[A\left(\frac{1}{\tau}+\alpha_1\right)e^{\alpha_1 t} + B\left(\frac{1}{\tau}+\alpha_2\right)e^{\alpha_2 t}\right] \end{array}}$$

c) L' équation (1) donne $\dot{q}_2(0)$:

$$q_{10} = 0 \Longrightarrow \boxed{\dot{q}_{20} = -\frac{1}{\tau} q_{20}}$$

d) Connaissant ainsi q_{10} et $\dot{q}_{20}$, on peut déterminer A et B :

$q_{10} = A + B = 0$ et $\dot{q}_{20} = -(A\alpha_1 + B\alpha_2) = -\dfrac{1}{\tau} q_{20}$

$$\Longrightarrow \boxed{\begin{array}{l} A = \dfrac{q_{20}}{\tau(\alpha_1-\alpha_2)} \\ B = \dfrac{-q_{20}}{\tau(\alpha_1-\alpha_2)} \end{array}}$$

$$\Longrightarrow \boxed{q_1 = \frac{q_{20}}{\tau(\alpha_1-\alpha_2)}\left[e^{\alpha_1 t} - e^{\alpha_2 t}\right]}$$

6)

a) La tension $U_1(t)$ varie de 0 à 0 en passant par un maximum :

$$U_1(t) = \frac{q_{20}}{\tau C_1(\alpha_1-\alpha_2)}\left(e^{\alpha_1 t} - e^{\alpha_2 t}\right)$$

$$\dot{U}_1(t) = \frac{q_{20}}{\tau C_1(\alpha_1-\alpha_2)}\left(\alpha_1 e^{\alpha_1 t} - e^{\alpha_2 t}\right)$$

$\dot{U}_1$ s' annule pour $t_M = \dfrac{1}{\alpha_1 - \alpha_2} \ln \dfrac{\alpha_2}{\alpha_1}$

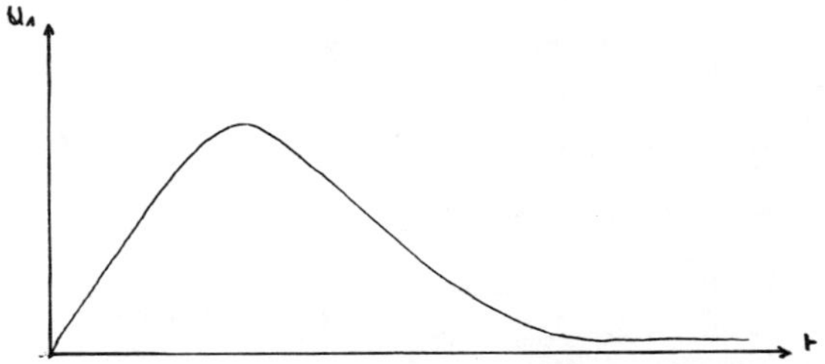

b) $\underline{\tau = 100\ s}$ $\underline{t_M = 86{,}1\ s}$

Mécanique

Rappels de cours.
Exercices et problèmes
posés aux concours d'entrée aux grandes écoles scientifiques

Philippe Denève

Ce recueil s'adresse aux étudiants des classes préparatoires aux grandes écoles scientifiques et du premier cycle universitaire.

Il est divisé en trois parties:
- la première est consacrée à la mécanique classique du point et correspond au niveau Math. Sup.
- la seconde (mécanique classique des systèmes)
- la troisième (mécanique relativiste) correspondent au niveau Math. Spé.

Chaque partie comprend des rappels de cours, des exercices et des problèmes. Tous les énoncés de ces derniers sont extraits des sujets proposés aux concours d'entrée aux grandes écoles scientifiques: parfois les sujets sont donnés tels quels, parfois ils sont légèrement remaniés. Cependant nous avons tenu, dans la mesure du possible, à conserver les notations propres à chaque énoncé même lorsqu'elles sont différentes d'un problème à l'autre: nous espérons ainsi permettre au futur candidat de s'habituer aux différentes notations qu'il pourra rencontrer lors des épreuves écrites des concours.

La difficulté essentielle de la Mécanique réside non dans l'assimilation du cours mais dans la résolution des problèmes: il faut y mettre beaucoup de méthode et de rigueur. C'est pourquoi chaque énoncé est suivi d'un corrigé détaillé. Évidemment, pour tirer le meilleur profit de cet ouvrage, le lecteur ne devra consulter la solution qu'après une recherche personnelle approfondie.

I – MÉCANIQUE CLASSIQUE (OU NEWTONIENNE) DU POINT
RAPPELS DE COURS : A. Cinématique classique (ou cinématique de Galilée) – B. Dynamique
EXERCICES ET PROBLÈMES : A. Dynamique dans un référentiel galiléen – B. Dynamique dans un référentiel non galiléen – C. Mouvement à force centrale - Cas particulier d'une force centrale en $\frac{1}{r^2}$ - Champ gravitationnel
D. Oscillateurs – E. Choc de deux particules

II – MÉCANIQUE CLASSIQUE DES SYSTÈMES
RAPPELS DE COURS : A. Cinétique – B. Étude particulière du solide – C. Dynamique
EXERCICES ET PROBLÈMES : A. Dynamique du solide – B. Dynamique des systèmes

III – MÉCANIQUE RELATIVISTE
RAPPELS DE COURS : A. Cinématique relativiste – B. Dynamique relativiste
EXERCICES ET PROBLÈMES

288 pages 17,5 x 26 – ISBN 2-7298-0311-4 – 1983

Propagation d'ondes

Exercices et problèmes
posés aux concours d'entrée aux grandes écoles scientifiques

Philippe Denève

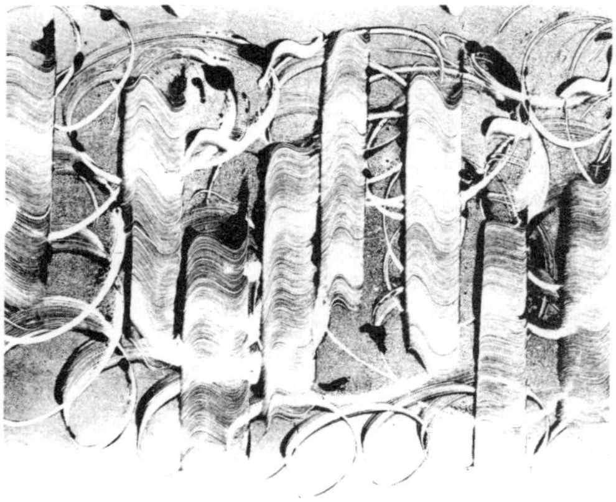

Problèmes posés récemment.

Dans ce recueil, nous avons regroupé une série de problèmes récemment proposés aux concours d'entrée aux grandes écoles scientifiques et traitant des phénomènes de propagation d'ondes. Ces phénomènes apparaissent dans des domaines très différents de la physique: mécanique, électricité, optique. La première partie du livre est consacrée à la propagation d'ondes mécaniques (et en particulier d'ondes acoustiques) dans les solides et dans les fluides. La seconde partie traite de la propagation d'ondes électromagnétiques dans le vide et dans différents milieux (conducteurs, diélectriques, ...). Dans la dernière partie, nous étudions plus particulièrement les interfé- rences et la diffraction des ondes lumineuses.

Nous espérons que ce livre donnera aux étudiants des classes de Mathématiques Spéciales et du premier cycle universitaire un aperçu judicieux de ce qui peut être demandé sur cette partie du programme aux concours d'entrée aux grandes écoles scientifiques. Certains problèmes sont très proches du cours et permettent ainsi aux futurs candidats de vérifier si le cours est bien assimilé. D'autres sont nettement plus difficiles et nécessitent un effort de réflexion certain. Évidemment, pour tirer le meilleur profit de cet ouvrage, le lecteur ne devra consulter le corrigé qu'après une recherche personnelle approfondie.

I – PROPAGATION D'ONDES MÉCANIQUES
A. Dans un ressort – B. Dans les fluides – C. Dans une chaîne d'atomes

II – PROPAGATION D'ONDES ÉLECTROMAGNÉTIQUES
A. Dans le vide – B. Dans les métaux – C. Dans les diélectriques – D. Dans les plasmas – E. Dans une ligne électrique – F. Champs rayonnés par les dipôles oscillants et les antennes

III – OPTIQUE
A. Interférences – B. Diffraction

192 pages 16,5 x 24,5 – ISBN 2-7298-0310-6 – 1980 - 3ème tirage (1986)

Aubin Imprimeur, 86240 Ligugé. — D.L. février 1991. — Impr. L 37162